RUDOLF STEINER GESAMTAUSGABE
VORTRÄGE

VORTRÄGE VOR MITGLIEDERN
DER ANTHROPOSOPHISCHEN GESELLSCHAFT

RUDOLF STEINER

Menschheitsentwickelung und Christus-Erkenntnis

Theosophie und Rosenkreuzertum

Vierzehn Vorträge, gehalten in Kassel
vom 16. bis 29. Juni 1907

Das Johannes-Evangelium

Acht Vorträge, gehalten in Basel
vom 16. bis 25. November 1907

1981

RUDOLF STEINER VERLAG
DORNACH / SCHWEIZ

Nach vom Vortragenden nicht durchgesehenen Nachschriften (Notizen)
herausgegeben von der Rudolf Steiner-Nachlaßverwaltung

Die Herausgabe besorgten Johann Waeger und Hendrik Knobel

1. Auflage, Gesamtausgabe Dornach 1967

2. Auflage (fotomech. Nachdruck),
teilweise mit dem Stenogramm verglichen
Gesamtausgabe Dornach 1981

Bibliographie-Nr. 100

Printed in Switzerland by Zbinden Druck und Verlag AG, Basel

ISBN 3-7274-1000-0

Zu den Veröffentlichungen aus dem Vortragswerk von Rudolf Steiner

Die Grundlage der anthroposophisch orientierten Geisteswissenschaft bilden die von Rudolf Steiner (1861-1925) geschriebenen und veröffentlichten Werke. Daneben hielt er in den Jahren 1900 bis 1924 zahlreiche Vorträge und Kurse, sowohl öffentlich wie auch für die Mitglieder der Theosophischen, später Anthroposophischen Gesellschaft. Er selbst wollte ursprünglich, daß seine durchwegs frei gehaltenen Vorträge nicht schriftlich festgehalten würden, da sie als «mündliche, nicht zum Druck bestimmte Mitteilungen» gedacht waren. Nachdem aber zunehmend unvollständige und fehlerhafte Hörernachschriften angefertigt und verbreitet wurden, sah er sich veranlaßt, das Nachschreiben zu regeln. Mit dieser Aufgabe betraute er Marie Steiner-von Sivers. Ihr oblag die Bestimmung der Stenographierenden, die Verwaltung der Nachschriften und die für die Herausgabe notwendige Durchsicht der Texte. Da Rudolf Steiner aus Zeitmangel nur in ganz wenigen Fällen die Nachschriften selbst korrigieren konnte, muß gegenüber allen Vortragsveröffentlichungen sein Vorbehalt berücksichtigt werden: «Es wird eben nur hingenommen werden müssen, daß in den von mir nicht nachgesehenen Vorlagen sich Fehlerhaftes findet.»

Über das Verhältnis der Mitgliedervorträge, welche zunächst nur als interne Manuskriptdrucke zugänglich waren, zu seinen öffentlichen Schriften äußert sich Rudolf Steiner in seiner Selbstbiographie «Mein Lebensgang» (35. Kapitel). Der entsprechende Wortlaut ist am Schluß dieses Bandes wiedergegeben. Das dort Gesagte gilt gleichermaßen auch für die Kurse zu einzelnen Fachgebieten, welche sich an einen begrenzten, mit den Grundlagen der Geisteswissenschaft vertrauten Teilnehmerkreis richteten.

Nach dem Tode von Marie Steiner (1867-1948) wurde gemäß ihren Richtlinien mit der Herausgabe einer *Rudolf Steiner Gesamtausgabe* begonnen. Der vorliegende Band bildet einen Bestandteil dieser Gesamtausgabe. Soweit erforderlich, finden sich nähere Angaben zu den Textunterlagen am Beginn der Hinweise.

INHALT

THEOSOPHIE UND ROSENKREUZERTUM

ERSTER VORTRAG, Kassel, 16. Juni 1907 15

Das Wesen unserer Zeit und die Theosophie – Das Absterben der Religion – Richard Wagner und die Welt der Mythen – Wiederverkörperung als Lehre der Druiden – Ursprung der Sagen und Mythen – Von der ägyptischen Astronomie – Der Materialismus der Technik und Industrie als Notwendigkeit der Entwickelung – Christian Rosenkreutz als Vorbereiter einer neuen geistigen Kultur – Paulus und Dionysius Areopagita – Übereinstimmung zwischen Christentum und Rosenkreuzertum – Ein Ausspruch Fichtes – Du Bois-Reymond und seine Erkenntnisgrenzen – Das Wesen der Geisteswissenschaft – Geisterkenntnis und Logik – Theosophie und Lebenspraxis.

ZWEITER VORTRAG, Kassel, 17. Juni 1907 27

Aussprüche von Paracelsus und Goethe zum Vortragsthema – Das Wesen des Menschen, der physische Leib, die mineralische Welt – Der obere Devachanplan – Die Negativität der Stofflichkeit des Ätherleibes – Die Zweigeschlechtlichkeit des Menschen – Bewußtsein der Pflanze – Die Weisheit des Ätherleibes, der Oberschenkelknochen – Die Empfindung als Wesen des Astralleibes – Der Astralleib während des Schlafes – Die Sphärenharmonie bei Pythagoras und bei Goethe – Zitate aus der Faustdichtung – Die Viergliedrigkeit des Menschen.

DRITTER VORTRAG, Kassel, 18. Juni 1907 40

Vom Wesen des Ich – Unterschied von hoch- und niederentwickelten Menschen – Franz von Assisi – Umwandlung von Astralleib, Ätherleib und physischem Leib in Manas, Buddhi, Atman – Die Siebengliederigkeit des Menschen – Über das Leben nach dem Tode – Das Erinnerungstableau – Das Ablegen des Astralleibes – Das Kamaloka – Zurücklassung dreier Leichname – Das Wesen des Spiritismus – Der Übertritt in das Geisterland.

VIERTER VORTRAG, Kassel, 19. Juni 1907 48

Der Begriff «Welt» – Die Astralwelt als symbolisierende Traumwelt – Beispiele dazu – Die spiegelbildliche Natur der Astralwelt – Die Umkehrung der Zeit – Das Rückwärtserleben des ganzen Lebens – Die Welt der Urbilder, zunächst als Kontinentalgebiet – das «Tat vam asi» – Das Ozeangebiet als flutendes Leben – Das Luftgebiet als atmosphärische Erscheinung von Gefühlen, Trieben usw. bis zur Sphärenharmonie – Alles Schöpferische als das vierte Gebiet des Geisterlandes – Die drei oberen Regionen des Geisterlandes – Von der Akasha-Chronik – Die Befreiung und Vertiefung des Menschen in diesen Regionen.

FÜNFTER VORTRAG, Kassel, 20. Juni 1907 56

Von der Fähigkeit des Schreibens – Das musikalische Gedächtnis Mozarts – Erwähnung Francesco Redis – Der Gang des Menschen durch das Devachan – Die Entstehung von Organen – Über Erziehung – Rachitis, falsche und richtige Behandlung derselben – Weiteres über Erziehung – Weitere Schilderung des Devachan – Das Buch «Mimik des Denkens» – Die Einwirkung der Toten in die sich verändernde Erde – «Peter Schlemihl» von Chamisso – Theosophie als das Verstehen der sichtbaren Welt.

SECHSTER VORTRAG, Kassel, 24. Juni 1907 68

Der Herunterstieg des Menschen zum neuen Erdenleben – Mitgebrachte Fähigkeiten und Vererbung – Das Größerwerden und das Zerstückeltwerden im Leben nach dem Tode – Wiederabstieg zum neuen Erdenleben – Die Umkleidung mit dem Astralleib – Volksseelen als Helfer bei der Eingliederung des Ätherleibes – Fritz Mauthner und seine «Kritik der Sprache» – Das Verhältnis mitgebrachter und ererbter Fähigkeiten am Beispiel der Familien Bach und Bernoulli – Von der Mutterliebe – Vom Elternpaar – Das Beispiel von fünf Femerichtern für die Anziehungs- und Ausgleichskräfte zwischen Menschen – Die Veredelung des Menschen durch die Inkarnationen – Esoterische Deutung des Vaterunser – Einwände gegen die Deutung und ihre Widerlegung.

SIEBENTER VORTRAG, Kassel, 22. Juni 1907 80

Das Gesetz des Karma – Beispiele zu der Wirkung des Karmagesetzes – Das Karmagesetz und der Anfang des alten Testaments – Das Karmagesetz als Lösung der Lebensrätsel – Astrale Erlebnisse verursachen Beschaffenheit des Ätherleibes, ätherische Eigenschaften solche des physischen Leibes – Taten in der Außenwelt kommen im nächsten Leben zurück als Schicksal – Materialistische Anschauung über Ursache und Wirkung und ihre Widerlegung – Über das Weinen – Wesen der Miselsucht – Einwirkung der Hunnen auf die europäische Bevölkerung als Ursache des Aussatzes – Die schädliche Einwirkung des Materialismus, namentlich auf das religiöse Leben – Das Auftreten von Geisteskrankheiten – Falsche Anschauung über das Karma und ihre Widerlegung – Die Übereinstimmung des Erlösungstodes Christi mit dem Karmagesetz – Weitere Beispiele für

Karmawirkungen – Der Ausspruch des Fabre d'Olivet – Die Frage nach der Sünde wider den Heiligen Geist.

ACHTER VORTRAG, Kassel, 23. Juni 1907 94

Die vorherige Inkarnation der heutigen Menschheit – Das Problem der Gleichheit der Menschen – Der Durchgang der Sonne durch den Tierkreis – Spiegelung dieses Durchganges in den Kulturepochen – Länge und Wesen der Inkarnationen des Menschen in diesen Epochen – Rückschau nach dem Tode und Vorschau vor der Geburt – Idiotie als mögliche Folge der Vorschau – Charakterisierung der Leiber des Menschen – Erklärung für das in der Mitte stehen des Menschen in der Entwickelung – Wesen vom alten Mond, Sonne, Saturn – Die sieben Inkarnationen der Erde – Der Niederschlag ihrer Namen in den Namen der Wochentage – Der Zusammenhang der Leiber des Menschen mit den Entwickelungsstadien der Erde.

NEUNTER VORTRAG, Kassel, 24. Juni 1907 110

Der Mensch als das vollkommenste Wesen – Das Wesen das Saturn als physikalischer Apparat – Kronos und Rhea – Schilderung der Saturnmenschen – Die Einpflanzung der «guten» Ichheit – Gute und böse Wesenheiten auf dem Saturn – Die alte Sonne als das Reich der Pflanzenmenschen und des Minerals – Das Aroma der alten Sonne und sein Gegenteil, der alte Saturnteil – Die Feuergeister und ihr Representant, der Christus – Sonnenweg und Mondenweg – Der alte Mond und die Eingliederung des Astralleibes – Das Entstehen des Nervensystems und des Tierartigen – Die Stofflichkeit des alten Mondes – Die Feuerluft – Die Mistel – Der Mythos von Baldur und Loki – Die Geister des Zwielichts oder die Engel – Mond und Sonne in ihrer Wirkung auf den Tiermenschen (Fortpflanzung) – Allgemeine Zustände des lunarischen Lebens.

ZEHNTER VORTRAG, Kassel, 25. Juni 1907 122

Die Umwandlung des alten Mondes in unserer Erde – Wiederholung von Saturn, Sonne, Mond – Die Herauslösung der Sonne und des Mondes – Wissenschaftliche Zeugnisse von der Urzeit der Erde – Huxley und andere – Der Affe als dekadenter Mensch – Das Gedächtnis der Atlantier – Niflheim – Das Hellsehen der Atlantier – Die enge Blutsverwandschaft als Grundlage des Hellsehens – Ursprung der Mythen und Sagen – Das Entstehen des Regenbogens – Richard Wagner und seine Oper Rheingold – Allgemeine Zustände der Atlantis – Das alte Lemurien.

Elfter Vortrag, Kassel, 26. Juni 1907 133

Der Zustand der Erde nach der Mondentrennung – Zwei Arten von Pflanzen – Das Hervorgehen des Minerals aus dem Pflanzenreich – Vom Gneis – Das Zirbeldrüsenorgan – Verhältnis der ewigen Seele zum Leibe – Entstehung der Lungenatmung und des Blutes – Ausspruch des Paracelsus – Der Durchgang des Mars durch die Erde – Entstehung des Kehlkopfes und des Skeletts – Die Atlantis – Die Indianer – Allgemeine Zustände der Atlantis – Beschreibung der nachatlantischen Kulturepoche – Das Christentum und die Zukunft – Einwirkung der Seele auf den Leib – Der Erlösungsgedanke der Theosophie.

Zwölfter Vortrag, Kassel, 27. Juni 1907 149

Die Geschlechtertrennung – Nah- und Fernehe – Der Dichter Anzengruber – Wesen der Nahehe – Das Generationsgedächtnis in der Patriarchenzeit – Blutserlebnis als die Urliebe – Die individuelle, geistige Liebe der Zukunft – Das Christentum als mystische Tatsache – Die alten Mysterien als Voraussetzung des Christentums – Ausspruch des Augustinus – Schilderung der alten Einweihung – Ihr Verhältnis zu der Wesenheit Christi – Richard Wagner und das Blutmysterium – Das Blutopfer Christi – Die Einzigartigkeit des Christentums – Antwort an Strauss, Drews und andere – Die Änderung der Erde durch das Mysterium von Golgatha – Wesen des Johannes-Evangeliums und sein Wortlaut – Die ersten fünf Stufen der christlichen Einweihung – Goethes Verse über die Sonne und das Auge – Das Christus-Organ.

Dreizehnter Vortrag, Kassel, 28. Juni 1907 165

Das Hineinschauen in die Zukunft und das Vorherbestimmtsein – Dionysius Areopagita und die Lehre vom «Wort» – Der Kehlkopf als künftiges Fortpflanzungsorgan – Christian Rosenkreutz und seine Schule – Die ersten drei Stufen der Schulung – Das Studium als erste Stufe – Über Rechenmaschinen – Hinweis auf die «Philosophie der Freiheit» – Die Imagination als zweite Stufe – Goethe und der Erdgeist – Der Tautropfen – Die Lehre vom Heiligen Gral – Der Mensch als umgekehrte Pflanze – Der Kehlkopf als Zukunftsorgan – Das Kinderlied «Flieg, Käfer, flieg...», das Märchen vom Storchen, die Schmetterlingspuppe – Das Aneignen der okkulten Schrift als dritte Stufe – Der Entwickelungsvorgang – Entsprechung von Kulturepochen und Tierkreiszeichen.

Vierzehnter Vortrag, Kassel, 29. Juni 1907 179

Die Bereitung des Steins der Weisen als vierte Stufe – Der Verrat im Jahre 1459 – Der gegensätzliche Atmungsvorgang in Mensch und Pflanze – Die goldene Legende und ihre Erklärung – Der Baum des Lebens und der Baum der Erkenntnis – Die Schulung zur Erlangung des Steins der Weisen – Die Chinesen als dekadente atlantische Völkerschaften – Die Sage von Ahasver – Entsprechungen von Mikrokosmos und Makrokosmos als fünfte Stufe – Das Zusammenziehen vom ätherischen und physischen Leib in der nachatlantischen Zeit – Die Versenkung in den Makrokosmos als sechste Stufe – Die Liebe des Menschen zu allen Geschöpfen – Die siebente Stufe der Schulung – Wesen des okkulten Lehrers – Gedankenkontrolle und Positivität – Eduard von Hartmann, und die Auseinandersetzung mit seinen Zeitgenossen – Die Erfindung der Briefmarke – Die Argumente gegen die Eisenbahn – Geisteswissenschaft als Lebenstatsache.

DAS JOHANNES-EVANGELIUM

ERSTER VORTRAG, Basel, 16. November 1907 197

Naturwissenschaft und Religion – Das Wesen der Theosophie und ihr Verhältnis zu den religiösen Urkunden – Vier Standpunkte gegenüber den religiösen Urkunden – Das Verhältnis des Johannes-Evangeliums zu den anderen Evangelien – Der Kampf zwischen Karl Vogt und dem Professor Wagner – Christus als das die ganze Erde umfassende Wesen – Wortlaut des Anfangs des Johannes-Evangeliums – Dionysius der Areopagite und die Hierarchienlehre – Das Wort als Form und Gestalt – Über die Organe Kehlkopf und Herz.

ZWEITER VORTRAG, Basel, 17. November 1907. 202

Das Wesen vom physischen und ätherischen Leib – Das Pentagramm – Der Ätherleib bei Mann und Frau – Wesen des Astralleibes – Über die Ermüdung – Astralleib und allgemeine Astralwelt – Das Ich des Menschen, des Tieres, der Pflanze, der Mineralien – Entwickelungsstufen des Menschen – Franziskus von Assisi – Umwandlung der Leiber des Menschen zu Manas, Buddhi, Atman.

DRITTER VORTRAG, Basel, 18. November 1907 208

Die Übereinstimmung der Anfänge der Bibel und des Johannes-Evangeliums – Die sieben Verkörperungen der Erde – Das Wesen des Pralaya – Das Atman auf dem Saturn – Sonne-Luft, Mond-Wasser – Die Trennung der Sonne und des Mondes von der Erde – Über Jehova und das Ich – Die Lehre des Dionysius des Areopagiten – Die «Kinder Gottes» oder «Gottes Söhne».

VIERTER VORTRAG, Basel, 19. November 1907 214

Weisheit und Liebe – Der Durchgang des Mars durch die Erde – Die Eingliederung des Ich durch Jahve – Feueratmen und Luftatmen – Sonnengeister, Jahve, Lucifer – Der atlantische Mensch – Unbewußtheit der Fortpflanzung in der Atlantis – Übergang von Verwandtenliebe zur universellen Liebe des Christentums.

FÜNFTER VORTRAG, Basel, 20. November 1907 222

Das mosaische Gesetz und seine Ablösung – Die vorchristliche Einweihung – Die Einweihung durch Christus im physischen Leib – Die Einweihung des Lazarus – Die drei Frauen unter dem Kreuz auf Golgatha – Die «Gottes Kinder» – Maria und Maria Magdalena – Über Nathanael – Das Ich der verschiedenen Leiber im Verhältnis zum Individual-Ich – Die innere Harmonie durch Christus – Goethes Ausspruch über das Auge und das Licht – Das Johannes-Evangelium als historischer Weg zu Christus.

SECHSTER VORTRAG, Basel, 21. November 1907 232

Das Zahlengeheimnis im Johannes-Evangelium – Die pythagoräische Schule – Die Zahl Fünf – Atlantis und die Atlantier – Richard Wagner und seine Oper «Rheingold» – Abstieg und Aufstieg der nachatlantischen Kultur – Über den Aussatz – Nervenkrankheiten unserer Zeit – Das Christentum als Heiler – Deutung der Zahl Fünf – Christus und die Samariterin – Die drei Frauen unter dem Kreuz – Historische Tatsachen als Symbole der künftigen Menschheitsentwickelung.

SIEBENTER VORTRAG, Basel, 22. November 1907 243

Unterschied der Europäer und der Indianer – Das Problem der Abstammung des Menschen – Die Herrschaft des Ätherleibes über den physischen Leib in Lemurien – Die Abstammung des Affen – Der Stammbaum des Menschen und der tierischen Abzweigungen – Der Haeckelsche Stammbaum – Wesenheit des Heiligen Geistes – Der Mensch als umgekehrte Pflanze – Der Hermaphrodit – Geschlechtsorgane, Gehirn, Kehlkopf – Das Herz – Der Heilige Gral – Vom Wesen der Pflanze – Der christliche Geist und die Erde – Die Einheitlichkeit des Luftkreises – Die Erde als wahrer Leib Christi.

ACHTER VORTRAG, Basel, 25. November 1907 255

Das Gruppen-Ich des jüdischen Volkes – Die Individualisierung des Ich durch Christus – Die goldene Legende – Rotes und blaues Blut – Mensch und Pflanze – Der Baum der Erkenntnis und der Baum des Lebens – Über Nikodemus – Weg, Wahrheit, Leben – Das Johannes-Evangelium und die wiederholten Erdenleben – Über den Blindgeborenen – Die Ehebrecherin – Karma und Freiheit – Die Hochzeit zu Kanaan als Zukunftsbild – Die Verwandlung von Wasser in Wein – Die Speisung der Fünftausend – Das Johannes-Evangelium als Einweihungsschrift – Die Mutter Sophia.

Hinweise 267

Rudolf Steiner über die Vortragsnachschriften 273

Übersicht über die Rudolf Steiner Gesamtausgabe 275

THEOSOPHIE
UND
ROSENKREUZERTUM

ERSTER VORTRAG

Kassel, 16. Juni 1907

Das Ziel dieser Vorträge soll sein, einen Überblick zu geben über das, was man gewohnt ist, Theosophie zu nennen. Diese Theosophie muß im umfassendsten Sinne ein neuer Kulturimpuls werden; sie ist etwas, wonach sich die Menschheit seit langer Zeit sehnt und muß Antwort geben auf die von allen Seiten her brennende Frage, welche die Menschheit stellt. Doch ist sie in unserer Gegenwart noch vielfach etwas, was man nicht nur widerlegen will, sondern was man als etwas Fragwürdiges, ja als etwas Verrücktes ansieht, wie die Träumereien von einigen phantastischen Köpfen.

Freilich, wenn man diese Phantasten selbst frägt, was sie mit der Theosophie wollen und sich von ihr versprechen, dann ist die Antwort eine ziemlich umfassende. Vor allen Dingen wird das, was heute als träumerisch angesehen wird, von dem, der es in seinem Lebensnerv erkannt hat, als etwas angesehen, was sicher schon in zwanzig bis fünfzig Jahren eine ungeheure Bedeutung haben wird für das menschliche Empfinden, Denken, Wollen und Tun.

Es gibt nichts, wohinein nicht diese Theosophie als Impuls leuchten könnte und zu leuchten berufen wäre.

Daß es heute in unserer Zeit die verschiedensten Fragen gibt: Gesundheits-, soziale, Frauen-, Erziehungsfragen, ist ja bekannt. Noch eine größere Fülle von Antworten gibt es. Wenn man aber sachlich alle diese Fragen und ihre Antworten prüft, kommt man zu der Einsicht, daß die Fragen zwar richtig gestellt sind von unserer Zeitkultur – sie werden von den Zeitverhältnissen gestellt –, daß aber die Antworten auf diese Fragen so ohne weiteres von unserer Zeit nicht gegeben werden können.

Demjenigen, welcher Augen und Ohren vor den Fragen der Zeit verschließt, wird klar, daß sich ihm überall Hindernisse in den Weg stellen. Es wird eine Zeit kommen, wo die Menschen gewahr werden, daß es noch viel mehr Fragen gibt: die Tatsache vom inneren und äußeren Kriege der Menschheit, von Schmerzen und Leiden, von zertretenen Hoffnungen auf allen Gebieten, stellt diese Fragen. Die Antwort zu geben, kann nur die Theosophie imstande sein.

Die Menschen, welche den Kopf hängen lassen, die zwar ihre Pflicht tun, aber nicht wissen, wozu sie all die Arbeit verrichten, und bei denen sich diese zerfahrene Stimmung ausprägt bis zur Verzweiflung, ja sogar bis in die physische Gesundheit hinein, in den Erscheinungen der Neurasthenie, werden immer zahlreicher.

Dies alles soll hier nur angedeutet werden. Der Hauptgedanke soll vor unsere Seele treten: Theosophie ist nichts, was innerhalb einiger müßiger Köpfe Platz greifen soll, die nichts Besseres zu tun haben, sondern sie soll in das praktische Leben eingreifen.

Freilich, auch die Theosophische Gesellschaft hat in den dreißig Jahren ihres Bestehens ihre Kinderkrankheiten und alle möglichen Dinge durchzumachen gehabt, welche an ihrer Bedeutung haben zweifeln lassen; aber sie wird sich aus diesen Krankheiten herausarbeiten und zeigen, was sie zu leisten vermag. Eine alles umfassende Angelegenheit, eine universelle Sache muß die Theosophie werden, weil sie die Antwort geben soll auf die Fragen, die schließlich die Grundfragen alles Daseins sind, und darauf hinweisen, wie der heutige Mensch diese Fragen verstehen soll; verstehen, warum es in der Welt überhaupt Religionen und Wissenschaften gibt. Was wir auch immer tun, auf gewisse Grundfragen geht es zurück, wenn es Kunst, Wissenschaft und praktisches Wirken geben soll, und diese Grundfragen müssen in irgendeiner Weise gelöst werden. Alle Religionen waren Versuche, auf diese Fragen Antwort zu geben, eine Antwort, die aber immer dem Intellekt und der Kulturstufe der Völker angepaßt war.

Theosophie will keine Religion sein, sie hat nichts zu tun mit einer Sekte, sie agitiert nicht.

Religion ist, wie Sie wissen, so alt wie das menschliche Streben. Wenn wir die verschiedenen Religionen bei den verschiedenen Völkern durchschauen, kommen wir zu der Überzeugung, daß all die verschiedenen Religionen versucht haben, Antwort zu geben auf die Fragen: Was ist, erstens, der Wesenskern des Menschen? Zweitens, des Menschen Bestimmung? Drittens: Was reicht über dieses physische Dasein hinaus?

In bezug auf diese Fragen haben gerade wir heutigen Menschen eine merkwürdige Zeit hinter uns, die viele Menschen hat irre werden lassen an der Religion. Fragen wir uns einmal: Wie viele Menschen gibt es heute, die wohl Religion brauchen, aber sie nicht haben können? Einige von uns können noch in Zeiten zurückblicken, wo die Religion noch wirklich empfundenes Leben war, wo die Religion noch viel mehr Geltung hatte, ja in viel höherem Maße, als es bei einzelnen besonders religiös veranlagten Naturen noch heute der Fall ist. In den letzteren ist noch etwas von dem warmen Gefühl vorhanden, welches durch Jahrtausende gegangen ist. Das Bedürfnis, die Sehnsucht nach dem, was man die geistige Welt nennt, das heißt die Sehnsucht nach Religion, ist auch heute noch vorhanden; ja, bei den wahrsten Naturen ist diese Sehnsucht nach Befriedigung sogar immer größer geworden. Ein solcher Mensch wird sagen: Als ich ein Kind war, da hatte ich noch den rechten Glauben. Dann aber wurde es anders. Da lernte ich die sogenannte Wissenschaft kennen und ihre Tatsachen, und ich mußte, da diese zum Beispiel ganz anders erzählen, wie die Welt entstanden ist, tief zweifeln an dem, was ich als Kind geglaubt hatte! – Und dann kam das andere: eine tief traurige Stimmung des Lebens, wo die Seele wie zerrissen ist, wo die Seele öde in die Welt blickt und keine Aufklärung erhält über den inneren Zwiespalt. Daher die Zerrissenheit zwischen religiöser Sehnsucht und Befriedigung der Seele, daher die heutige Tragik. Vielleicht ist das aber noch das bessere, was in diesen Seelen Platz greift, besser als das andere: daß nämlich der Mensch überhaupt nicht mehr frägt, das Fragen sich ganz abgewöhnt, daß er oberflächlich wird und im Alltagsdasein bloß so hinlebt.

Liegt es nun an den Religionen, daß es so gekommen ist? Nein! Mit Händen zu greifen ist es, daß dies nicht so ist; denn jede Religion, ja selbst die alten Mythen und Sagen, haben die Mittel und Wege, das Herz zurückzuführen, jede Seele wieder lebendig zu machen, wenn sie nur will. Wer hätte es geglaubt, daß solche gewaltigen Impulse aus den alten Mythen, die doch jahrtausendelang ausgestorben schienen und ein fast verborgenes, unbekanntes Dasein führten, auferstehen könnten, wie in den Dramen von *Richard Wagner*?

Eine neue Religion braucht nicht begründet zu werden, denn die Zeit dafür ist vorüber; aber eine neue Stellungnahme des Menschen zu ihr, ein neues Verständnis ist nötig geworden. Was anders geworden ist, das ist der menschliche Geist, die menschliche Seele, das menschliche Herz.

Versuchen wir uns einmal in den Entwickelungsgang der menschlichen Seele hineinzuversetzen, so werden wir uns im Verlauf dieser Vorträge davon überzeugen können, daß unsere Seelen schon oft hier auf dem physischen Plane waren, daß sie sich erst nach und nach zu der Stufe entwickelt haben, auf der sie heute stehen. Das mag Ihnen zunächst grotesk erscheinen, aber alle unsere Seelen haben die tiefen Wahrheiten, wie sie uns heute vorgetragen werden, schon oft in ihren früheren Leben gehört.

Sie werden zum Beispiel hier die Lehre von der Wiederverkörperung kennenlernen; aber so wie Sie heute mir zuhören, so haben früher Ihre Seelen zugehört jenen gerade in unserer Gegend lebenden und lehrenden Druiden. Schon diese alten Druidenlehrer haben die Lehre von der Wiederverkörperung in engeren Kreisen gepflegt, diese uralte Weisheit über die Rätsel des Lebens. Sie sind hinausgegangen zu denen, welche in ihrer Seele das Bedürfnis nach tieferer Erkenntnis fühlten. Hätten aber diese alten Lehrer damals so gesprochen, wie ich heute spreche, dann hätten es Ihre Seelen damals gar nicht verstehen können, denn dazu wäre damals der Geist noch nicht entwickelt gewesen. Damals gab es für den menschlichen Geist noch kein logisches Denken. Was es aber gab, das war die Möglichkeit, durch Bilder aufzufassen. Und deshalb sprachen diese Lehrer in Bildern sich aus, und diese Bilder sind das, was Sie heute als Sagen und Mythen kennen. Hätten unsere Seelen diese Lehren damals nicht gehört, dann könnten wir es heute nicht verstehen, wenn uns die Wahrheit heute in neuer Form gelehrt würde.

So macht die Seele durch Jahrtausende gewaltige Fortschritte, immer neue Gestalt nimmt sie an, und deshalb muß auch die Wahrheit in immer neuer Gestalt an sie herangebracht, ihr verkündet werden. Ich will Ihnen ein zweites Beispiel anführen.

Gehen wir einmal in der Menschheitsentwickelung zurück bis zu den Ägyptern, Chaldäern, Babyloniern. Als diese die Träger der Kultur waren, da sahen sie nicht Sonne und Sterne als rein physische Körper an. Wenn heute ein materialistischer Astronom sich die Himmelskörper betrachtet, so sieht er eben nur physische Körper in ihnen, sonst aber nichts. Die Erde ist für ihn auch nur solch ein physischer Weltenkörper, auf dem der Mensch herumkrabbelt, wie die Mücke auf unserer Hand.

Ganz anders war es bei den alten ägyptischen Astronomen. Wenn der alte ägyptische Sterndeuter einen Stern ansah, dachte er nicht an einen rein physischen Körper, sondern der Stern bedeutete für ihn etwas ganz anderes als für den heutigen Menschen. Wenn er zum Beispiel den Namen Merkur aussprach, tat er das mit Ehrfurcht. Er dachte da gar nicht daran, den physischen Himmelskörper anzusprechen, ebensowenig wie Sie denken, einen Körper aus Papiermaché anzusprechen. Alles, was das Auge sah, war für diese Zeit nur der äußere Ausdruck eines Geistigen. So war der physische Stern Merkur für die alten Astronomen der Ausdruck für den Geist des Merkur. Sie müssen das nicht verstandesmäßig, sondern mit dem Gemüt auffassen, sonst haben Sie keinen Begriff von dem Seeleninhalt eines solchen Astronomen. Es gab nichts, was nicht für ihn der Ausdruck eines Geistigen war. Er sagte: Alles ist Geist, und ich als Geist bin ein Teil dieses Geistes.

Diese Empfindung müssen Sie sich vor Augen halten. Die Weisen der früheren Zeiten, man muß sie verstehen, muß das verstehen, was die gewußt haben über die Vorgänge des geistigen Raumes. Und wer sich in diese Empfindung hinein vertieft, der weiß, wie unendlich erhaben diese Anschauung über unsere heutige materialistische Anschauung ist. Die Weisen der damaligen Zeit muß man erst verstehen, man muß ergründen, was sie über die Vorgänge des geistigen Raumes gewußt haben; dann erst merkt man, wie ungeheuer der Unterschied ist, und wie unendlich bedeutungsvoll jene alten Weisheitslehren waren. Das mag dem materialistischen Sinn unserer Zeit, der nur die rein physische Auffassung der Astronomie kennt, lächerlich erscheinen, aber es ist so.

Wie kommt es nun, daß jetzt dem Menschen der Sinn für das geistige Leben, das allem physischen Leben zugrunde liegt, abhanden gekommen ist? Und warum mußte das so kommen?

Wenden wir einmal den Blick auf das, was uns in nächster Nähe umgibt. Könnten Sie das, was damals den Menschen auf Schritt und

Tritt umgeben hat, mit dem vergleichen, was heute den Menschen umgibt, so würden Sie finden: Damals besaß der Mensch nur die allernotdürftigsten Mittel, um sein Leben auf dieser Erde zu fristen; dafür aber hatte er noch mehr Sinn für das Geistige. Dieser Sinn für die geistige Welt mußte zurücktreten, um dem Menschen die Möglichkeit zu geben, die jetzige Herrschaft über die Erde zu erringen. Alle unsere Fortschritte in Technik und Industrie waren nur möglich durch unsere materialistisch gewordene Weltanschauung, und dadurch, daß eben der Geist, die übersinnliche Welt, zurücktrat. Also auf Kosten der geistigen Anschauung errang sich der Mensch im Laufe der letzten Jahrhunderte die Herrschaft über die physische Welt. Es ist ein urewiges Gesetz der Menschheit, daß Fähigkeiten, die auf dem einen Gebiete erworben werden, nur durch Zurücktreten von Fähigkeiten auf einem andern Gebiete gewonnen werden können. Niemals hätte der Mensch zum Beispiel die Verkehrsmöglichkeiten von heute schaffen können, wenn nicht die andern Fähigkeiten zurückgetreten wären. Um alles das, was uns heute umgibt, zu erwerben, mußte der Sinn für das Geistige zurücktreten. Zur Eroberung der physischen Welt also mußte das zurücktreten, wovon der Mensch einst erfüllt war.

So sehen wir um das 16. Jahrhundert herum die Menschen den Blick für die geistige Welt verlieren, und sehen, wie der materialistische Sinn die Menschheit erfaßt. Und wer glaubt, daß er selber nicht mitten darinsteht in diesem Materialismus, der irrt sich.

Die Aufgabe der Geisteswissenschaft ist nicht, etwas zu negieren, sie übt keine Kritik an der schlechten Welt von heute; sie zeigt vielmehr, daß das Herabsteigen in die Materie eine Notwendigkeit war. Es mußte der große Horizont des Geisteslebens der Menschheit so lange zurücktreten; und damit hängt es auch zusammen, daß die alte Art des Verständnisses für geistige Dinge abhanden gekommen ist. Die Wahrheiten waren da in jenen alten, früheren Gestaltungen. Wie sie aber heute dem Verständnis der Menschen nahegebracht werden können, das will die Geisteswissenschaft zeigen. Das ist es, worauf es ihr ankommt. So ist Theosophie nichts anderes als ein Instrument, um die tiefsten Wahrheiten für den heutigen menschlichen Geist verständlich zu machen, um sie in ihren Tiefen zu erfassen.

Heute muß wieder auf den Geist hingewiesen werden. Man darf nicht dabei bleiben, zu sagen, wie wir es «so herrlich weit gebracht» haben. Die Wahrheit ist jederzeit zugänglich, und sie ist auf verschiedene Art zu begreifen.

Wenden wir unseren Blick zurück zu dem alten Indien, nach Ägypten, Griechenland, in die Zeit der Begründung des Christentums: Es sind immer die gleichen alten Wahrheiten, die in verschiedenen Formen auftreten. Immer gab es Führer der Menschheit, die vorgesorgt haben dafür, daß zu bestimmten Zeiten die Wahrheiten, die mit den untergehenden Kulturen verblaßt waren, der Menschheit neu mitgeteilt wurden. Zu diesen Führern gehören alle großen Religionsstifter.

Bevor unsere neuere Zeit heraufkam, vor Kopernikus und jenem 16. Jahrhundert, da wurde auch in Europa schon Vorsorge getroffen, daß die Grundlagen für eine neue Art der Wahrheitsverkündigung gelegt wurden. Um dieses 16. Jahrhundert herum gab es einige Menschen, welche die Zeichen der Zeit zu deuten verstanden. Schon 1459 stiftete, mit ganz wenigen Menschen, eine höhere geistige Individualität, in der Außenwelt *Christian Rosenkreutz* genannt, eine Geheimschule zur Pflege der Weisheit, keiner neuen Weisheit, aber der alten Weisheit in einer solchen Form, wie sie die Menschen jetzt brauchten. Das ist die Weisheit der Rosenkreuzer, die damals zuerst gepflegt wurde. Es ist, wie gesagt, nichts Neues; es ist die uralte Weisheit, aber in der Form, in der sie die jetzige Menschheit braucht.

Wie verhält sich nun diese Weisheit der Rosenkreuzer zum Christentum? Es ist gar kein Unterschied da zwischen der echten christlichen Lehre und derjenigen der Rosenkreuzer. Man braucht nur das Christentum in seinem Kern zu verstehen, dann hat man die Theosophie der Rosenkreuzer. Man braucht keine neue Religion zu begründen, man muß vielmehr das Christentum so auffassen, wie es die ersten Christen verstanden haben. Die wenigsten Menschen aber wissen noch etwas von den Geheimnissen der ersten christlichen Entwickelung. Selbst die offizielle Theologie hat keine Ahnung mehr davon. Da finden wir *Paulus* selbst als den tiefsten Kenner der christlichen Geheimnisse, der jene gewaltigen Wahrheiten lehrte, welche durch Jahrtausende die Menschheit leiten sollten. Dieser Paulus hatte in Athen eine Schule gegründet, deren Vorsteher *Dionysius der Areopagite* war. Dieser Dionysius war ein wirklicher Schüler des Paulus.

Jene Lehren des Dionysius sind immer lebendig gewesen und wurden immer gelehrt, insbesondere auch denen, welche das lebendige Wort des Christus hinaustragen sollten in alle Welt. Würden die Menschen auf jenem Standpunkt des Dionysius stehengeblieben sein, so hätte man keine neue Form gebraucht. Aber es kam die neue Zeit herauf und damit die Notwendigkeit, so zu lehren, daß das Christentum feststehe, daß keine Wissenschaft etwas dagegen einzuwenden vermöge. Das ist das Streben der Rosenkreuzertheosophie. Daher ist die Rosenkreuzertheosophie diejenige Form der Religion, welche für uns heute angemessen ist.

Nur wer das Christentum richtig versteht, kann eine Ahnung davon haben, was sein ewig lebendiger Gehalt ist.

Würden wir heute in die Lage versetzt, von allen Seiten hier zu hören, was diese Rosenkreuzertheosophie über das wahre Christentum zu sagen hat, die wissenschaftlichen Tatsachen würden den dort geschilderten Vorgängen nicht widersprechen. Es kommt darauf an, daß die Religion in keinem Widerspruch befunden werden könne mit den wissenschaftlichen Tatsachen, und daß diese wissenschaftlichen Tatsachen mit ihr in Einklang gebracht werden.

Was will uns nun diese Rosenkreuzertheosophie bringen? Erkenntnis höherer Welten, das heißt derjenigen Welten, denen der Mensch noch angehören wird, wenn dieser unser physischer Leib schon zerfallen sein wird; Erkenntnis des Lebens, Erkenntnis des Wesens des Todes und der menschlichen Entwickelung. So wird sie den Menschen eine Wiederbefestigung bringen in bezug auf religiöse Wahrheiten und religiöses Leben.

Keiner sollte sagen: Ich stehe fest auf dem Boden der alten Lehren, und mir genügen diese. Was kümmern mich die Zweifler! – Es gibt nichts Egoistischeres und kein unchristlicheres Urteil als dieses. Denn was heute vielleicht noch möglich ist: daß eine Anzahl Menschen noch zurückgehalten werden auf dem Boden der alten Religionen, das wird in nicht allzuferner Zukunft nicht mehr möglich sein. Wer hineinzuschauen vermag in das, was jetzt die großen sozialen Wellen aufwerfen will, der wird nicht so urteilen; der wird sehen, daß die Verkündigung der Theosophie nicht etwas ist, worüber man streitet. Wer denken kann, weiß, daß Geisteswissenschaft da ist, um die brennendsten Fragen zu beantworten, und daß sie tatsächlich auf alle Fragen eine Antwort zu geben vermag. Man kann ja im Grunde genommen alles beweisen und alles bestreiten, aber darauf kommt es nicht an: über ein Heilmittel kann man nicht streiten, es kommt lediglich auf den Erfolg an, den man damit hat. Und genau so geht es mit der Geisteswissenschaft. Die Menschheit braucht die Spiritualität als Heilmittel, und nur wenn dieses Heilmittel einströmt, kann die Gesundung der Menschheit erfolgen. Sie ist ein Entwickelungsfaktor und Lebensspender für unsere Kultur.

Mit äußeren Einrichtungen ist es nicht getan; sie sind ausnahmslos nur auf das Physisch-Körperliche gerichtet. Die Gesundung der Seele und des Geistes ist es, was die Theosophie anstrebt. Geisteswissenschaft ist nichts Willkürliches, sie wird von der Zeit und ihren Problemen verlangt. Alles, was sie uns sagt, ist die gemeinsame Lehre derer, die auf diesem Gebiete geforscht haben.

Wir werden durch die Geisteswissenschaft in höhere Welten geführt, in welche das sinnliche Auge nicht hineinschauen kann, aber in denen die Ursachen zu den Wirkungen in dieser physischen Welt liegen. Die Erkenntnis des Ewigen in der Menschennatur, des Wesenskernes in einem jeden von uns selbst, der geistigen Welten und ihrer Hierarchien wird sie uns bringen. Und indem wir diese kennenlernen, werden wir die Bestimmung des Menschen kennenlernen. Das wahre Wesen der Menschennatur ist es, was uns beschäftigen soll. Wir werden Welten kennenlernen, die vorhanden sind, die aber mit unseren bloß physischen Sinnen nicht begriffen werden können. Mancher wird vielleicht sagen: Was du uns da erzählst, das ist ja alles recht schön, aber wir können doch nichts davon wissen. – Die Antwort auf diesen Einwand hat schon *Fichte* gegeben. Denken Sie sich, Sie kommen als einzig Schauender in eine Welt von Blindgeborenen, und Sie erzählen diesen von Farben, dann werden die auch sagen: Das ist ja alles dummes Zeug, was du da redest, das gibt es ja gar nicht. – Könnte man nun aber die Blindgeborenen mit Erfolg operieren, dann würden sie eben diese Welt der Farben und des Lichtes erfahren.

Dasselbe gilt auch für den obigen Einwand. Wer einen solchen Einwand macht, der steht eben auf dem gleichen Standpunkt, welcher dem eines Blindgeborenen entspricht. Es sollte daher niemand sagen: Das gibt es nicht. Denn kein Mensch hat das Recht, von «Grenzen der Erkenntnis» zu reden, wie seinerzeit *Du Bois-Reymond*. Es gibt so viele Welten, als wir Organe haben, diese wahrzunehmen, unendlich viele Welten; wir können sie nur heute noch nicht wahrnehmen, weil wir noch keine Organe dafür haben. Die Welt ist nicht nur dem Raume nach, sondern auch intensiv unendlich: für jeden Sinn gibt es eine Welt. Jetzt sind sie für uns unergründlich, aber sie sind da; sind da, wo wir selber sind. Uns brauchen nur die Augen dafür geöffnet zu werden, denn sie sind mitten unter uns.

Das Wort Christi: «Suchet nicht nach dem Reiche Gottes, denn das Reich Gottes ist mitten unter euch», ist ganz wörtlich zu verstehen. Ganz in diesem Sinne spricht auch die Geisteswissenschaft von den geistigen Welten. Und immer hat es Eingeweihte gegeben, welche die Mittel und Wege kannten, um in diese Reiche der Himmel einzutreten. Alle Religionen sprechen von ihnen. Die Geisteswissenschaft ist nur das Mittel, um uns diese Grundwahrheit aller Religionen wieder aufzuschließen. Alles, was wir hier um uns herum sehen und wahrnehmen, ist eine Folge und Wirkung desjenigen, was in den geistigen Welten vor sich geht. Alles, was sich auf Erden kundgibt, ist nur Ausgestaltung dessen, was in den geistigen Welten wirkt und lebt.

Das offizielle Christentum hat längst verlernt, die Tiefen der religiösen Urkunden zu verstehen. So mußte die Geisteswissenschaft die Aufgabe übernehmen, den Schlüssel zu den vergessenen Wissensschätzen zu bringen und der Menschheit, die am Scheidewege steht, dadurch das Heilmittel zu reichen. Doch sie kennt keinen Fanatismus; sie erzählt nur, sie legt das Wesen des Menschen klar und zeigt, welches sein Schicksal ist nach dem Tode, zeigt, wie seine Seele sich außerhalb des physischen Körpers entwickelt. Sie schildert, was in den höheren Welten vorgeht, spricht von den Entwickelungsphasen der Erde und der andern Planeten, beleuchtet den bisherigen und den künftigen Lebensweg des Menschen. Sie weist hin auf das, was er durchzumachen haben wird, bis er das Menschenziel erreicht.

Wir wollen das Wesen des Menschen und jener Welten zu erfassen suchen, denen er entstammt. Das ist das Gebiet der Erkenntnisse, zu denen uns die Geisteswissenschaft führt.

Man könnte nun einwenden: Das ist ja alles doch nur für den sogenannten Seher da, der schon hineinschauen kann in die geistigen Welten. Was nützt uns das? Uns sind sie ja nicht zugänglich!

Darauf kann man antworten: Wohl gibt es manche Methoden der Schulung, die nur für den Geistesforscher geeignet sind und einen solchen Einwand berechtigt erscheinen lassen. Doch der Weg der Rosenkreuzerschulung ist ein anderer. Zum Eindringen in die geistigen Welten gehört allerdings das Auge des Sehers und das Ohr des Eingeweihten, aber zum Begreifen gehört nur die gewöhnliche Logik. Alles, was der Geistesforscher sagt, ist dem logischen Verstande zugänglich; es genügt der gewöhnliche gesunde Menschensinn, um diese Dinge zu begreifen. Wer es nicht kann, dem fehlt es eben an Logik. Wohl braucht es das Auge des Geistesforschers zum Auffinden der geistigen Geheimnisse. Zum Begreifen des im Sinne des Rosenkreuzertums Geschilderten genügt die gewöhnliche Logik.

Wer das nicht einsehen kann, darf sein Versagen nicht der Schulung zuschreiben. Sein mangelndes Begreifen liegt nicht an dem Umstand, daß er kein Seher ist, sondern ihm fehlt es an gesundem Auffassungsvermögen und an konsequentem Denken. Vielen ist die Logik allerdings unbekannt. So sagt zum Beispiel ein Musiker der jetzigen Zeit, das Nachdenken sei eine mißliche Sache. – Auch unsere Gelehrtenwelt denkt nur ein Stück weit. Wenn aber der Mensch seinen Verstand richtig anwendet, wird er dazu gelangen, auch die höheren Weisheiten und Wahrheiten zu begreifen und in sich lebendig zu machen. Und wenn Sie weiter fragen: Was nützt uns das nun? – so ist die Antwort: Nichts kann uns gegeben werden, das von größerer Bedeutung ist als die Erkenntnis der Geisteswissenschaft. Wir werden dadurch erst zu wahren Menschen, und werden dadurch auch in der Gegenwart ein zufriedenes Herz, eine zur Harmonie mit sich selbst kommende Seele erringen.

Mit Redensarten kommt man hier nicht weit, man muß mit dem Ringen nach Erkenntnis Ernst machen und sich in die Nöte und Probleme des Lebens vertiefen. Unentwegt muß man von einem Bereich des geistigen Lebens in den andern zu dringen versuchen: dann quillt daraus hervor die Einsicht in das Ganze der Welt- und Menschheitsentwickelung. Und die überwältigende Größe dieses Geschehens ergreift nicht nur unser Herz, sie weckt in uns neue Fähigkeiten, sie macht uns geschickt für die Aufgaben des täglichen Lebens. Denn es quillt unmittelbare Kraft aus der Geisteswissenschaft, etwas, das zu einem unverlierbaren Gute wird und uns zu schöpferischen Menschen macht.

Erst wenn Sie die geistige Welt kennenlernen, können Sie auch die materielle verstehen. Geisteswissenschaft ist nicht etwas für Sonderlinge, sondern gerade etwas für die Praktischsten unter den Praktikern.

Alles Dasein ist Geist. So wahr wie Eis Wasser ist, so wahr ist auch die Materie Geist. Ob Mineral, ob Pflanze, ob Tier oder Mensch, sie sind Geist in verdichteter Form.

In diesem Sinne werden wir durch die Rosenkreuzertheosophie zum Verständnis der geistigen Grundlagen der Welt geführt. Sie macht uns nicht zu Eigenbrötlern, sondern zu Freunden des Daseins, denn sie sieht nicht auf das Alltagsleben herab, entfremdet uns unseren irdischen Aufgaben nicht, sie verbindet uns mit ihnen. Sie spornt uns an zum werktätigen Schaffen, weil sie weiß, daß jede Handlung, wie auch jedes Wesen, ein Ausdruck des Geistes ist.

ZWEITER VORTRAG

Kassel, 17. Juni 1907

Nachdem wir gestern in einer Art von Einführung über Ziel und Wesen der geisteswissenschaftlichen Bewegung gesprochen haben, wollen wir heute direkt in das Wesen dieser Wissenschaft selbst eindringen. Es hat das ja den Nachteil, daß für diejenigen, die noch nicht mit diesen Dingen vertraut sind, etwas Schockierendes daraus resultieren kann; aber man muß Geduld haben und sich klar sein, daß manches, was für den ersten Anfang geradezu unsinnig scheint, sich im Laufe der Zeit als etwas In-sich-Haltbares und Begreifliches ausnehmen wird.

Von dem uns gestellten Thema werden wir zunächst die Betrachtung über das Wesen des Menschen durchzunehmen haben.

Dieser Mensch, der wir selber sind, soll vor unsere Seele treten. Er ist ein sehr kompliziertes Wesen, das komplizierteste, das überhaupt in der uns bekannten Welt uns entgegentreten kann. Daher ist zu allen Zeiten dieser Mensch von den Tiefersehenden Mikrokosmos genannt worden, im Gegensatz zum Makrokosmos, zum Weltenall. *Paracelsus* hat einen sehr schönen Vergleich gebraucht, um das Wesen des Menschen bildlich auszudrücken: Seht euch an die Natur, die euch umgibt, und denkt euch jedes Wesen – Pflanze, Tier, Stein – als je einen Buchstaben eines Alphabetes, und aus diesen Buchstaben ein Wort geschrieben, so habt ihr den Menschen.

In dieser Beziehung werden wir das *Goethe*-Wort bewahrheitet finden: Man muß die ganze Natur verstehen, um den Menschen zu begreifen. – Zunächst soll das, was ich heute sage, sozusagen nur eine Skizze vom Wesen des Menschen sein. Wie eine Kohlezeichnung zum Bilde sich verhält, so soll sich die heutige Ausführung verhalten zu dem, was wir in den nächsten Tagen über das Wesen des Menschen durchnehmen werden.

Wenn wir mit unseren physischen Sinnen als irdisches Wesen den Menschen betrachten, wie er so vor uns steht, wenn unsere Augen ihn sehen und unsere Hände ihn tasten, so ist er vom Standpunkt des Materialisten als ganzer Mensch aufgefaßt, als ein Wesen in einer Ganzheit. Für eine tiefersehende, das heißt für eine geistige Auffassung der Welt, ist das aber nur ein kleiner Teil des Menschen, den wir hier mit den physischen Sinnen wahrnehmen können; es ist derjenige Teil des Menschen, den der Anatom zergliedert und zerlegt, und den er in dieser Weise mit dem Verstande zu begreifen sucht, den er bis ins einzelne, in nur noch mit dem Mikroskop wahrnehmbare Zellen zerlegt, wodurch er sich ein Bild zu machen sucht von dem Bau und der Wirkungsart der einzelnen Organe.

Alles das rechnet man in der Wissenschaft zum physischen Leibe. Diesen physischen Leib sieht man aber heute sehr häufig falsch an, indem man glaubt, das, was im Leben vor einem steht als Mensch, sei nur dieser physische Leib. Aber das ist gar nicht der Fall, sondern höhere Glieder der Menschennatur sind damit eng verbunden, wirken durch diesen physischen Leib hindurch und lassen ihn erst so erscheinen, wie er uns eben als Mensch in jedem unserer Mitmenschen entgegentritt. Dieser physische Leib würde ganz anders aussehen, wenn wir ihn von den höheren Gliedern der Menschennatur trennen könnten. Ihn, diesen physischen Leib, hat der Mensch gemeinsam mit der ganzen mineralischen Welt. Alle die Stoffe und alle die Kräfte, die zwischen den einzelnen mineralischen Stoffen ihr Spiel treiben, Eisen, Arsen, Kohle und so weiter, spielen auch in den Stoffen des menschlichen Leibes, des physischen Leibes der Tiere und der Pflanzen.

Wir werden ohne weiteres hingewiesen auf die höheren Glieder der menschlichen Natur, wenn wir uns einmal klarmachen, worin der gewaltige Unterschied zwischen diesem physischen Leib und den andern physischen Stoffen, die uns in der mineralischen Welt umgeben, besteht. Sie wissen alle, daß dieser wunderbare Bau des physischen Leibes das in sich birgt, was wir Innenleben, Bewußtsein, Lust und Leid, Freude, Liebe und Haß nennen; daß in diesem physischen Leibe nicht nur Stoffe der mineralischen Welt enthalten sind, sondern auch Gedanken. Sie sehen wohl die Röte der Wangen und die Farbe der Haare, aber Sie sehen nicht, was sich in diesem physischen Leibe abspielt an Lust und Leid, an Freude und Schmerz und so weiter. Alles das sehen wir nicht, aber doch spielt sich alles innerhalb der Hautumhüllung ab. Das ist schon der klarste und unwiderlegbarste Beweis, daß außer diesem Leibe noch etwas anderes da sein muß als nur die physischen Stoffe.

Wenn Sie die Träne perlen sehen, so ist die Träne der rein physische Ausdruck der Trauer, die sich im Inneren abspielt. Schauen Sie nun die Welt der Mineralien an. Stumm blickt Sie diese Welt der Mineralien an. Keine Freude, kein Schmerz, nichts von alledem ist wahrzunehmen. Der Stein hat kein Gefühl, kein Bewußtsein wie wir. Für den Geisteswissenschafter ist dieser Stein zu vergleichen mit den Nägeln an unseren Fingern oder mit den Zähnen. Betrachten Sie einen Fingernagel, auch er hat kein Gefühl, keine Empfindung; und doch ist der Nagel ein Glied von uns. So wie wir etwas in uns haben müssen, was dies veranlaßt, daß sich Nägel und Zähne bilden, so gibt es auch in der Welt etwas, was die Mineralien bildet. Die Nägel haben selbst kein Bewußtsein, aber sie gehören zu etwas, was Bewußtsein hat. Kriecht ein Käferchen über den Nagel, so wird zum Beispiel für diesen Käfer der Nagel vielleicht ein Mineral sein. So ist es, wenn wir über die Erde kriechen und nicht merken, daß ein Bewußtsein hinter dieser mineralischen Erde liegt; denn genau so, wie hinter dem Nagel ein Bewußtsein liegt, so auch hinter den Mineralien. Wir werden noch sehen, daß es eine Welt und daß es ein Bewußtsein gibt, welches der mineralischen Welt zugrunde liegt. Dieses Ich-Bewußtsein der mineralischen Welt liegt so hoch über uns, wie etwa das Bewußtsein des Käfers, der über unseren Fingernagel kriecht, überragt wird von unserem Bewußtsein, welches hinter dem Nagel liegt.

Dieses Bewußtsein der mineralischen Welt schreibt die Rosenkreuzerphilosophie einer Welt zu, die sie die Vernunftwelt nennt; dort liegt das Bewußtsein der Mineralien, und dort urständet auch die menschliche Vernunft, derzufolge wir uns Gedanken bilden. Aber die Gedanken, die in uns leben, sind ein höchst trügerisches Ding; die Gedankenwelt des Menschen verhält sich zu den Wesenheiten dieser Vernunftwelt etwa wie unser Schatten an der Wand zu uns selbst. Wie der Schatten an der Wand doch nicht ich selbst bin, sondern eben nur der Schatten von mir, so sind die Gedanken der Menschen nur Schattenbilder von der Welt des Geistes. Aber daß ein Gedanke hier gefaßt wird, das hat seinen Grund darin, daß in der Vernunftwelt wirklich eine schaffende Wesenheit ist, die diesen Gedanken produziert. Es ist eine Welt, wo unsere Gedanken wirkliche Wesenheiten sind, denen man dort begegnet, wie man hier den andern Menschen begegnet. Das ist für den Eingeweihten die obere Devachanwelt, das Arupa Devachan der Inder, oder auch die obere Mentalwelt, das ist die Vernunftwelt der Rosenkreuzer. Wenn ein Eingeweihter durch diese physische Welt geht, spricht zu ihm auf jedem Stück Erde Leben, und er fühlt in allem die Manifestationen einer andern Welt. Da wir nun in unserem physischen Leibe nichts anderes sind als Stücke dieser physischen Welt, haben wir auch ein untergeordnetes physisches Bewußtsein, das hinaufreicht bis in die obere Vernunftwelt, eben bis dahin, wo auch das Bewußtsein der mineralischen Welt liegt.

Also unser physischer Körper ist mineralischer Natur seiner Stofflichkeit nach, und das Bewußtsein von diesem physischen Körper liegt auch da, wo das Bewußtsein dieser mineralischen Welt zu suchen ist.

Was ist denn aber nun der Unterschied zwischen diesem physischen Körper und einem Mineral, zum Beispiel dem Bergkristall? Wenn wir unseren Leib mit einem Kristall vergleichen, so finden wir ohne weiteres, daß er im Vergleich mit diesem doch ein sehr kompliziertes Ding ist. Vergegenwärtigen wir uns einmal, was für ein Unterschied ist zwischen einem Mineral und einem lebenden Wesen. Den Stoffen nach besteht gar kein Unterschied, denn es kommen im lebenden Wesen genau dieselben Stoffe vor wie im Mineral, nur der Aufbau ist ein viel komplizierterer.

Wenn Sie das Mineral in seiner Form vor sich haben, so bleibt es dasselbe Mineral durch sich selbst. Das ist aber nicht so beim lebendigen Wesen, bei Pflanze, Tier und Mensch. Sobald sich nämlich der Stoff so kompliziert, daß er sich nicht mehr durch sich selbst halten kann, also in sich selbst zerfallen müßte, dann gibt es etwas, was in diesem Stoff – wenn er eben zu kompliziert wird, um sich durch sich selbst halten zu können –, etwas, was ihn an diesem Verfall hindert, und dann haben wir das vor uns, was wir ein lebendes Wesen nennen. Daher sagt die Geisteswissenschaft: Ein lebendes Wesen würde von selbst in die einzelnen Komponenten seines Stoffes zerfallen, wenn nicht in ihm selbst der Verhinderer dieses Verfalles vorhanden wäre. Und das, was dieses lebende Wesen jeden Augenblick am Zerfall des Stoffes hindert, also den Verhinderer dieses Zerfalles, nennen wir den Äther- oder Lebensleib, der aber ein Gebilde ganz anderer Natur ist als die physischen Stoffe, aus denen der physische Leib besteht, der aber die Fähigkeit hat, in jedem Lebewesen die komplizierten physischen Stoffe zu bilden und zu erhalten und am Zerfall zu verhindern. Was sich so rein äußerlich in einem Organismus äußert, nennen wir Leben. Dieser Äther- oder Lebensleib oder Bildekräfteleib kann mit physischen Augen nicht wahrgenommen werden, wohl aber durch den ersten Grad der hellseherischen Schau, und die Aufgabe des Sehers ist es, sich so heranzubilden, daß er diesen Ätherleib eben sehen kann, wie wir mit den physischen Augen den physischen Leib sehen. Auch die moderne Naturwissenschaft sucht wohl nach diesem Ätherleib, aber nur durch Spekulation sucht sie sich eine Vorstellung davon zu machen und spricht zum Beispiel von der Lebenskraft, Lebensenergie.

Wie stellt sich denn nun dieser Ätherleib für das hellseherische Auge, also für den Hellseher dar?

Wenn Sie zum Beispiel ein Ding der mineralischen Welt, sagen wir einen Bergkristall, mit dem Auge des Sehers betrachten, und zu diesem Zweck den physischen Stoff ausschalten durch eine Art Ablenkung der Aufmerksamkeit, dann sehen Sie in dem Raume, den der physische Kristall einnimmt, nichts. Der Raum ist leer. Betrachten Sie aber auf dieselbe Weise irgendein lebendes Wesen, also Pflanze, Tier oder Mensch, dann ist dieser Raum, den der physische Körper einnimmt, nicht leer, sondern noch immer ausgefüllt mit einer Art Lichtgestalt, und das ist eben der vorhin erwähnte Ätherleib. Dieser Ätherleib ist nicht bei allen Lebewesen gleich, sondern sogar außerordentlich verschieden, auch in bezug auf die Form und das Größenverhältnis verschieden zu dem physischen Körper des betreffenden Lebewesens, und zwar ganz nach der Entwickelungsstufe, auf der das Lebewesen steht. Bei den Pflanzen ist dieser Ätherleib noch ganz anders geformt als die Pflanze selbst; beim Tier ist er der äußeren Tierform schon ähnlicher, und beim Menschen stellt sich der Ätherleib als eine Lichtgestalt dar, die der Form nach fast genau dem physischen Leibe entspricht. Sieht man sich zum Beispiel ein Pferd von diesem Standpunkte aus an, so sieht man außerhalb des Kopfes, vor der Stirn, diesen Ätherleib ziemlich weit herausragen in Form einer Lichtgestalt, die sich aber der Form des Pferdekopfes ungefähr anpaßt, während Sie beim heutigen Durchschnittsmenschen den Ätherleib nur oberhalb des Kopfes und zu beiden Seiten desselben ganz wenig herausragen sehen.

Was nun die Substantialität des Ätherleibes anbelangt, so macht man sich gewöhnlich falsche Vorstellungen von der Stofflichkeit dieses Ätherleibes. Auch in der Theosophischen Gesellschaft ist viel Irriges und Verwirrendes geredet und geschrieben worden über diesen Ätherleib, aber das gehört zu den Kinderkrankheiten der Theosophischen Gesellschaft und muß überwunden werden. Um sich eine richtige Vorstellung von der Stofflichkeit des Ätherleibes zu machen, folgen Sie mir bitte in einem Vergleich.

Denken Sie sich, Sie hätten hundert Mark und würden immer mehr und mehr davon ausgeben; dann wird das Vermögen immer dünner und dünner, und schließlich haben Sie nichts mehr. Das wäre also der dünnste Zustand des Vermögens. Aber es gibt einen noch dünneren, indem man das Nichts des Besitzes noch mehr vermindert, indem man negatives Vermögen, also Schulden macht. Man kann also das Vermögen noch vermindern, denn nun hätte man weniger als Nichts, wenn man zum Beispiel zehn Mark Schulden macht.

Oder denken Sie sich das auf etwas anderes angewandt. Denken Sie sich eine Schlacht mit ihrem ungeheuren Getöse; gehen Sie nun weiter weg davon, dann wird das Getöse schwächer und schwächer, es wird stiller und stiller, bis Sie gar nichts mehr davon hören. Vermindert man nun dieses Nichtshören: es wird stiller als still, lautloser als lautlos – nun, eine solche Ruhe gibt es in der Tat. Und sie ist etwas im höchsten Grade Beseligendes, wenn sich das auch der gewöhnliche Mensch nicht so leicht wird vorstellen können.

Denken Sie sich aber nun diese Beispiele einmal angewendet auf die Dichtigkeit des Stoffes, dann haben Sie ja zunächst einmal die allgemein bekannten drei Aggregatzustände: fest, flüssig, gas- oder luftförmig; aber dabei dürfen wir nicht stehenbleiben, entsprechend dem oben angeführten Beispiel vom Vermögen. Wie wir da das Vermögen zu einem negativen Vermögen verdünnen können, so wird auch hier der Stoff immer dünner und dünner, über den gasförmigen Zustand hinaus immer dünner. Und so denken Sie sich eine Art von Stoff, der entgegengesetzt wäre dem physischen Stoffe; dann kommen Sie zu einer ungefähren Vorstellung von dem, woraus der Äther besteht.

Wie das negative Vermögen die umgekehrten Bedingungen des positiven hat – Plusvermögen macht reich, Minusvermögen macht arm; je mehr Vermögen ich habe, desto mehr kann ich kaufen, je weniger Vermögen ich habe, desto weniger kann ich mir kaufen –, so hat auch der Weltenäther, von dem ja der Ätherleib eines jeden Lebewesens ein Teil ist, eben auch die umgekehrten Eigenschaften des physischen Stoffes. Wie der feste Stoff das Bestreben hat, auseinanderzufallen, so ist der Ätherleib bestrebt, alles zusammenzuhalten und den physischen Körper, den er durchdrungen hat, am Zerfall zu verhindern. Dieser Zerfall in die einzelnen Grundstoffe tritt bei jedem Lebewesen sofort ein, sobald der Ätherleib aus dem physischen Leibe heraustritt, oder mit andern Worten, wenn der physische Tod des Lebewesens eintritt. So haben wir damit die Materie verfolgt in eine Welt hinein, wo sie die entgegengesetzte Wirkung hat wie unsere physische Materie.

Wenn ich sage, daß beim Menschen der Ätherleib ähnlich dem physischen Leib aussieht, so komme ich zu einer Tatsache, die man kennen muß, und die hier erwähnt werden soll, da wichtige Folgerungen daraus für die späteren Vorträge entstehen. Dieser Ausspruch bedarf nämlich einer sehr wichtigen Einschränkung, denn in Wahrheit ist nämlich der Ätherleib sehr verschieden vom physischen Leibe und diesem eigentlich nur in seinem oberen Teile, im Kopfteil, ähnlich; sehr verschieden aber ist er vom physischen Leibe in der Hinsicht, daß er ein diesem entgegengesetztes Geschlecht hat: der Ätherleib des Mannes ist nämlich weiblich, und umgekehrt, der des Weibes männlich. Jeder Mensch ist also zweigeschlechtlich; das physische Geschlecht ist nur ein äußerer Ausdruck, der seinen entgegengesetzten Pol im Ätherleibe hat. Wie ein Magnet Nordpol und Südpol hat, wie es beim Magneten gar keinen Nordpol allein gibt, so auch hier Pol und Gegenpol.

Dieser Äther- oder Lebensleib, auch Bildekräfteleib genannt, ist also das zweite Glied der menschlichen Wesenheit und bleibt von der Geburt bis zum Tode innig verbunden mit dem physischen Leibe des Menschen, und das Herauslösen dieses Lebensleibes aus dem physischen Körper ist eben der Tod.

Der physische Leib wird erst aufgebaut von dem Ätherleib; dieser Ätherleib ist sozusagen der Architekt des physischen Leibes. Wenn Sie sich ein Bild dafür machen wollen, so nehmen Sie das Bild von Wasser und Eis. Wenn das Wasser sich abkühlt, nimmt es eine andere Form an, es wird zu Eis. Und genau wie aus dem Wasser Eis entsteht durch Verdichtung, so ist aus dem physischen Leibe der Ätherleib herausgegliedert.

Eis: Wasser, Physischer Leib: Ätherleib; das heißt, die Kräfte des Ätherleibes sind greifbar, physisch wahrnehmbar geworden im physischen Leibe. Geradeso wie im Wasser auch schon die Kräfte lagen, welche sich dann in dem festen Eise äußern, so liegen im Ätherleib alle die Kräfte zum Aufbau des physischen Leibes schon darinnen. So liegt also schon im Ätherleib zum Beispiel eine Kraft, aus der sich das Herz, der Magen, das Gehirn und so weiter herausgliedern. So ist für jedes Organ unseres physischen Leibes im Ätherleib eine Anlage vorhanden; aber diese Anlagen sind keine Stoffe, sondern Kräfteströmungen. Diesen Ätherleib nun hat der Mensch gemeinsam mit allen Pflanzen und allen Tieren, also mit allen physischen Wesenheiten, die eben Leben äußern.

Nun kann man fragen: Haben die Pflanzen eine Art Bewußtsein in dem Sinne, wie wir für die Welt der Mineralien ein Bewußtsein gefunden haben? – Wir haben ja vorhin gesehen, daß das Bewußtsein der Mineralien in der oberen Vernunftwelt gefunden wird durch die Geistesforschung, wo ja auch unsere Gedanken urständen.

So wie unsere Finger nicht ein selbständiges Bewußtsein haben, sondern wie das Bewußtsein eines Fingers zum Bewußtsein des ganzen Menschen gehört, ebenso gehören die Pflanzen auch zu einem Bewußtsein, und dieses liegt nun in der unteren Vernunftwelt, der Gestirnwelt, der himmlischen Welt, des Rupa Devachan. Wenn der Geistesforscher diese Welt betritt, dann begegnet er dort den Seelen der Pflanzen. Die Seelen der Pflanzen sind dort ebensolche Wesen wie wir hier; und diese Wesen verhalten sich zu den Pflanzen etwa, wie eben der Mensch sich zu seinen Fingern verhält.

In dieser unteren Devachanwelt ist also das Bewußtsein der Pflanzen verankert. In ihr wurzeln die Kräfte, die allem Wachstum und allem organischen Aufbau zugrunde liegen. In ihr wurzeln also auch die Kräfte, die unseren eigenen physischen Leib aufbauen; das heißt also, die Kräfte unseres Ätherleibes, den wir ja schon als den Architekten des physischen Leibes bezeichnet haben. Dieses Bewußtsein der Pflanzenwelt, das ist ein ungemein viel höheres und weisheitsvolleres als das Bewußtsein des Menschen.

Das wird Ihnen ohne weiteres klarwerden, wenn Sie bedenken, wie weise nicht nur des Menschen physischer Leib, sondern aller von einem Ätherleibe durchdrungenen Wesen, also aller Lebewesen, aufgebaut ist. Welche ungeheure Weisheit gehört dazu, den einfachsten physischen Leib irgendeines Lebewesens aufzubauen, geschweige denn das kunstvollste Gebilde aller irdischen Lebewesen: den menschlichen Leib!

Betrachten Sie nur einmal zum Beispiel den menschlichen Oberschenkelknochen in seinem oberen Teile, wie wunderbar nach allen Regeln der Baukunst die einzelnen Knochenbälkchen aneinandergegliedert sind! Der Oberschenkelknochen ist gerade an dieser Stelle durchaus ein viel komplizierteres Gebilde, als wie er uns äußerlich betrachtet erscheint; er ist zusammengesetzt aus einem Gerüste von Balken, die in ihrer Winkelstellung zueinander derartig weisheitsvoll gefügt sind, daß mit dem kleinsten Maß von Stoff es erreicht ist, daß der ganze Körper getragen werden kann. Wahrlich ein größeres Kunstwerk als der komplizierteste Brückenbau, und keine Ingenieurkunst der Welt kann etwas Derartiges nachmachen. Oder betrachten Sie den Bau des Herzens; es ist so weisheitsvoll gebaut, daß der Mensch mit all seiner Weisheit ein rechtes Kind ist gegen die Weisheit, die sich darin offenbart. Und was hält dieses menschliche Herz alles aus, trotzdem die Torheit des Menschen es fast täglich zu ruinieren versucht, zum Beispiel durch unsere sogenannten Genußmittel, Kaffee, Alkohol, Nikotin.

Zur Ausführung eines solchen Wunderbaues wie den des physischen Leibes sind Kräfte nötig, die sich hinauferstrecken bis in die Astralwelt, und erst die Wesenheiten dieser Astralwelt sind, trivial gesprochen, so gescheit, daß sie einen solchen physischen Leib aufbauen können.

Und nun kommen wir zum dritten Glied der menschlichen Wesenheit. Die Pflanzen haben einen physischen Leib und einen Ätherleib; sie haben aber etwas nicht, was Tiere und Menschen haben: sie haben nicht Leid, nicht Lust, keine Schmerzen und keine Empfindung. Das ist der Unterschied von Tier und Mensch einerseits und den Pflanzen andererseits. Der Unterschied beruht darauf, daß in Tier und Mensch sich Innenvorgänge abspielen. Die neuere Wissenschaft hat ja sogar auch den Pflanzen aus den Vorgängen, welche man bei ihnen beobachtet, Empfindung zusprechen wollen. Es ist jammervoll, wenn man sieht, was für ein Unfug mit Begriffen getrieben wird, denn hier finden keinerlei innere Vorgänge statt wie bei einer jeden Empfindung; diese «Empfindung» müßte man mit demselben Rechte auch dem blauen Lakmuspapier zuschreiben. Aber das kommt davon, wenn man die Empfindung hier in der physischen Welt sucht. In der physischen Welt kann man keine Empfindung bei einem derartigen Phänomen, wie es sich an manchen Pflanzen zeigt, finden; da muß man in die himmlischen Welten gehen. Eingeschaltet soll hier werden, um Mißverständnissen vorzubeugen, daß bei den sogenannten reagierenden Pflanzen, zum Beispiel der Mimose, dieser Reizvorgang sich nicht als Empfindung spiegelt in der physischen Welt, sondern nur in der niederen Vernunftwelt, wo sich ja das Bewußtsein der Pflanzen befindet. Hier unten in der physischen Welt hat nur der Mensch und das Tier Begierde und Leidenschaften, Freuden und Schmerzen. Warum? Weil sie außer dem physischen Leib und Ätherleib auch noch den Astralleib haben, das dritte Glied der menschlichen Wesenheit.

Für den Seher stellt sich der Astralleib so dar, daß der ganze Mensch eingehüllt ist in eine eiförmige Wolke, und in dieser Wolke drückt sich eine jede Empfindung aus, jeder Trieb, jede Leidenschaft. Dieser Astralleib ist also der Träger von Lust und Leid, Freude und Schmerz. Mit diesem dritten Glied verhält es sich anders als mit dem physischen Leib und Ätherleib. Wenn nämlich der Mensch schläft, liegt im Bett nur der physische Leib und Ätherleib, während sich der Astralleib mit dem Ich herausgehoben hat; wenn dagegen der Astralleib und der Ätherleib heraustreten aus dem physischen Leibe, dann tritt der Tod ein, und damit ja der Zerfall des physischen Leibes.

Warum heißt dieses Wesensglied nun Astralleib? Es gibt dafür gar keinen treffenderen Ausdruck. Warum? Dieses Wesensglied hat eine wichtige Aufgabe, und diese wichtige Aufgabe müssen wir uns klarmachen. Dieser Astralleib ist in der Nacht kein Müßiggänger, denn in der Nacht arbeitet er, wie der Seher sehen kann, an dem physischen und Ätherleib. Während des Tages nutzen Sie den physischen und Ätherleib ab, denn alles, was Sie tun, ist ja Abnützung des physischen Leibes, und der Ausdruck dieser Abnützung ist ja die Ermüdung. Das nun, was Sie während des Tages abnutzen, das bessert der Astralleib während der Nacht wieder aus. Tatsächlich schafft der Astralleib während des Schlafes die Ermüdung hinweg. Daraus ergibt sich die Wichtigkeit und Notwendigkeit des Schlafes. Der Seher kann diese Ausbesserung bewußt vornehmen. Das Erquickende des Schlafes beruht darauf, daß der Astralleib am physischen und Ätherleib richtig gearbeitet hat. Weil der Astralleib aber erst in den physischen und Ätherleib zurückkehren muß, tritt die Erquickung des Schlafes erst allmählich, das heißt etwa eine Stunde nach dem Erwachen auf.

Mit diesem Heraustreten des Astralleibes während des Schlafes ist noch etwas anderes, Wichtiges verbunden. Wenn nämlich der Astralleib während des wachen Tageslebens mit der Außenwelt in Verbindung tritt, muß er zusammenleben mit dem physischen und Ätherleib; aber während er sich vom Körper loslöst, also während des Schlafes, ist er von dieser Fessel des physischen und Ätherleibes befreit. Und da tritt etwas Wunderbares ein: da reichen die Kräfte des Astralleibes bis in die Gestirnenwelt, wo die Seelenwesenheiten der Pflanzen sind, und aus dieser Welt nimmt er seine Kraft. Der Astralleib ruht in der Welt, in der die Gestirne eingebettet sind. Das ist die Welt der Sphärenharmonie der Pythagoreer. Sie ist eine reale Wirklichkeit und keine Phantasie. Wenn man bewußt in dieser Welt lebt, dann hört man die Sphärenharmonien, dann hört man klingen die Kräfte und Verhältnisse der Sterne zueinander. *Goethe* war in diesem Sinne ein Eingeweihter, und aus diesem Geiste heraus ist auch der Beginn des «Prologes im Himmel» aus «Faust» zu verstehen:

Die Sonne tönt nach alter Weise
In Brudersphären Wettgesang,
Und ihre vorgeschriebne Reise
Vollendet sie mit Donnergang.

Ihr Anblick gibt den Engeln Stärke,
Wenn keiner sie ergründen mag;
Die unbegreiflich hohen Werke
Sind herrlich, wie am ersten Tag.

Man kennt Goethe sehr wenig und weiß meist nicht, daß er eingeweiht war, sondern sagt einfach: Ein Dichter braucht solche Bilder. – Aber Goethe wußte, daß die Sonne in einem Reigen darinnensteht, und daß sie als Sonnengeist tönt! Daher bleibt Goethe auch in diesem Bilde und spricht weiter:

Horchet! horcht dem Sturm der Horen!
Tönend wird für Geistesohren
Schon der neue Tag geboren.
Felsentore knarren rasselnd,
Phöbus' Räder rollen prasselnd;
Welch Getöse bringt das Licht!
Es drommetet, es posaunet,
Auge blinzt und Ohr erstaunet,
Unerhörtes hört sich nicht.

In dieser Gestirnwelt lebt der Astralleib während der Nacht. Und während er am Tage in eine Art Disharmonie kommt mit den weltlichen Dingen, ist er in der Nacht, während des Schlafes, wieder eingebettet in den Schoß der Sternenwelt. Und dann kommt er morgens zurück mit dem, was er sich aus dieser Welt mitgebracht hat an Kräften. Die Harmonie der Sphären bringt man sich aus dieser Astralwelt mit, wenn man herauskommt aus dem Schlafe. In der Gestirnwelt, der Astralwelt, hat der Astralleib seine wahre Heimat, und deshalb ist er auch so genannt worden: Astralleib. – So haben wir nun drei Glieder der menschlichen Wesenheit kennengelernt: Physischen Leib, Ätherleib, Astralleib.

Das vierte Glied, das Ich, wollen wir das nächste Mal kennenlernen. Das Ich ist dasjenige Glied, das den Menschen zur Krone der Schöpfung macht und das ihn über das Tier erhebt.

Das Tier hat noch nicht ein solches Bewußtsein wie der Mensch; es hat zwar auch ein Bewußtsein, ebensogut wie wir das bei der Pflanze gesehen haben und beim Mineral; aber dieses Bewußtsein der Tiere liegt in der Astralwelt. Das vierte Glied des Menschen, dieses Ich, das gliedert sich mit den drei andern Gliedern zusammen zu der heiligen Vierheit des Menschen, von der alle alten Schulen reden.

So hat der Mensch den physischen Leib gemeinschaftlich mit dem Mineral, den Ätherleib gemeinschaftlich mit der Pflanze, und den Astralleib gemeinschaftlich mit dem Tier. Das Ich hat er allein; und das hebt ihn über alles andere hinaus. Im Menschen finden wir gewissermaßen eine Essenz von alledem, was wir um uns herum ausgebreitet sehen. In der Tat: einen Mikrokosmos! Deshalb müssen wir, wenn wir den Menschen erkennen wollen, zuerst das erkennen, was uns umgibt.

So müssen wir uns die drei Wesensglieder, diese drei Körper, als drei Hüllen denken, die aus den verschiedensten Regionen heraus gewoben sind, und in diesen Hüllen wohnen wir, das heißt, das Ich, mit den höheren Gliedern der menschlichen Wesenheit, unserem unsterblichen Teil.

DRITTER VORTRAG

Kassel, 18. Juni 1907

Ein Allerheiligstes im Menschen ist dasjenige, was mit seinem Selbstbewußtsein bezeichnet wird. Wer sich das in der richtigen Weise klarmacht, der sieht ohne weiteres ein, daß mit diesem Worte «Selbstbewußtsein» eigentlich der Sinn des menschlichen Daseins ausgedrückt wird. Selbstbewußtsein ist die Fähigkeit, sich als ein Ich zu wissen.

Sie kommen am besten zu einer Vorstellung davon, wenn Sie daran denken, daß es im ganzen Umkreis der deutschen Sprache einen Namen gibt, der sich grundsätzlich unterscheidet von allen andern: das ist das Wort Ich. Den Tisch kann jeder Tisch nennen, aber «Ich» kann jeder nur für sich selbst sagen, für jeden andern ist man ein Du. Niemals kann das Wort Ich von außen an mein Ohr klingen, wenn es mich selbst bedeuten soll. Das hat alle Geisteswissenschaft empfunden. Die hebräische Religion sprach zum Beispiel, wenn sie von diesem Wesen des menschlichen Inneren sprach, so, daß sie das den unaussprechlichen Namen Gottes nannte. Man sagte nämlich: Wenn das Ich ausgesprochen werden soll, muß es aus dem Mittelpunkt des Wesens selbst heraustönen. Kein äußeres Wesen kann den Namen aussprechen. Es war daher wie ein Schauer, der durch die ganze Versammlung ging, wenn der Priester das Wort Jahve, «Ich bin der ich bin» aussprach. Da beginnt der Gott im Menschen zu sprechen. Das ist die reine, ursprüngliche Bedeutung des hebräischen Gottesnamens. Sie werden noch andere Namen kennenlernen, aber alle stehen in einem gewissen Verhältnis zu diesem einen Namen. Und mit diesem Ich bezeichnen wir das vierte Glied der menschlichen Wesenheit. Von diesem Ich aus durcharbeitet der Mensch die andern Glieder seiner Wesenheit: den Astralleib, den Ätherleib und auch den physischen Leib. So weit wir auch zurückgehen in der Entwickelungsgeschichte der menschlichen Wesenheit, die vier Glieder waren immer im Menschen vorhanden; und dadurch unterscheidet er sich gerade von den Tieren.

Machen wir uns einmal einen Begriff davon, wie sich in bezug auf diese vier Glieder der Entwickelte zum Unentwickelten verhält. Betrachten Sie einmal daraufhin einen von den Wildesten, der den andern Mitmenschen noch auffrißt, mit einem europäischen Durchschnittsmenschen, und diesen wieder mit einem Hochentwickelten, zum Beispiel *Goethe, Schiller* oder *Franz von Assisi.* Jener Wilde folgt unmittelbar seinen Trieben und Leidenschaften, wie sie in seinem Astralleib enthalten sind. Er hat zwar schon das Ich, aber das ist noch ganz in der Gewalt des Astralleibes. Der heutige Durchschnittsmensch unterscheidet schon, was gut und nicht gut ist. Das kommt daher, daß dieser Mensch schon an seinem Astralleibe gearbeitet hat. Er hat daran gearbeitet und sogar einige Triebe schon umgestaltet zu sogenannten Idealen. Eine um so höhere Entwickelungsstufe hat der Mensch erreicht, je mehr er von seinem Ich aus an seinem Astralleibe umgearbeitet hat. Der heutige europäische Durchschnittsmensch hat schon viel umgearbeitet. Eine Individualität wie Schiller oder Goethe hat bereits den weit größeren Teil seines Astralleibes umgearbeitet. Ein Mensch aber, der alle Leidenschaften schon unter seinen Willen gezwungen hat, wie zum Beispiel Franz von Assisi, hat schon einen Astralleib, der bereits ganz umgearbeitet ist vom Ich; es ist nichts mehr darin, was nicht unter der Herrschaft des Ich stände. So viel als der Mensch von seinem Astralleib derart umgearbeitet hat, so viel nennen wir sein Manas oder Geistselbst; das ist das fünfte Glied seiner Wesenheit. Wir können also sagen: Im Ich liegt der Keim zur Umarbeitung des Astralleibes in Manas, Geistselbst.

Nun ist aber auch die Möglichkeit vorhanden, daß der Mensch nicht nur seinen Astralleib, sondern auch seinen Ätherleib umarbeitet, so daß das Ich auch Herr wird über den Ätherleib. Nur müssen Sie sich klarmachen, daß dieses viel schwieriger ist und langsamer vor sich geht. Der Unterschied der Umarbeitung von Astralleib und Ätherleib ist folgender: Bedenken Sie einmal, was Sie mit acht Jahren gewußt haben, und was Sie seit Ihrer Jugend sich alles angeeignet haben! Der Träger aller dieser Umwandlungen ist der Astralleib; er verändert sich also sozusagen tagtäglich ganz wesentlich durch alles das, was Sie an äußeren Eindrücken in sich aufnehmen. Anders aber ist es mit dem Ätherleib. Wollen Sie sich davon eine Vorstellung machen, dann stellen Sie sich folgendes vor: Waren Sie mit acht Jahren ein jähzorniges Kind, dann sind Sie wahrscheinlich auch heute noch manchmal jähzornig. Nur wenigen Menschen gelingt es, sich so zu verändern, daß sie auch ihre Gewohnheiten, ihre Neigungen, ihr Temperament, ihren Charakter umwandeln. Darin liegt durchaus kein Widerspruch mit dem oben Gesagten. Der Astralleib hat zwar zu tun mit Lust und Leid und unseren Leidenschaften; sind diese Leidenschaften aber zur Gewohnheit, zu sogenannten Charaktereigenschaften geworden, dann liegen sie verankert im Ätherleib; und wenn wir solche Gewohnheiten umwandeln wollen, dann muß sich der Ätherleib umwandeln, denn dieser ist der Träger aller Gewohnheiten und Charaktereigenschaften.

Ich habe schon öfter die Veränderungen von Astralleib und Ätherleib verglichen mit dem Gang des Minuten- und Stundenzeigers einer Uhr.

Wir werden später von der Entwickelung des fortgeschrittenen Schülers sprechen. Ein solcher Schüler ist dies nicht im Sinne des gewöhnlichen Lebens, nicht einer, der bloß etwas lernt. Gewiß, ein solcher Schüler muß auch viel lernen, aber unendlich wichtiger als das Lernen ist dies oben geschilderte Hineinarbeiten in den Ätherleib: daß er es fertig bringt, Jähzorn in Sanftmut zu verwandeln. Gerade dafür gibt die Geheimwissenschaft dem Schüler die Anleitung.

Eine hohe Stufe der Entwickelung hat derjenige erlangt, der es in der Hand hat, eine Gewohnheit, also eine Eigenschaft seines Ätherleibes, von heute auf morgen zu ändern. Eine solche Umwandlung des Ätherleibes muß Hand in Hand gehen mit dem, was der Schüler der Geheimwissenschaft sonst lernt. Aber auch wenn der Mensch nichts von einer solchen Schulung weiß, ändert er doch von selbst – wenn auch langsam und allmählich, durch viele Verkörperungen hindurch – seinen Ätherleib. Und so viel nun von diesem Ätherleibe umgewandelt ist, so viel nennen wir Buddhi oder Lebensgeist; und das bildet das sechste Glied der menschlichen Wesenheit.

Und dann gibt es noch die Stufe, die aber viel, viel höher liegt, auf welcher der Mensch auch lernt, in seinen physischen Leib hineinzuarbeiten und diesen umzugestalten. So viel er nun an Herrschaft über den physischen Leib gewonnen hat, so viel nennt man Atma oder Geistesmensch; es ist das siebente Glied seiner Wesenheit. Atma hängt zusammen mit dem Worte «atmen», weil es der Atmungsprozeß ist, von dem diese Umwandlung ausgeht. Was das heißt, bewußt seinen physischen Leib vom Ich aus zu beherrschen, davon macht man sich erst eine Vorstellung, wenn man bedenkt, wie wenig man eigentlich von seinem physischen Leibe weiß. Dieses Wissen hat nichts zu tun mit dem, was die heutige Anatomie über den physischen Körper zu sagen hat. Lange bevor es eine heutige Anatomie gab, gab es uralte Lehren, die allerdings nicht öffentlich bekanntgeworden sind, in welchen Sie aber ein Wissen über das Innere des Menschen finden. Dadurch konnten diese alten Weisen zum Beispiel die Strömungen des Lebens und des Blutes verfolgen; sie waren dadurch in der Lage, sich selbst innerlich anzuschauen, den physischen Körper zu beobachten in allen seinen Organen. Wenn wir uns so weit entwickelt haben, dann ist es möglich, daß kein Teilchen in unserem Leibe sich bewegt ohne unseren Willen. Das ist die Umwandlung in Atma, Geistesmensch.

Nun könnte einer einwenden: Der physische Leib ist doch das niedrigste Glied der menschlichen Wesenheit, weshalb ist denn die Umwandlung desselben zum höchsten Gliede möglich? – Gerade weil der physische Leib das unterste Glied ist, braucht es die höchste Kraftanstrengung des Menschen, um diesen Körper in die eigene Gewalt zu bekommen. Mit der Umarbeitung dieses physischen Leibes geht Hand in Hand die Erlangung der Gewalt über Kräfte, die den ganzen Kosmos durchfluten. Und die Herrschaft über diese kosmischen Kräfte ist das, was man als Magie bezeichnet.

So besteht der Mensch seinem wahren inneren Wesen nach aus sieben Teilen, aber diese sieben Teile gehen vollständig ineinander über. Man wird von dieser gegenseitigen Durchdringung aller sieben Teile sich nur dann eine rechte Vorstellung machen, wenn man sie vergleicht mit den sieben Farben des Regenbogens, die alle auch im Sonnenlicht enthalten sind. Wie das Licht aus diesen sieben Farben besteht, so auch der Mensch aus seinen sieben Gliedern.

Nun wollen wir eingehen auf die Bedeutung dieser Gliederung für die Erkenntnis des ganzen Lebensweges des Menschen. Wir haben schon gestern gehört, welches die Natur des Schlafes ist. Im Bette liegt der physische Leib und der Ätherleib; es dauert fort, als die Lebensäußerung dieses Ätherleibes, Atmung und Blutkreislauf; aber alles, was zum Astralleib gehört, ist mit dem Ich aus physischem Leib und Ätherleib herausgehoben.

Im Tode tritt im Gegensatz dazu etwas anderes ein. Während in der ganzen Zeit zwischen Geburt und Tod der physische und der Ätherleib ein Ganzes bleiben, trennt sich im Tode nicht nur wie im Schlafe der Astralleib, sondern auch der Ätherleib von dem physischen Leib. Dieser physische Leib ist nun aber – erinnern wir uns an das gestern Gesagte – so kompliziert, daß er, auf sich allein angewiesen, zerfallen muß. Betrachten wir nun einmal mit hellseherischem Blick den Menschen unmittelbar nach dem Tode: vor uns liegt lediglich der physische Leib, und darüber schweben Astralleib und Ätherleib. Da tritt nun unmittelbar nach dem Tode eine eigenartige Erscheinung in der Empfindung des so dahingegangenen Menschen auf: In dem Moment des Todes ersteht nämlich in dem Felde der menschlichen Erinnerung wie ein ausgebreitetes Tableau sein ganzer Lebensgang. Jede kleine, selbst kleinste Begebenheit zieht in Bildern an ihm vorüber. Das kommt ganz naturgemäß daher, weil ja der Ätherleib, neben der oben geschilderten Eigenschaft der Verhinderung einer Zersetzung des physischen Leibes, auch noch der Träger des Gedächtnisses ist. In demselben Moment, wo dieser Ätherleib seiner ersteren Aufgabe enthoben ist, lebt er sich ganz intensiv in diese zweite Aufgabe hinein. Da aber während des Lebens ein jedes Ereignis mit Lust und Schmerz, Freude und Leid verbunden war, infolge der Durchdringung mit dem Astralleibe, erlebt der Mensch jetzt, da sich ja auch der Astralleib von ihm gelöst hat, diese Erinnerungsbilder, das heißt sein ganzes verflossenes Dasein, ohne Empfindung, ohne Gefühl, wie in einem großen Panorama.

Solange dieser Ätherleib mit dem physischen Leibe verbunden bleibt, ist das Instrument, dessen er sich bedienen muß, das Gehirn, etwas, was macht, daß unsere Erinnerungen nie vollständig sind; nur Bruchstücke der Lebenseindrücke behalten wir in der Erinnerung. Daran ist die Mangelhaftigkeit dieses physischen Gehirns schuld, während sich im Moment der Befreiung vom physischen Gehirn dieser Ätherleib an alles erinnert. Ein Analogon zu diesem Zustande findet sich schon im gewöhnlichen Leben beim Schock, den man zum Beispiel im Augenblick des Ertrinkens, des Abstürzens und so weiter erfährt. Das rührt ganz einfach davon her, daß in einem solchen Augenblick der Ätherleib gewaltsam gelockert wird vom physischen Leibe, was auch zum Beispiel in leichterer Art beim Einschlafen der Glieder geschieht, auch bei der Hypnose, bei welcher der Hellseher den Ätherleib zu beiden Seiten des Kopfes heraushängen sieht. Die materialistische Physiologie wendet ja ein, daß eine materielle Veränderung im Blute da vorliegt, aber das ist eine Verwechslung von Ursache und Wirkung.

Das erste Schicksal des Menschen nach dem Tode ist also dieser Rückblick auf das verflossene Leben, der verschieden lang ist und durchschnittlich etwa dreieinhalb Tage dauert. Dann kommt eine Art zweiten Sterbens, indem sich das Ätherische vollkommen auch vom Astralleib löst, und dann eine Art Ätherleichnam zurückbleibt. Dieser Ätherleichnam löst sich sehr bald, wenn auch bei jedem Menschen verschieden schnell, im allgemeinen Weltenäther auf, jedoch nicht vollständig; eine Art Essenz aus dem verflossenen Leben bleibt, die das Ich mitnimmt und die ein unvergängliches Gut ist, das dem Menschen verbleibt für alle folgenden Verkörperungen. Nach einer jeden Verkörperung fügt sich gleichsam ein neues Blatt zu den vorangegangenen. Man nennt das in der Theosophie den Kausalkörper, und in der Qualität dieses Kausalkörpers liegt die Ursache dafür, wie sich die späteren Verkörperungen gestalten.

Nun ist der Astralleib allein. Wie unterscheidet sich dieser Zustand vom Schlaf, wo er ja auch aus den andern Gliedern, dem physischen und Ätherleib herausgetreten, wo er also auch allein war? Die Kräfte, die er im Schlaf verwenden mußte zur Ausarbeitung und Ausbesserung des physischen Körpers, die sind dadurch, daß dieser physische Körper definitiv abgelegt ist, frei geworden; die verwendet der Astralleib jetzt für sich und wird sich dessen bewußt. In diesem Eigenbewußtseinszustand macht der Astralleib jetzt eine Zeit durch, die Sie sich am besten klarmachen, wenn Sie folgende Erwägung anstellen.

Denken Sie einmal an den Genuß einer leckeren Speise; der Mensch genießt sie und hat seine Lust an diesem Genusse. Dieser Genuß sitzt nicht im physischen, sondern im Astralleibe; aber daß dieser Genuß zustande kommen kann, dazu braucht er das Werkzeug, nämlich eine

Zunge, einen Gaumen; also liefert der physische Leib das Werkzeug für die Genüsse des Astralleibes. Wie ist das nun nach dem Tode, wo doch dieser physische Leib abgeworfen ist? Das Instrument, der Vermittler des Genusses fehlt, nicht aber hat der Astralleib die Sehnsucht, das Verlangen nach dem Genuß verloren. Stellen Sie sich einmal möglichst lebendig diesen Zustand vor. Es ist ein Zustand, wie ihn etwa der Durstende in der Wüste empfindet. Nach dem Tode wird eben der Astralleib die Begierde noch haben nach Genuß, und zwar in dem Maße, wie er es von dem verflossenen Leben her gewöhnt gewesen ist. Darum also ist für alle Menschen diese Zeit nach dem Tode eine Zeit des unbefriedigten Verlangens. Diesen Zustand nennt man Kamaloka; Kama bedeutet Begierde, locus: Ort. Es ist der gleiche Zustand, den wir geschildert finden in zahlreichen Mythen, zum Beispiel in den Qualen des Tantalus, oder im Fegefeuer. Natürlich ist dieser Zustand nicht nur ein qualvoller; qualvoll ist er nur so lange, bis sich dieser Astralleib das Verlangen nach Genuß abgewöhnt hat. Je mehr also der Astralleib hier im physischen Leben Bedürfnisse hatte, um so länger dauert dieser Zustand. Daraus können Sie aber schon entnehmen, daß je nach der Qualität der Bedürfnisse, die ein Mensch im verflossenen Leben gehabt hat, nicht nur Qualvolles, sondern auch unter Umständen etwas sehr Gutes und Angenehmes dem Astralleib im Kamaloka begegnen kann. So zum Beispiel erlebt er dann angenehm eine jede Freude, die er an der schönen Natur gehabt hat. Um diese Freude an der schönen Natur zu genießen, müssen wir zwar Augen haben zum Sehen, aber Schönheit ist etwas, was hinausgeht über das Physische, und deshalb ist auch im Kamalokaleben dieser Zustand die Quelle erhöhten Genusses. Solche Dinge sind die Ursachen von den großen Freuden und wundervollen Erlebnissen auch während der Kamalokazeit. Diese Zeit kann sich also der Mensch schon verschönern, wenn er sich frei macht vom Kleben an rein physischen Genüssen. Wenn Sie das bedenken, werden Sie manches im Leben verstehen, zum Beispiel in bezug auf alles, was Kunst heißt. Je idealer die Kunst ist, je mehr das Ideale durchleuchtet, um so stärker und um so erhebender wirkt das Kunstwerk über das Leben hinaus. Ihr Element ist das Geistige. Nur die materialistische Kurzsichtigkeit hat zum Naturalismus in der Kunst geführt. – Nach dem Durchleben dieser Kamalokazeit sind wir also an dem Punkte angekommen, wo der Mensch sich alle seine materiellen Genüsse abgewöhnt hat, und dieser Zeitpunkt bedeutet das Durchmachen eines ganz neuen Zustandes. Da legt die Seele nun auch alles das vom Astralleib ab, woran der Mensch, das heißt das Ich, noch nicht gearbeitet hat; und diese nun abgelegte Astralhülle ist somit der dritte Leichnam, den der Mensch dann zurückläßt.

Und jetzt, nachdem das Ich mit dem, was es aus den andern Leibern erobert hat, also mit der oben geschilderten Essenz des Ätherleibes und nun auch mit jener des Astralleibes eins geworden ist, geht es hinüber in das Geisterland. Und das ist jene Zeit, welche die Seele von da an bis zu einer neuen Geburt durchlebt.

Das wollen wir dann morgen besprechen. Heute möchte ich nur das eine nochmals betonen: daß alle diese geistigen Welten fortwährend um uns herum und nicht in einem Jenseits räumlich von uns getrennt sind, so daß sie für das Auge des Sehers jederzeit sichtbar sind. Und derjenige, welcher in diese geistigen Welten hineinschauen kann, kann auch jederzeit diese Schatten oder Schemen – denn das sind jene Leichname – sehen. Diese Leichname sind es gerade, die dann sehr häufig in die spiritistischen Sitzungen sich hineindrängen. Wenn aber die Teilnehmer an einer solchen spiritistischen Sitzung einen derartigen Astralleichnam für die betreffende Individualität selbst halten, so ist das ebenso töricht, als wenn man den physischen Leichnam für den Menschen selbst ansehen würde. Daher zeigt dieser Astralleichnam – denn es ist ja gerade das, was das Ich nicht gebrauchen kann – bei solchen spiritistischen Sitzungen sehr oft lächerliche Züge.

VIERTER VORTRAG

Kassel, 19. Juni 1907

Da wir heute die Aufgabe haben, die Schicksale des Menschen weiter zu verfolgen durch die geistige Welt, wird es gut sein, wenn wir uns vorher eine Vorstellung davon bilden, was man überhaupt im geisteswissenschaftlichen Sinne eine Welt nennt.

Die Empfindung von der Welt um uns herum hängt davon ab, welche Fähigkeiten und Organe wir haben, sie wahrzunehmen. Hätten wir andere Organe, dann wäre auch die Welt ganz anders für uns. Wenn zum Beispiel der Mensch keine Augen hätte, um das Licht zu sehen, sondern ein Organ, wodurch er, sagen wir, die Elektrizität wahrnehmen könnte, dann würden Sie diesen Raum nicht als hell, vom Lichte durchflutet wahrnehmen, wohl aber würden Sie in den Drähten, die durch den Raum gehen, die Elektrizität hinfließen sehen; dann würden Sie es überall zucken, blitzen und strömen sehen. So ist eben das, was wir unsere Welt nennen, abhängig von unseren Sinnesorganen.

So ist auch die astrale Welt nichts anderes als eine Summe von Erscheinungen, die der Mensch um sich herum erlebt, wenn er von seinem physischen und Ätherleib getrennt ist, und wenn er diese Kräfte in seinem Inneren verwenden kann, um das zu schauen, was er sonst nicht sehen kann. Das ist eben der Fall, wenn er den physischen Leib und den Ätherleib abgeworfen hat. Die Wahrnehmungsorgane für die Astralwelt sind die Organe des Astralleibes, analog den Sinnesorganen für den physischen Leib. Wir wollen nun einmal die astrale Welt betrachten.

Der geistig Schauende kann diese Astralwelt durch jene Methoden, die wir später besprechen werden, auch schon hier im physischen Leibe wahrnehmen. Diese Astralwelt unterscheidet sich von unserer physischen ganz beträchtlich. Zunächst können Sie sich eine Vorstellung bilden von dem, was um Sie herum ist in der Astralwelt, wenn Sie sich den letzten Rest, den der Mensch noch von seinem früheren Hellsehen in alten Zeiten hat, das ist das Traumleben, einmal vor die Seele rufen. Sie kennen ja alle dieses Traumleben aus der Erfahrung, und Sie kennen es als eine Welt chaotischer Bilder. Woher kommt es nun, daß der Mensch überhaupt träumt? Wir wissen ja, daß während dieses Traumlebens im Bette der physische Leib und der Ätherleib liegt, während der Astralleib darüber schwebt. Beim vollen, tiefen, traumlosen Schlafe ist der Astralleib ganz aus dem Ätherleibe herausgehoben; beim Traumschlaf stecken noch Fühlfäden des Astralleibes im Ätherleib drinnen, und dadurch nimmt der Mensch dann die mehr oder weniger verworrenen Bilder der Astralwelt wahr. Die astrale Welt ist so durchlässig wie die Traumbilder, sie ist wie aus Träumen gewoben. Aber diese Träume unterscheiden sich von den gewöhnlichen Träumen dadurch, daß diese Bilder eine Wirklichkeit sind, genau so eine Wirklichkeit, wie die physische Welt. Die Art der Wahrnehmung ist sehr ähnlich der Traumwahrnehmung: sie ist nämlich auch symbolisch. Sie wissen ja alle, daß die Traumwelt symbolisch ist. Alles, was von der Außenwelt in den Schlaf aufgenommen wird, das wird im Traum symbolisiert. Ich will Ihnen einige typische Beispiele von Träumen sagen, und daran werden Sie ohne weiteres sehen können, wie sich der Traum auf Grund eines einfachen äußeren Eindruckes symbolisiert.

Sie sehen zum Beispiel im Traume, wie Sie einen Laubfrosch fangen. Sie fühlen ganz genau den glitschigen Laubfrosch: beim Aufwachen fühlen Sie, daß Sie den kalten Bettlakenzipfel in der Hand halten. Oder Sie träumen, Sie wären in einem dumpfen Kellerloch voller Spinnweben; Sie wachen auf, und haben Kopfschmerzen. Oder Sie sehen im Traum Schlangen, und merken beim Aufwachen, daß Sie Schmerzen in den Därmen haben. Oder ein Akademiker träumt eine lange Geschichte von einem Duell vom Anfang der Anrempelung bis zum Schluß des Austragens in der Pistolenforderung: der Schuß fällt – da wacht er auf und merkt, daß der Stuhl umgefallen ist. Aus dem ganzen Ablauf dieses letzten Traumbildes ersehen Sie auch, daß die Zeitverhältnisse ganz andere sind. Nicht nur, daß die Zeit sozusagen nach rückwärts konstruiert wird, sondern auch, daß der ganze Zeitbegriff im Traumerlebnis seine Bedeutung verliert. Man träumt im Bruchteil einer Sekunde ein ganzes Leben, wie ja auch im Augenblick eines Absturzes oder des Ertrinkens unser ganzes Leben vor unserem Seelenauge vorüberzieht. Worauf es aber jetzt in all den angeführten Traumbildern besonders ankommt, ist eben, daß sie Bilder darstellen zu dem, was die

Veranlassung dazu ist. So ist es überhaupt in der Astralwelt. Und wir haben Veranlassung, diese Bilder zu deuten. Dasselbe astrale Erlebnis erscheint auch immer als dasselbe Bild, darin ist durchaus Regelmäßigkeit und Harmonie, während die gewöhnlichen Traumbilder chaotisch sind. Man kann sich schließlich in der Astralwelt genausogut wie in der sinnlichen zurechtfinden.

Aus lauter solchen Bildern ist die Astralwelt gewoben, aber diese Bilder sind der Ausdruck für seelische Wesenheiten. Alle Menschen sind nach dem Tode selbst in solche Bilder gehüllt, die zum Teil sehr farben- und formenreich sind. So ist auch, wenn ein Mensch einschläft, dessen Astralleib in flutenden und wechselnden Formen und Farben zu sehen. Alle astralen Wesenheiten erscheinen in Farben. Kann der Mensch astral schauen, so nimmt er diese astralen Wesenheiten in einem flutenden Farbenmeer wahr.

Nun hat diese astrale Welt eine Eigentümlichkeit, die dem, der das zum ersten Male hört, eigenartig erscheint: Es ist in der Astralwelt alles wie im Spiegelbild vorhanden, und daher müssen Sie als Schüler sich erst nach und nach daran gewöhnen, richtig zu sehen. Sie sehen zum Beispiel die Zahl 365, die entspricht der Zahl 563. So ist es mit allem, was man in der Astralwelt wahrnimmt. Alles, was zum Beispiel von mir selbst ausgeht, das scheint auf mich zuzukommen. Das zu berücksichtigen, ist außerordentlich wichtig. Denn wenn zum Beispiel durch Krankheitszustände solche astralen Bilder zustande kommen, muß man wissen, was man davon zu halten hat. Im Delirium treten sehr häufig solche Bilder auf, und es können solche Menschen alle möglichen Fratzen und Bildgestalten sehen, die auf sie zukommen, da in solch krankhaften Zuständen die astrale Welt für den Menschen geöffnet ist. Diese Bilder sehen natürlich so aus, als ob die Dinge auf den Menschen zustürzten, während sie doch in Wirklichkeit von ihm ausströmen. Das müssen die Ärzte in Zukunft wissen, weil derartige Dinge durch die verdrängte religiöse Sehnsucht in der Zukunft immer häufiger sein werden. Einem solchen Astralbilderlebnis liegt auch zum Beispiel das Motiv zu dem bekannten Gemälde «Die Versuchung des heiligen Antonius» zugrunde. Wenn Sie das alles bis zum letzten Ende durchdenken, so wird es Ihnen nicht mehr drollig erscheinen, daß auch die

Zeit sich in der Astralwelt umkehrt. Einen Anklang daran geben Ihnen ja schon die Erfahrungen des Traumes. Erinnern Sie sich an das eben erwähnte Beispiel des geträumten Duells. Alles läuft hier rückwärts, und so auch die Zeit. So kann man im astralen Erleben am Baum zuerst die Frucht, dann die Blüte und zurück bis zum Keim verfolgen.

Und so verläuft auch nach dem Tode – das ist also die Zeit des Abgewöhnens – das ganze Leben durch die Astralwelt rückwärts, und Sie durchleben Ihr Leben noch einmal von rückwärts nach vorn und schließen es ab mit den ersten Eindrücken Ihrer Kindheit. Dieses geht aber wesentlich schneller als hier in der physischen Welt und dauert etwa ein Drittel des Erdenlebens. Man erlebt nun da auch noch manches andere bei diesem Rückwärtsdurchlaufen des Lebens. Nehmen wir an, Sie sind mit achtzig Jahren gestorben und leben nun das Leben zurück bis zum vierzigsten Lebensjahr. Da haben Sie zum Beispiel einmal einem eine Ohrfeige gegeben, wodurch seinerzeit dieser Mensch von Ihnen einen Schmerz erfahren hat. Nun ist es so in der Astralwelt, daß auch diese Schmerzempfindung sozusagen wie im Spiegelbild auftritt; das heißt: nun erleben Sie den Schmerz, den damals der andere durch Ihre Ohrfeige erfahren hat. Und dasselbe ist natürlich auch der Fall bei allen freudigen Ereignissen. – Und dann erst, wenn der Mensch sein ganzes Leben durchlebt hat, tritt er ein in die himmlische Welt. Religiöse Urkunden sind immer wörtlich zu nehmende Wahrheiten. Wenn Sie das soeben Gesagte sich vor Augen halten, werden Sie ohne weiteres einsehen, daß der Mensch wirklich erst in die geistige Welt – und mit der geistigen Welt ist das gemeint, was in der Bibel mit «Himmelreich» oder «das Reich der Himmel» bezeichnet wird – eintreten kann, wenn er eben vorher sein ganzes Leben rückläufig durchlebt hat bis zur Kindheit. Und dieses liegt in Wahrheit dem Worte Christi zugrunde: «So ihr nicht werdet wie die Kindlein, werdet ihr nicht in das Himmelreich kommen.» Dann nämlich, wenn der Mensch rückläufig wieder an der Stufe seiner Kindheit angekommen ist, streift er den Astralleib ab und tritt in die geistige Welt ein.

Nun muß ich Ihnen einmal diese geistige Welt erzählungsweise schildern. Dieses Reich der Himmel ist noch mehr verschieden von der physischen Welt als die Astralwelt. Da man aber selbstverständlich alles nur mit Ausdrücken schildern kann, die dieser physischen Welt entnommen sind, so gilt es noch mehr als für die obige Beschreibung der Astralwelt, daß alle diese Schilderungen nur vergleichsweise gelten dürfen.

Auch in diesem Reich der Himmel gibt es eine Dreiheit, wie hier auf der Erde. Wie man hier die drei Aggregatzustände hat: fest, flüssig und luftförmig, und danach die Erde einteilt in das Kontinentale, die Ozeane und das Luftgebiet, so kann man auch im Geisterlande, wenn auch wie gesagt nur vergleichsweise, drei derartige Gebiete unterscheiden; nur ist das Gebiet der Kontinente aus etwas anderem zusammengesetzt als unsere Felsen und Steine. Was nämlich dort der feste Boden des Geisterlandes ist, das sind die Urbilder alles Physischen. Alles Physische hat ja seine Urbilder, auch der Mensch. Diese Urbilder nehmen sich für den Hellseher aus wie eine Art Negativ, das heißt, man sieht den Raum wie eine Art Schattenfigur, und rings um ihn ist strahlendes Licht. Dieser Schatten ist aber, entsprechend zum Beispiel dem Blut und den Nerven, nicht gleichmäßig, während ein Stein oder ein Mineral im Urbild einen gleichmäßig leeren Raum erscheinen läßt, um den herum auch eine Lichtstrahlung zu sehen ist. Wie Sie auf der Erde auf festen Felsen gehen, so gehen Sie dort auf den Urbildern der physischen Dinge herum. Daraus ist das Land dieser geistigen Welt zusammengesetzt. Wenn der Mensch dieses Land zuerst betritt, dann hat er immer einen ganz bestimmten Anblick: das ist der Moment, in dem er das Urbild seines eigenen physischen Leibes erblickt. Da sieht er zuerst klar daliegen seinen eigenen Leib. Denn er selbst ist ja Geist. Das geschieht bei einem normal verlaufenen Erdenleben etwa dreißig Jahre nach dem Tode; und dabei hat man die Grundempfindung: Das bist du. – Aus dieser Erkenntnis heraus hat die Vedantaphilosophie das «Tat tvam asi – Das bist du», als einen grundlegenden Erkenntnissatz geprägt. Alle derartigen Ausdrücke sind tief aus dem geistigen Erkennen herausgeholt.

Das zweite Gebiet des geistigen Landes ist das Ozeangebiet. Alles, was hier in der physischen Welt Leben ist, alles also, was einen Ätherleib besitzt, das ist in dem Geisterland wie ein fließendes Element. Fließendes, flutendes Leben durchströmt so das Geisterland. Es sammelt sich auch wie in einem Meerbecken, wie das Wasser im Meer, oder besser gesagt, wie das Blut, das durch die Adern fließt und sich im Herzen sammelt.

Und drittens haben wir das Luftgebiet des Geisterlandes, welches gebildet wird durch alle Leidenschaften, Triebe, Gefühle und so weiter. Alles das haben Sie da oben als äußere Wahrnehmung, wie die atmosphärischen Erscheinungen hier auf der Erde. Alles das durchbraust die Atmosphäre des Devachan. Als Seher können Sie so im Geisterlande wahrnehmen, was hier auf der Erde gelitten wird, und was für Freude hier herrscht. Jede Leidenschaft, jeder Haß und dergleichen wirkt sich im Geisterlande aus wie ein Sturm. Eine Schlacht zum Beispiel wirkt sich so aus, daß der Seher das Erlebnis eines Gewitters in der Devachanwelt hat. So ist das ganze geistige Gebiet durchzogen sowohl mit dahinziehenden wunderbaren Freuden wie auch furchtbaren Leidenschaften. Und so kann man auch von geistigen Ohren sprechen. Wenn Sie so weit vorgeschritten sind, daß Sie sich den Einblick in diese Devachanwelt errungen haben, dann können diese hinwogenden Erscheinungen von Ihnen gesehen und gehört werden, und das also Gehörte ist die Sphärenharmonie.

So haben wir das Gebiet des Geistigen bis zu dieser Stufe charakterisiert. Aber es gibt noch ein viertes Gebiet im Devachan. Wir haben bisher gesehen:

die Urbilder aller physischen Form	= Kontinent	des Devachan
alles Leben	= Meer	
alles Seelenleben, Gefühle und so weiter	= Luftgebiet	

Es gibt nun etwas im Menschenleben, was nicht in der Außenwelt angelegt werden kann, und der geistige Inhalt dessen bildet das vierte Gebiet des Devachan. Dahin gehört jeder originelle Einfall, bis zum Schöpferischen des Genies. Alles, was originell ist, das heißt, alles, was der Mensch in diese Welt hinein schafft, wodurch die Welt bereichert wird, alle diese Urbilder bilden das vierte Gebiet des Devachan. Damit haben wir das abgeschlossen, was die Beschreibung der unteren Partien des Devachan ist.

Darüber hinaus kommen noch drei höhere Gebiete, die aber der

Mensch hier während des Lebens nur durch höhere Einweihung – also nur der Eingeweihte – erreichen kann, und die nach dem Tode auch nur höher entwickelten Individualitäten wahrnehmbar sind. Wenn nun aber ein solch vorgeschrittener Eingeweihter in dieses nächstfolgende höhere Gebiet des Devachan einzutreten vermag, was erlebt er denn da? Zunächst etwas, was man in der Geheimwissenschaft bezeichnet als die Akasha-Chronik. Alles, was in der Welt geschieht und je geschehen ist, wird als Eindruck in einer feinen Stofflichkeit, die unvergänglich ist, erhalten. Ich möchte Ihnen das an einem Beispiel etwas verständlich machen: Ich spreche jetzt zu Ihnen; Sie würden mich aber nicht hören, wenn meine Stimme nicht die Luft in Schwingungen versetzen könnte. So ist also alles, was von mir gesprochen wird, in feinen Bewegungsformen ausgedrückt hier in der Luft. Diese Bewegungsformen vergehen natürlich; aber in jene feine, geistige Stofflichkeit, die wir erleben, wenn wir in jene höhere Welt kommen, da wird alles eingedrückt, was hier sich ereignet, und das bleibt ewig. Jedes Wort, jeder Gedanke, alles, was in der Menschheit je geschehen ist, kann in dieser Akasha-Chronik gelesen werden. Dazu gehört entweder Einweihung oder jener Moment, wo der Mensch nach dem Tode in dieses Gebiet des Devachan kommt, das heißt, wenn er sich so weit entwickelt hat, daß er nach dem Tode dieses immerhin hohe Gebiet des Devachan wahrzunehmen vermag. Dann kann er in die Vergangenheit hineinsehen. Diese Akasha-Chronik ist eine Schrift, in der alles aufbewahrt wird, was jemals geschehen ist. Es ist eigentlich keine Schrift im physischen Sinne, sondern es sind Bilder. Sie sehen zum Beispiel Cäsar in allen Situationen seines Lebens; nicht das, was er eigentlich getan hat, sondern die inneren Impulse, die ihn zu seinen Taten veranlaßt haben. Diese Akasha-Bilder haben einen hohen Grad von Leben, und wenn man sie nicht in der richtigen Weise zu deuten versteht, können sie die Veranlassung zu großen Täuschungen sein. So sind sie zum Beispiel ein Quell von vielen spiritistischen Verirrungen – wenn nämlich in den Sitzungen ein Akasha-Bild erscheint. Wenn Sie zum Beispiel Goethe zitieren und es erscheint das Akasha-Bild vom 25. November 1797 und gibt Ihnen Auskunft über eine Frage: es beantwortet diese in der Weise, wie Goethe die Antwort damals gegeben hätte, wenn ihm am 25. November 1797 die Frage gestellt worden wäre. – Nur der genaue Kenner der geistigen Welt kann erkennen, ob es sich in einem solchen Falle um Wirklichkeit oder Schemen handelt. Aus solchen Schilderungen können Sie entnehmen, wie diese höheren Gebiete der geistigen Welten ausschauen.

Das erste Erlebnis ist also die Wahrnehmung des eigenen Leibes; von diesem Erlebnis nehmen alle andern ihren Ursprung. Stark empfindet da der Mensch das Gefühl der Befreiung von den leiblichen Hüllen, denn es ist ja der beglückende Augenblick, wo er auch den letzten der Leichname, den Astralleichnam, abgelegt hat. Wie eine in einen Felsspalt eingeklemmte Pflanze es als Seligkeit empfände, wenn sie befreit würde, so wird dieses Gefühl der Seligkeit zu einer Grundempfindung des Menschen. Diese Seligkeit durchdringt und verklärt dann auch die früher mehr irdisch durchlebten Gefühle, zum Beispiel solche der Freundschaft, die hier vielleicht gewissen Wandlungen unterworfen waren und die drüben vertieft und geläutert werden. Eine solche Läuterung erfährt auch die Liebe der Mutter zu ihrem Kinde, und umgekehrt: das ursprünglich animalische Gefühl des Verbundenseins, das schon hier zu einem moralischen wurde, entfaltet sich im Devachan zu einer noch höheren sittlichen Macht. Alle hier auf Erden geknüpften Bande erfahren eine Vertiefung im Geistgebiet, sich gegenseitig durchdringend. Durch Liebe arbeitet sich der Mensch schon hier empor aus der Enge der Selbstsucht ins Umfassende des Welterlebens. Dort aber ist nichts voneinander abgeschlossen, getrennt, einer arbeitet für den andern, denn Arbeit ist auch dort das die Seelen tragende und fördernde, verbindende Element, die Liebe aber der unerschöpfliche Quell alles Lebens.

FÜNFTER VORTRAG

Kassel, 20. Juni 1907

Es wird uns heute obliegen, den Menschen während seines Aufenthaltes im Devachan zwischen Tod und Wiederverkörperung etwas zu charakterisieren. Da müssen wir uns zunächst einmal einen Begriff davon machen, was eigentlich der Mensch erreicht durch das, was er zunächst für sich selbst tut in der Zeit, in welcher er durch diese geistige Welt hindurchgeht. Wir bekommen am leichtesten eine Vorstellung davon, wenn wir einmal das Verhältnis zweier Dinge uns vergegenwärtigen: nämlich das Verhältnis von dem, was wir erleben, zu dem, was aus dem Erlebten wird, und zwar zunächst erst einmal in der Zeit zwischen Geburt und Tod. Bedenken Sie einmal, was Sie alles durchzumachen haben, wenn Sie zum Beispiel schreiben lernen. Sie würden Schwierigkeiten haben, das im Auge zu behalten, was Sie alles in sich aufnehmen mußten an Fertigkeiten, bis Sie damals diese edle Kunst des Schreibens erlernt hatten. Denken Sie an alle Ermahnungen und vielleicht auch an den Zorn der Lehrer. Das alles ist an Ihrer Seele vorübergegangen, und was ist Ihnen von alledem geblieben? Die Fähigkeit des Schreibens. Alles andere hat sich verwischt, und geblieben ist diese Kunst des Schreibens. – So geht es überhaupt im Leben, und nicht nur in dem Leben zwischen Geburt und Tod, sondern im ganzen universellen Leben durch die physische und übersinnliche Welt.

Wir können uns eine Vorstellung davon machen, wie das eben Gesagte auch in den übersinnlichen Welten wirkt. Nehmen wir zum Beispiel *Mozart:* Er ist noch ein ganz junger Knabe, da hört er in der Peterskirche in Rom ein langes Musikstück, das vorher nach einer alten Tradition nie aufgeschrieben werden durfte, und er hat es hinterher ganz aus dem Gedächtnis niedergeschrieben. Was für ein Gedächtnis gehörte dazu! Und das konnte er als junger Knabe machen! Was sagt der Materialist dazu? Er wird sich sehr dagegen sträuben, wenn man von ihm verlangt, zu glauben, daß ein Ochse aus einem Stück Erdreich hervorwächst, wenn man ihn glauben machen wollte, daß ohne naturgemäße Entwickelungsweise sich ein solches Ding wie ein Ochse entwickeln könne. Er sagt: Wunder gibt es nicht – und damit hat er vollkommen recht. Aber er wird furchtbar abergläubisch und wundergläubig geistigen Dingen gegenüber! Solch eine Tatsache, wie die eben aus dem Leben Mozarts geschilderte, nimmt der Materialist einfach hin und setzt sie ohne tiefere Überlegung auf das Konto der Vererbung. Und trotzdem wäre es in diesem Falle genauso ein Wunder wie das Entstehen eines Ochsen aus einem Stück Erde, wenn sich ihr wahrer Zusammenhang nicht durch die Geisteswissenschaft erklären ließe. Es ist nämlich möglich, indem ein Mensch seinen Geist immer wieder an eine Sache wendet, daß er sich nach und nach ein vorzügliches Gedächtnis anerzieht. Genauso wie nach und nach Vollkommenes aus Unvollkommenem sich entwickelt hat, so entwickelt sich auch ein Gedächtnis, aber es wäre ein Wunder, wenn sich ein solches Gedächtnis wie bei Mozart aus dem Nichts heraus entwickelt haben sollte! – Die Geisteswissenschaft antwortet darauf, daß auch hier nach und nach sich das Gedächtnis naturgemäß entwickelt hat. Es gibt kein Entschlüpfen für den Materialisten, wenn er so etwas erklären will: entweder muß er wundergläubig sein, oder er muß zugeben, daß die Fähigkeiten, die so auftreten, beweisen, daß dieselben in einem früheren Leben schon da waren und den ganz naturgemäßen Werdegang genommen haben. Wiederverkörperung ist also nichts anderes als eine logische Folgerung aus solchen Gedankengängen. Und diejenigen, die nach materialistischer Anschauungsweise annehmen, daß ein so vollkommenes Gedächtnis wie das des jungen Mozart aus dem Nichts entstehen kann, die sollen auch die Konsequenz aus ihrer Anschauungsweise ziehen und annehmen, daß zum Beispiel Frösche sich ohne weiteres aus dem Schlamm entwickeln, wie es ja die Naturwissenschaft bekanntlich vor *Francesco Redi* angenommen hat.

Wer also in der Geisteswissenschaft auf Logik sieht, der sagt: Wie eine Eiche aus dem Samen entsteht und sich nach und nach entwickelt, so entwickeln sich auch unsere seelischen Fähigkeiten nach und nach, und wenn der Mensch in das eine Leben schon mit solch hochentwickelten Fähigkeiten, wie zum Beispiel Mozart, eintritt, gibt uns das den unumstößlich logischen Beweis dafür, daß sich der Mensch diese Fähigkeiten in früheren Erdenleben nach und nach erworben hat. Das gibt uns eine Handhabe, das Schicksal des Menschen in der geistigen Welt zu begreifen.

Es handelt sich also darum, daß die Erlebnisse des einen Lebens sich in Fähigkeiten für das nächste Leben verwandeln. Alles, was in diesem Leben Anlagen sind, das brachten wir mit als Früchte von Erlebnissen früherer Erdenleben. Deshalb muß man den Gang durch das Devachan betrachten, um ganz zu verstehen, wie aus den Erlebnissen eines Lebens Fähigkeiten für das nächste Leben uns erwachsen.

Wenn wir also durch das Leben hier auf Erden gehen, erleben wir tagtäglich sehr viel, und alle diese Erlebnisse treten in dem früher geschilderten Tableau, direkt nach dem Tode, vor das Seelenauge; die Fähigkeiten aber, die wir uns aus allen diesen Erlebnissen errungen haben, die verbleiben uns als Essenz, und diese Essenz, die ihm für alle Folgezeiten verbleibt, nimmt der Mensch dann mit in die geistige Welt.

Wenn der Mensch nun das Devachan betritt, nimmt er also die Gebiete wahr, wie wir sie gestern geschildert haben: das Kontinentale, das besteht aus den Urbildern aller irdischen Formen; das Meeresgebiet, das besteht aus allem Leben; das Luftgebiet, das besteht aus allem Seelischen, Lust, Leid, Freude, Schmerz und so weiter. Von dem Kontinentalen nimmt der Mensch zuerst wahr das Urbild seines eigenen physischen Leibes, und vom Luftgebiet nimmt er natürlich zunächst auch das wahr, was in seiner eigenen Seele im verflossenen Leben an Freude, Leid, Lust, Schmerz und Leidenschaften sich abgespielt hat. Das heißt also, er nimmt wiederum wahr alle Erlebnisse des vorigen Lebens, aber nun ganz anders als beim früher geschilderten Durchgang durch die Kamalokazeit. Da war es für den Menschen ein inneres Erleben zum Zweck des Abgewöhnens. Jetzt aber sind alle diese Erlebnisse als Außenwelt lange, lange Zeit vor seiner Seele ausgebreitet. Da erlebt er die Eigentümlichkeit seines Leibeslebens in dem Flußgebiet des Devachan, und alle seelischen Erlebnisse erlebt er wie im Luftgebiet der himmlischen Welt.

Es ist wichtig und von großem Interesse, sich klarzumachen, wie man alles das, was man im Laufe eines Lebens erlebt hat – Empfindungen über die Welt, Lust, Schmerz und so weiter –, in der geistigen Welt um sich hat als Außenwelt. Es ist nicht traurig, daß sich die

Schmerzen dort um uns ausbreiten. Das ist gar nicht traurig, denn alle Leiden sind dort um uns vorhanden wie Gewitter hier in der physischen Welt, und alle freudigen Erfahrungen sind dort wie wunderbare Wolkenerscheinungen. Und gerade, was wir selbst im Inneren erlebt haben, das ist dort nicht, wie hier, innerlich in uns, sondern in dieser äußeren Form in unserer Umwelt, so wie ein Naturbild sich ausbreitet. Es ist so um uns herum, als ob es in Bildern, Tönen oder atmosphärischen Erscheinungen um uns wäre; es ist objektiviert als himmlisches Gebilde. Daß zum Beispiel die Schmerzen uns entgegenstrahlen, sagte ich, ist nicht traurig, so wenig es hier im Leben traurig ist, wenn Blitz und Donner uns umgeben; denn der, welcher den Zusammenhang einsieht, der weiß, was wir gerade den Schmerzen verdanken. Gerade wer Leid und Schmerz erfahren hat, wird immer sagen, daß zwar Freuden und Lust dankbar hingenommen werden, daß man aber die Schmerzen und Leiden nie missen möchte. Alle unsere Weisheit verdanken wir den Leiden und Schmerzen der verflossenen Erdenleben. Ein Antlitz, das in diesem Leben mit dem Ausdruck der Weisheit erscheint, ist deshalb so, weil es den Weltenzusammenhang als Schmerz in früheren Leben empfunden hat.

Ich sagte ja schon, alles, was wir hier erleben während des Erdenlebens, das ist im Devachan in Bildern und so weiter um uns ausgebreitet. Was hat das für eine Bedeutung? Das ist leichter zu verstehen, wenn Sie sich klarmachen, wie die Umgebung hier auf den Menschen wirkt. Sie kennen ja alle den Ausspruch von *Goethe:* «Das Auge ist an dem Lichte für das Licht gebildet.» Was heißt das? Unser Auge muß zwar da sein, um das Licht zu erblicken. Dunkel und finster wäre die Welt, wenn nicht das Auge in uns wäre. Aber woher kommt das Organ? Das Licht selbst hat es ausgebildet, genau wie das Fehlen des Lichtes das Auge wieder degenerieren läßt. Diese Beobachtung hat man zum Beispiel an den in die Höhlen von Kentucky eingewanderten Tieren direkt machen können. Das Licht ist die Ursache des Sehvermögens. Früher war der Mensch nicht mit Augen begabt, weil er noch unter ganz andern Verhältnissen lebte; die Sonne war ja in den früheren Zeiten der Erdenentwickelung noch gar nicht für ein äußeres sinnliches Auge sichtbar. Denken wir an das, was uns in der Sage über Niflheim berichtet wird. Je mehr der Mensch am Sonnenlicht lebte, um so mehr bildete dies Sonnenlicht nach und nach das Auge aus. Und ebenso haben sich auch alle andern Sinnesorgane entwickelt; so haben die Töne das Ohr gebildet, die Wärme den Wärmesinn. Gäbe es keine harten Gegenstände, so gäbe es auch keinen Tastsinn. Die Außenwelt ist der Bildner und Gestalter unseres ganzen Leibes. Das ist sehr wichtig für das praktische Leben, wie ja Theosophie immer für das praktische Leben ist. Das ist auch ungeheuer wichtig für die Erziehung, denn ganz richtig kann nur erzogen werden, wenn der Erzieher tief in die Natur des Menschen hineinzuschauen vermag. Bis zum Zahnwechsel entwickelt sich der physische Leib, bis zum vierzehnten, fünfzehnten Jahr etwa der Ätherleib, bis zum einundzwanzigsten Jahr der Astralleib. Alles das muß man wissen, wenn man praktisch und nicht phantastisch in die Erziehung eingreifen will. Wenn also bis zum siebenten Jahre ganz besonders die Veranlagung des physischen Leibes in Betracht kommt, dann müssen bei der Erziehung diese physischen Eindrücke, das heißt also alles, was das Kind mit seinen Sinnesorganen wahrnimmt, tief und gründlich berücksichtigt werden. Was bis zum siebenten Jahre in diesem Kindesleib an Formen und Veranlagung der physischen Organe versäumt wird, das ist für alle Zeiten des Lebens verloren.

Die Einsicht in diesen letzten Satz gibt gerade der Medizin ungeheuer viel Richtlinien für eine sachgemäße Behandlungsweise, unter anderem zum Beispiel der Rachitis. Wie kommt es, daß diese Erkrankung gerade in dieser Lebensperiode auftritt? Eben weil da das Kind seinen Körper formt, und deshalb äußern sich diese Symptome gerade in der Form: krummer Knochenbau, schlechte Zähne, falsche Schädelform und so weiter. Deshalb ist aber auch das Kind gerade in der Zeit bis zum Zahnwechsel noch fähig, diese falschen Formen auf die Norm zurückzuführen. Wir sehen, daß bei sachgemäßer Behandlung selbst die krummsten Beine vollkommen gerade werden können, und daß selbst bei schlechtesten Milchzähnen ein vollkommen gesundes zweites Gebiß sich entwickeln kann, während krumme Beine, die bis zum siebenten Jahre nicht korrigiert sind, für das ganze Leben bleiben.

Auch das Gehirn ist bis zum siebenten Lebensjahr in der Ausbildung seiner plastischen Formen begriffen, und was bis dahin an diesen feinen

Ausbildungen, Ausgestaltungen der Form nicht ausgebildet ist, das ist für immer verloren. Und da ja das physische Gehirn das Instrument ist, durch welches sich der Geist äußert, ist es von ungeheurer Wichtigkeit, daß dieses Instrument so fein als möglich ausgearbeitet, respektive in den ersten sieben Jahren veranlagt wird. Denn mit einem mangelhaft ausgebildeten Gehirn kann selbst der größte Geist nichts anfangen, sowenig wie der größte Pianist auf einem verstimmten Klavier gut spielen kann. Gerade auch in bezug auf die Ausbildung des Gehirns werden von der Geisteswissenschaft sowohl der Erziehung als auch der Medizin sehr wichtige Richtlinien gegeben. Gerade hier stößt man sehr häufig in der modernen Medizin auf eine vollkommene Verkennung der Tatsachen. Geradeso wie sich die Rachitis in einer Mißbildung und Mißgestaltung der Knochen äußert, so äußert sie sich sehr häufig auch zugleich in einer Mißbildung im Drüsensystem und in den Schleimhäuten; das heißt, die von Rachitis befallenen Kinder zeigen sehr häufig die Erscheinungen von Drüsenschwellungen, adenoide Wucherungen und so weiter. Und als dritte Krankheitserscheinung bemerkt man bei diesen Kindern sehr häufig, daß sie auch geistig zurückbleiben, daß sie in der Schule zurückbleiben, unaufmerksam, ja direkt etwas blöde werden. Das ist aber in Wirklichkeit dieselbe mangelhafte Ausbildung des physischen Gehirns, namentlich der sogenannten Rindensubstanz, die ja gerade in diesen Jahren in ihrer feinsten Organisation ausgebildet werden muß und die wie die andern Erscheinungen auf einem Entwickelungsmangel beruht. Nun ist in einem solchen Falle der heutige moderne Mediziner infolge seiner ganzen modern-naturwissenschaftlichen Erziehung und Einstellung nur zu geneigt, es genauso zu machen wie die heutige Naturwissenschaft, und mit völliger Außerachtlassung der tieferen geistigen Ursachen einfach die zutage tretenden äußeren Erscheinungen als Ursache und Wirkung direkt aneinanderzureihen, wie die Perlen an einer Kette. Was ist die Folge? Die Tatsachen sind: rachitische Knochen, adenoide Wucherungen, Nachlassen der Aufmerksamkeit und der Aufnahmefähigkeit. Sofort ist die Schlußfolgerung: Kinder, die adenoide Wucherungen haben, werden durch diese geistig schwach – also müssen diese Wucherungen entfernt werden. Die Wucherungen werden also operativ entfernt. Wenn nun diese Schlußfolgerung richtig wäre, müßte ein jedes Kind, das so behandelt wäre, mit einem Nachlassen und Verschwinden der Hemmungen von seiten des Gehirns antworten. Was ist aber nach einer solchen Behandlungsweise in den allermeisten Fällen zu beobachten? Daß der Eingriff nur einen ganz vorübergehenden Scheinerfolg hat, und daß in ganz kurzer Zeit die Wucherungen wieder nachgewachsen sind. Wird aber die Krankheit sachgemäß an der Wurzel angefaßt – und das ist sehr wohl möglich, nur würde es uns hier zu weit vom Thema abführen –, dann schwinden sowohl die krummen Knochen, als auch die Wucherungen der Schleimhäute und Drüsen, als auch die Trägheit des Gehirns.

Nach dieser Abschweifung kehren wir wieder zum Thema zurück. Also an der Außenwelt entzünden und gestalten sich die richtigen physischen Formen. Das Kind ist in Wirklichkeit bis zum siebenten Jahre eigentlich nur Sinnesorgan. Alles, was es mit seinen Sinnen aufnimmt, verarbeitet es, und so auch vor allen Dingen alles, was es in seiner allernächsten Umgebung sieht und hört. Das Kind ist daher bis zum Zahnwechsel ein nachahmendes Wesen, und das geht bis in seine physische Organisation hinein. Das ist ja etwas ganz Natürliches. Das Kind nimmt durch die Sinnesorgane seine ganze Umgebung in sich auf. Es übt sich auch in dem Gebrauch seiner Glieder. Es sieht, wie der Vater, die Mutter und so weiter dieses oder jenes machen und macht dies ohne weiteres nach. Das geht bis in jede Bewegung der Hände und Beine hinein. Sind Mutter oder Vater zum Beispiel zappelig, so wird wohl in unzähligen Fällen auch das Kind zappelig; ist die Mutter ruhig, wird ganz selbstverständlich auch das Kind ruhig. Da muß man also versuchen, durch die richtige Umgebung die richtige Gegenwirkung hervorzurufen.

Damit das Kind nun zur Ausbildung seines physischen Gehirns gerade die richtigen Richtlinien bekommt, ist es unbedingt nötig, daß, neben den sinnlichen Eindrücken, der Phantasie Anregungen gegeben werden. Deshalb ist es unbedingt erforderlich, dem kleinen Kinde möglichst einfache Spielsachen in die Hand zu geben. So wird ein natürliches Kind immer wieder, wenn es auch eine noch so «schöne» Puppe hat, zu der alten Puppe greifen, die aus einem Lappen besteht. Nur die verbildeten Kinder unseres Zeitalters werden mit «schönen» Puppen aufgezogen. Worauf beruht das? Das Kind muß seine Phantasie anstrengen, um das Gebilde in seiner Phantasie so umzugestalten, daß es ähnlich einer menschlichen Figur wird, und das ist gerade eine gesunde Übung für das Gehirn. Genau wie der Arm durch Turnen gestärkt wird, so wird das Gehirn durch diese Übung ausgebildet.

Wichtig sind auch die Farben in der Umgebung, die beim kleinen Kind ganz anders wirken als beim Erwachsenen. Man glaubt heute vielfach, grün wirke auf ein Kind beruhigend. Das ist durchaus falsch. Einem zappeligen Kind soll man eine rote Umgebung geben, und einem ruhigen Kinde eine grüne oder blaugrüne. Die Wirkung des Rot auf das Kind ist so: Wenn Sie auf ein helles Rot sehen und dann schnell weg auf ein weißes Papier, dann sehen Sie die komplementäre Farbe: grün. Das ist die Tendenz, die Gegenfarbe hervorzubringen. Das versucht auch das Kind, es versucht innerlich die Tätigkeit zu entfalten, die die Gegenfarbe hervorruft. – Das war ein Beispiel dafür, wie die Umgebung wirkt. Und so wirkt die ganze Umgebung – neben vielen, vielen andern Dingen, die wir später und an anderer Stelle erörtern werden – in außerordentlich hohem Maße mit an der Bildung des kindlichen physischen Körpers von der Geburt bis zum Zahnwechsel, an der Bildung des Ätherleibes vom siebenten bis vierzehnten Jahre, des Astralleibes vom vierzehnten bis einundzwanzigsten Jahre und so weiter. Ja, während des ganzen Lebens macht sich der Einfluß der Umwelt auf den einzelnen Menschen geltend. Das Sprichwort: Sage mir, womit du umgehst, und ich sage dir, wer du bist – beruht ja auf dieser Einsicht, denn «womit ich umgehe», heißt doch «was in meiner Umgebung vor sich geht». Diese Umgebung hat also einen starken Einfluß auf mich. Das gilt ja ganz besonders für die Zeit der Ausbildung des Astralleibes vom vierzehnten bis einundzwanzigsten Jahre, und es ist eine fast alltägliche Erfahrung, daß ein junger Mensch in diesen Jahren leicht durch seine Umgebung astral verdorben wird.

Und wie hier im physischen Leben, genauso ist es auch im Leben im Devachan. Wie zum Beispiel der Mensch hier fortwährend unter den Einflüssen der Elemente steht, so natürlich auch im Devachan. Und das bringt uns nun zurück zu dem Beispiel am Ausgangspunkte dieser Betrachtung über Mozart. Wie nämlich hier auf Erden der Mensch dauernd unter den Einflüssen der äußeren Atmosphäre steht, so auch im Devachan, und dort ist die Atmosphäre ja gebildet aus allem Seelenleben, dem unseren und dem unserer Mitmenschen. All dies Seelenleben wirkt dauernd auf den Menschen ein und dadurch bilden sich gerade dort die Talente aus, daß sie die ihnen seelenverwandten astralen Kräfte ihrer Umgebung an sich ziehen und auf sich wirken lassen. So wurde Mozart deshalb mit dem ungeheuren Musikgedächtnis geboren, weil er einmal in seinem früheren Leben dahinzielende Erlebnisse gesammelt hatte und dann diese im Devachan lange hatte auf sich wirken lassen. Wir durchleben die Höherbildung gerade unseres innersten Wesens durch unsere Umgebung im Devachan, also indirekt durch alle Erlebnisse unseres früheren Lebens. So sind alle Fähigkeiten die Früchte früherer Leben, und sie sind im Devachan weiter ausgebildet worden. Und das ist gerade das Gefühl, welches den Menschen beseligt im Devachan. Das, was wir jetzt imstande sind zu tun, das haben wir ausgebrütet im Devachan. Und dementsprechend ist das Gefühl in dieser ganzen Zwischenzeit des Devachanlebens. Das Gefühl, das an jeder Hervorbringung haftet, ist Seligkeit.

Hier empfinden wir oft Schmerzen, aber im Devachan sind selbst Schmerzen Seligkeit, weil wir uns dort bewußt werden, daß wir durch Schmerzen uns Weisheit aneignen. Selbst ein materialistischer Gelehrter hat das herausgefunden. In einer Abhandlung: «Mimik des Denkens» sagt er: «Jedes weise Gesicht zeigt den Ausdruck kristallisierten Schmerzes.» Aus den Schmerzen des vorigen Lebens produziert der Mensch in der Tat durch seine Erfahrungen im Devachan Talente und Weisheit für das nächste Erdenleben. Und das Gefühl des Hervorbringens ist das Gefühl unendlicher Seligkeit.

Einen blassen Abdruck davon sehen Sie schon hier bei der Henne, wenn sie brütet. Dies ins Geistige umgesetzt und unendlich gesteigert, dann haben Sie das Gefühl der fortdauernden, unendlichen Seligkeit zwischen Kamalokazeit und Wiedergeburt, weil da der Mensch alle seine Anlagen und Fähigkeiten für das nächste Leben ausarbeitet. Alles wird da zu einem Quell beseligenden Daseins.

So haben wir gesehen, daß der eine Quell der Seligkeit im Devachan der ist, daß alle Bande, die hier im Leben geschlossen werden, dort im Devachan wieder erlebt werden, und daß sogar alle diese Verhältnisse in ihrem geistigen Teil mit ungeheurer Steigerung erlebt werden. Und der andere Quell der Seligkeit ist das eben geschilderte Produzieren, dies Schaffen für das nächste Leben.

Wenn nun der Geistesforscher seinen Blick auf diese eigentliche Tätigkeit des Menschen im Devachan richtet, ergibt sich ihm die Einsicht, daß diese Tätigkeit des Produzierens nicht nur für den einzelnen Menschen selbst, für seine eigene künftige Organisation, von Bedeutung ist, sondern daß der Mensch Wichtiges mitzuschaffen und mitzuarbeiten hat an dem Fortgang der ganzen weiteren Erdenentwickelung. Es ist ein Irrtum, wenn wir glauben, daß wir es dort im Devachan nur mit uns zu tun haben. Als seliger Geist im Reiche der Geister, wie haben wir da zu schaffen?

Die Tätigkeit der Toten wirkt mit an der Entwickelung dieser Erde. Man könnte leicht fragen: Wozu immer wieder geboren werden, wenn wir die Erfahrungen eines Erdenlebens einmal durchgemacht haben? Ist das nicht nutzlos?

So ist es aber nicht. Nie wird der Mensch nutzlos wiedergeboren. Die einzelnen Erdenleben liegen so weit auseinander, daß wir immer wieder Neues erfahren und durchzumachen haben. Es verfließen ja Jahrhunderte zwischen zwei Verkörperungen, und wenn wir wiederkommen, hat sich die Erde gründlich geändert. Nehmen wir an, wir wären im zweiten Jahrhundert nach Christo auf der Erde gewesen und jetzt wiederverkörpert. Wie sah damals die Erde aus? Selbst Schilderungen einer Gegend von viel später, von der Elbe, der Weser zum Beispiel, wären noch ganz anders; hier in dieser Gegend, in Hessen-Nassau, gab es noch Urwälder.

Wenn der Mensch wiedergeboren wird, dann ist es so, daß er etwas ganz anderes erlebt als im vorigen Leben. In den verschiedenen Erdenleben machen wir die Entwickelung der Erde selbst mit, eben dadurch, daß wir immer und immer wieder verkörpert werden. Und dazu kommt dann noch die Veränderung, die durch die jeweilige Kultur bewirkt wird. Was konnte ein römischer Knabe, und wie ganz anders ist die Bildung der Knaben heute! Alle diese Erlebnisse sind ja, wie wir gesehen haben, so ungeheuer wichtig. Einen tiefen Sinn hat es also durchaus, daß der Mensch immer wieder zurückkommen muß.

Nun fragen wir uns: Wer verändert denn das Antlitz der Erde? – Tatsächlich sind es die Toten selbst, die im Geisterlande leben, die durch die Kraft, die sie dort haben, selbst an dieser Umgestaltung der Erde arbeiten. So wie die Menschen hier an der äußeren Erde arbeiten, so die Toten an dem geistigen Urbild dieser physischen Erde. Sie sind es, die ihre Kräfte hereinsenden in diese physische Welt und die an der Umbildung mitwirken. Allerdings gibt es da Anführer und höhere Wesenheiten, welche die Führung übernehmen. Und in diesem Reiche, das da mitten unter uns ist, arbeiten die Toten an der Umgestaltung des Antlitzes unserer Erde.

Warum bin ich nun gerade heute und hierher geboren worden? Weil ich mir selbst sozusagen hier das Bett zubereitet habe, in das ich geboren bin. Die Kräfte, die umgestaltend wirken sowohl auf die Meere als auch auf die Oberfläche der Erde, das sind die unserer Toten. Wir wissen, daß der heutige Atlantische Ozean früher eine weite Länderstrecke war, und auch zu dieser Umgestaltung haben die Toten beigetragen; und diese Kräfte wirken auf natürliche Weise und keineswegs wunderbar.

Die Einsicht in diese Dinge bringt uns mit absoluter Logik nahe, wie wichtig und notwendig unsere Arbeit in dem Geisterlande ist. Wenn man nur die Erscheinungen richtig zu deuten weiß, dann kann man sogar sagen, wie diese Arbeit geschieht. Die Menschen atmen hier in der Luft; ohne Luft könnten sie nicht atmen. Ähnlich bei den Toten, nur daß, wie hier die Luft, dort das Licht wirkt. In dem ausgebreiteten Licht sieht der Eingeweihte die Wesen der Toten. So sind zum Beispiel für den Seher die Pflanzen umgeben von den Geistern der Verstorbenen, und indem das Licht die Pflanze wandelt und wachsen läßt, sind es die Geister der Toten, die das vollbringen. Wir alle werden in der geistigen Welt über der Erde schweben und an den Pflanzen bauen.

Es wird die Welt für unseren Blick größer und bedeutsamer, wenn wir sie so im Zusammenhang mit den geistigen Wesenheiten betrachten. Wir selbst sind so buchstäblich die Umgestalter dieser Erde.

Zum Schluß noch einiges, das uns helfen kann, gewisse Feinheiten der Kultur zu verstehen. Der Seher kommt zuweilen in die Lage, durch seine eigenen Beobachtungen Erscheinungen in der Geschichte alter Völker bestätigt zu finden, die ihm bisher rätselhaft waren. So ist es eine bekannte Tatsache, daß primitive Völker anfänglich ein Hellsehen haben und manches sehen, wovon wir nichts wissen. Diese primitiven Völker sehen zum Beispiel oft im Schatten etwas, was mit der Seele zu tun hat. Nun kommt der Hellseher bei seinen Beobachtungen wieder darauf zurück. Sie lernen nämlich, wenn Sie in den Schatten sehen, den zum Beispiel Sie selbst werfen, Ihre geistigen Ausströmungen zuerst schauen. Wenn man das physische Licht zurückhält, dann sieht man das Geistige im Schattenraum. Das hat sich in der Geheimwissenschaft erhalten, und das hat mancher verwertet, ohne zu wissen was er macht, zum Beispiel *Chamisso* in seinem «Peter Schlemihl». Das ist ein Mann, der den Schatten verloren hat und sehr unglücklich darüber ist. Aber es ist eine geistige Tatsache, daß im Schatten die Seele sichtbar wird, und deshalb ist der Mann ohne Schatten der Mann ohne Seele. So gibt es Hunderte von Beispielen. Wir lernen wirklich die Welt erst voll begreifen, wenn wir sie in ihren geistigen Grundlagen kennenlernen. Deshalb ist die Geisteswissenschaft nicht etwas für Grübler, sondern gerade für solche, die wirklich praktisch wirken wollen. Nicht weil wir uns vom Sichtbaren zurückziehen wollen, sondern weil wir gerade das Sichtbare um so besser verstehen wollen.

Die höheren Tatsachen verhalten sich zur sichtbaren Welt wie der Magnetismus zum Eisen. Wir lernen erst das Eisen richtig kennen, wenn wir auch den Magnetismus kennenlernen. Wir werden an einigen Beispielen sehen, daß gerade für das praktische Leben das fruchtbar wird, was wir in der geistigen Welt kennenlernen.

SECHSTER VORTRAG

Kassel, 21. Juni 1907

Wenn der Mensch innerhalb jenes geistigen Gebietes, das wir gestern besprochen haben, so weit ist, daß er sozusagen alles das, was er an Fähigkeiten und Talenten hatte, die er sich während des Erdenlebens erwarb, umgewandelt hat, dann kommt die Zeit, wo er sich anschickt zu einer neuen Verkörperung. Wir müssen uns darüber klar sein, daß wir in dem, was uns am Menschen entgegentritt, zweierlei vor uns haben. Das eine ist das, was sich im Laufe der physischen Vererbung fortpflanzt, das andere ist das, was er aus seinen früheren Lebensläufen mitbringt in diese Welt.

Wir werden zu beschreiben haben den Herunterstieg des Menschen in diese Welt, wobei Sie sich an dem Wort «Herunterstieg» nicht stoßen dürfen, denn es ist nicht ein räumliches Heruntersteigen, sondern ein Sich-Herausbilden aus der Welt um uns herum. Wir haben gestern gesehen, wie diese geistige Welt nicht etwa in einem Jenseits zu suchen ist, sondern wie sie auch hier rings um uns herum ist, nur daß dem heutigen Menschen die Möglichkeit fehlt, diese geistige Welt wahrzunehmen. Aus dieser geistigen Welt heraus entwickelt sich das, was man eine neue Verkörperung nennt. Wir haben gesehen, daß der Mensch sowohl von seinem Äther- als auch vom Astralleib eine Essenz zurückbehalten hat aus seinem früheren Leben, eine Übersicht seiner Erlebnisse; und was er innerhalb seines Astralleibes bereits veredelt hat, das alles hat er mitgenommen in die geistige Welt. Nur das Unveredelte ist abgefallen.

Wir werden eine leichtere Vorstellung gewinnen über die Wiederverkörperung, wenn wir uns noch einiges vom Leben nach dem Tode klarmachen. Wir haben gesehen, daß der Mensch direkt nach dem Eintritt des physischen Todes noch etwa dreieinhalb Tage in seinem Ätherleib lebt, daß in diesen dreieinhalb Tagen das verflossene Leben wie in einer Art von Tableau vor ihm aufsteigt. Dann löst sich der Ätherleib auf, und daran schließt sich dann die Kamalokazeit: das ist die Zeit der Läuterung und Reinigung von aller läuterungsbedürftigen und reinigungsbedürftigen Astralität.

Nun muß ich aber noch ein Erlebnis anführen. In dem Moment, wo dies Erinnerungsbild unmittelbar nach dem Tode auftritt, hat der Mensch ein bedeutsames Erlebnis. Der Mensch hat da die Empfindung, wie wenn er plötzlich größer würde, wie wenn er rasch durchbrechen würde seine Oberfläche und hinauswachsen würde in den Raum. Dieses Gefühl schwindet nicht wieder bis zur neuen Geburt. Der Mensch fühlt sich so groß wie die Welt, zu der er gehört, so groß wie der ganze Weltenraum. Daher können Sie auch eine Vorstellung davon gewinnen, wie es möglich ist, daß der Mensch seinen Leib wie etwas Fremdes sieht und empfindet, denn er sieht seine Leidenschaften gleichsam außerhalb seines Körpers. Es ist ein eigenartiges Gefühl, dieses Ausgebreitetsein durch den Weltenraum.

Dann kommt etwas noch schwerer zu Verstehendes hinzu. Während dieser ganzen Kamalokazeit fühlt sich der Mensch so, wie wenn er richtig im Raume aufgeteilt wäre. Sie werden das besser so begreifen: Wenn der Mensch während der Kamalokazeit, wie ich Ihnen geschildert habe, sein Leben zurücklebt bis zur Kindheit, fühlt er alles, was er erlebt hatte, wie im Spiegelbild. So fühlt der Mensch richtig die Ohrfeige, die er damals jemandem gegeben hat; er fühlt sich richtig als Stück von dem Ort, den der andere eingenommen hat. Wenn Sie zum Beispiel hier in Kassel gestorben sind und der andere Mensch, dem Sie damals die Ohrfeige gegeben haben, in Paris lebt, dann fühlen Sie sich wie mit einem Stück von Ihnen dort. Und so fühlen Sie sich wie aufgeteilt im Weltenraum; Sie fühlen sich stückweise überall da, wo Sie sozusagen etwas zu suchen haben. Das ist nun so zu verstehen, daß Sie in dem Zwischenraum von Paris und Kassel nichts fühlen. So daß, wenn Sie alle Ereignisse Ihres Lebens in dieser Weise in Betracht ziehen, Sie sich während des ganzen Durchgehens durch den Zeitraum nach dem Tode förmlich zerstückelt fühlen.

Als Gleichnis möge folgendes dienen: Eine Wespe besteht aus zwei Teilen, einem Vorderteil und einem durch einen ganz dünnen Spannfaden verbundenen Hinterteil. Denken Sie sich diesen Hinterteil ganz abgetrennt, und trotzdem schleppe die Wespe diesen Teil mit sich. So etwa können Sie sich von der obigen Schilderung eine Vorstellung machen: Sie fühlen sich bestehend aus einzelnen Stücken, und es findet sich keine Verbindung zwischen diesen Stücken. Wenn der Mensch aber in das Devachan kommt, fühlt er sich wieder so wie unmittelbar nach dem Tode, als ob er den ganzen Weltenraum einnähme.

Wenn aber nun der Mensch im Devachan all seine Veranlagungen zu Talenten und Fähigkeiten umgewandelt hat, dann fühlt das Ich wieder eine Anziehung zur physischen Erde, strebt danach, wieder herunterzusteigen auf die Erde zu einer physischen Verkörperung. Zuerst umgibt sich das Ich mit einem Astralleib. Das geht so vor sich, daß es alles Astrale an sich heranzieht: es ist wie ein Zusammenschießen. Es ist, als ob Sie zu Eisenfeilspänen einen Magneten halten: wie sich da die Eisenfeilspäne in bestimmten Figuren anziehen, so zieht das Ich das Astrale an sich. Es hat aber Eindrücke erhalten von all den Erlebnissen, die es gehabt hat beim Durchgang durch das Seelen- und Geisterland, und alles das bildet die Grundkräfte, die mitwirken beim Aufbau des neuen Astralleibes. So nimmt also dieser neue Astralleib alles mit, was der Mensch in früheren Leben und im Kamaloka durchgemacht hat. Alle Eindrücke, die er da gehabt hat, wirken bestimmend auf seine Eingliederung in seinen neuen Astralleib.

Jetzt hat der Mensch erst den Astralleib; er muß nun aber auch die übrigen Glieder haben. Der Astralleib ist lediglich durch die eigenen Anziehungskräfte gebildet worden. Vor der Empfängnis ist der Mensch nur mit diesem Astralleib umkleidet. Der Seher sieht daher fortwährend diese astralen Menschenkeime, die auf ihre Geburt beziehungsweise ihre Empfängnis warten. Er sieht sie mit einer riesigen Geschwindigkeit herumfliegen: glockenförmige Gebilde bewegen sich mit riesiger Geschwindigkeit durch den Raum. Entfernungen spielen gar keine Rolle; sie bewegen sich so schnell, daß eben Entfernungen keine Rolle spielen.

Nun kommt die Umkleidung mit einem Ätherleib; das ist aber etwas, womit der Mensch nicht mehr durch seine eigenen Kräfte allein umkleidet wird. Für den Ätherleib können nicht mehr die in ihm liegenden eigenen Kräfte sorgen, sondern dazu bedarf der Mensch der Mithilfe gewisser geistiger Wesenheiten, die dabei mitwirken müssen. Sie bekommen eine Vorstellung von diesen Wesenheiten, wenn Sie daran denken, daß Sie zuweilen Worte gebrauchen, womit Sie gewöhnlich keine Vorstellung verbinden, zum Beispiel mit dem Wort Volksseele,

Volksgeist. Heute stellt man sich, wenn man diese Worte ausspricht, darunter gar nichts vor, oder denkt sich etwas ganz Abstraktes. Der Seher hat aber eine andere Vorstellung davon. Tatsächlich gibt es – ebenso wahr, wie wir selber wahr sind – Wesenheiten höherer Art, die aber nicht zu einer Verkörperung im Fleische kommen, und die nichts anderes sind als Volks- oder Stammesseelen. Es ist nicht nur eine vage Bezeichnung, wenn man vom Volksgeist spricht; die Volksseele ist ein wirkliches Wesen, nur hat sie keinen physischen Leib, sondern ihr niederstes Glied ist der Ätherleib. Dann hat dieser Volksgeist einen Astralleib, Ich, Manas, Buddhi, Atma, und dann noch ein höheres Glied, zu dem es der Mensch nicht bringt, das die christliche Esoterik den Heiligen Geist nennt und die Theosophie gewohnt ist, den Logos zu nennen.

So kann der Seher den Volksgeist ansprechen, wie er den andern Menschen anspricht. Heute hat man ja keine richtige Vorstellung von solchen Dingen und glaubt nur, dies Wort bezeichne eine Zusammenfassung der Merkmale der einzelnen Völker; das ist aber nicht wahr, es hat eine reale Wirklichkeit. Durch die materialistische Gesinnung mußte das Verständnis für solche Dinge verlorengehen, aber es wird wieder errungen werden. Heute neigt die Menschheit dazu, solche Dinge als leere Begriffe zu verflüchtigen. Aber das mußte so kommen. Und so mußte in unserer Zeit auch ein Buch geschrieben werden, das sozusagen das Gegenteil von theosophischer Anschauung ist. Dies Buch mußte geschrieben werden, und wird auch viel bewundert, das ist: «Die Kritik der Sprache» von *Fritz Mauthner*. Fritz Mauthner ist ein Geist, der alles auflöst, was über dem Sinnlichen liegt. Nur ein von allen guten Geistern verlassener radikaler Denker konnte so schreiben, der den Mut hatte, mit allem zu brechen, was Geist und Wirklichkeit ist. Künftige Jahrhunderte werden gerade zu diesem Buche greifen müssen, wenn sie wissen wollen, wie an der Wende dieses Jahrhunderts gedacht wurde.

Die Volksseele ist reale Wirklichkeit: wie eine Nebelmasse breitet sie sich aus, und alle Ätherleiber der einzelnen Menschen des jeweiligen Volkes sind in sie eingebettet, und ihre Kräfte strömen ein in die Ätherleiber der einzelnen Menschen.

Nun gibt es Geister gerade von diesem Rang der Volksseele, welche mitwirken bei der Zusammenstellung des Ätherleibes der neuen Seele.

Diese Wesenheit bewirkt, daß der Mensch zu einem bestimmten Volke hingeleitet wird, welches gerade für ihn am besten paßt. Da paßt dieser Ätherleib nun schon nicht immer ganz genau; und alles, was Sie an Disharmonien im Leben finden, das rührt sehr häufig davon her, daß der Mensch sich nicht aus eigenen Kräften allein seinen Ätherleib machen kann. Dieses Voll-Übereinstimmen wird erst auf einer viel späteren Entwickelungsstufe der Erde stattfinden.

Dieses Umkleiden mit dem Ätherleib geschieht mit einer rasenden Geschwindigkeit, wie Sie sich diese aus physischen Verhältnissen gar nicht vorstellen können. Und dann wird von noch höheren Wesenheiten der Mensch hingeführt zu jenem Elternpaar, welches ihm den geeigneten Stoff zu seinem physischen Leibe geben kann.

Der heutige materialistische Mensch, der da sieht, wie der Sohn den Eltern ähnlich ist, wird nicht glauben können, daß sich mit diesem von den Eltern ererbten Körper noch etwas anderes verbindet. Gewiß, wir sehen unseren Ahnen durch den Körper ähnlich, aber das widerspricht dem Gesagten gar nicht. Betrachten wir gleich einen speziellen Fall: die Familie *Bach*. Im Verlaufe von zweihundertfünfzig Jahren sind mehr als neunundzwanzig mehr oder weniger bedeutende Musiker aus dieser Familie hervorgegangen. Da wird der Materialist sagen: Da sieht man es ja, daß das vererbt ist! – So hat die Familie *Bernoulli* in kurzer Zeit acht Mathematiker hervorgebracht. Wie ist das? Das verstehen wir am besten, wenn wir gerade die Vererbungsverhältnisse ins Auge fassen. Da dies beim Musiker leichter verständlich ist, wollen wir einmal die Familie Bach betrachten. Also nehmen wir an, ein junger Bach wäre in seiner früheren Verkörperung etwa in Rom gewesen, hätte seine Anlagen verarbeitet und wollte sich wiederverkörpern. Angenommen, er hätte die größten musikalischen Anlagen mitgebracht als Ergebnis seiner früheren Verkörperungen: wenn er nicht ein gut ausgebildetes Ohr fände, so könnte er mit allen seinen Anlagen nichts anfangen; er wäre ohne ein gut ausgebildetes Ohr genauso hilflos wie ein Virtuose ohne Instrument. Ganz notwendig mußte diese Individualität sich einem solchen Körper eingliedern, der ein gutes Organ für diese mitgebrachten Anlagen hat. Nun ist aber die äußere Form der inneren und äußeren Organe erblich, und diese Individualität mußte, wenn sie ein Musiker werden wollte, für das kommende Leben ein gut ausgebildetes Gehörorgan haben. Wo kann sie es am leichtesten bekommen? In einer Musikerfamilie. So wird sie also dahin geführt, wo sie das beste Organ zur weiteren Ausbildung der in ihr veranlagten Talente finden kann, und das war damals gerade das Elternpaar des Johann Sebastian Bach.

Wie ist es nun bei den Brüdern Bernoulli? Das mathematische Denken beruht nicht auf der Beschaffenheit des Gehirns, denn die mathematische Logik ist nichts anderes als die übrige Logik, sondern das mathematische Talent beruht auf der ganz besonders exakt ausgebildeten Organisation der drei halbzirkelförmigen Kanäle. Das ist ein Organ, nicht viel größer als eine Erbse, das mitten im Felsenbein eingebettet ist, und das aus drei halbkreisförmigen Kanälen besteht, die genau dem dreidimensionalen Raum entsprechen. Wenn der eine Kanal also genau vertikal liegt, so liegt der zweite von rechts nach links, der dritte von vorn nach hinten. Alle stehen also zueinander senkrecht in einem Winkel von genau neunzig Grad. Auf diese genaue Einstellung zueinander kommt es also an: je genauer der rechte Winkel stimmt, um so besser funktioniert das Organ. Wenn das Organ in irgendeiner Weise verletzt wird, tritt Schwindel ein und Sie können sich nicht mehr im Raum orientieren. Und auf einer ganz besonders feinen Ausbildung dieser Kanäle beruht das mathematische Talent, respektive die Möglichkeit, das mathematische Talent ausüben zu können. Und dieses Organ ererbt man genauso wie das musikalische Ohr.

Das Gehirn denkt genau so über den Raum nach, wie zum Beispiel über die Philosophie; aber daß einer Sinn hat für die Raumformen, das hängt von diesen drei halbzirkelförmigen Kanälen ab. Also eine mit hohen mathematischen Talenten begabte Individualität wird sich in eine Familie verkörpern, in der dieses Organ am besten ausgebildet ist, und das war der Fall in der Familie Bernoulli.

Auch um moralisch tüchtig sein zu können, gehört ein richtiges Instrument dazu. Eine Individualität, die eine hohe Moralität hat, sucht sich deshalb dasjenige Elternpaar, das ihr hierfür das beste Instrument zu geben verspricht. So ist das oft in oberflächlich trivialer Weise gebrauchte Sprichwort: Man kann nicht vorsichtig genug sein in der Wahl seiner Eltern – im tiefsten, ernstesten Sinne wahr, denn es wählt sich sozusagen das Kind seine Eltern. Da wenden nun manche ein: Wohin kommen wir denn da mit der Mutterliebe? Denn die kommt doch daher, daß die Mutter weiß, das Kind sei ein Stück von ihr selbst. – Im richtigen Lichte betrachtet, leidet die Mutterliebe in keiner Weise, im Gegenteil, man lernt sie dadurch nur noch tiefer verstehen. Warum wird das Kind gerade von der und der Mutter geboren? Weil es durch seine geistigen Eigenschaften zu der ihm geistig gleichartigen Mutter hingeführt wird, und es liebt ja die Mutter sogar schon vor der Empfängnis; die Mutterliebe ist sozusagen die Gegenliebe dieser primären Zuneigung. Eine solche Einsicht ist also sogar noch eine Vertiefung dieses Begriffes.

Nun hängt es im wesentlichen von den Eigenschaften von Vater und Mutter ab, wie sie die Gelegenheit geben zu einer Verkörperung; und da wirken Vater und Mutter verschieden. Wenn der Mensch zu einer neuen Geburt herunterkommt, so hat das Ich, das mehr Willenskräfte hat, mehr Anziehung zum Vater, und das, was mehr astrale Kräfte hat, zur Mutter. Der Vater hat also mehr Einfluß auf das Ich, den Willen und Charakter, die Mutter hat mehr Einfluß auf den Astralleib, also dem Vorstellungsvermögen nach. Am besten ist es natürlich, wenn beide Eltern passen zu der Individualität, die sich verkörpern will.

Beim Heruntersteigen wirken aber auch diejenigen Kräfte mit, die dem Menschen eingeprägt sind beim Aufstieg. All das bildet Anziehungskräfte, und er wird in die Sphäre gezogen werden, die mit ihm von jeher verwandt war. Er wird also zu denjenigen Menschen hingeführt, mit denen er früher schon etwas zu tun gehabt hat. Ich will Ihnen ein Beispiel anführen, das auf einen realen Fall begründet ist. Es war einmal der Fall, daß bei einem Femgericht jemand von vier bis fünf Richtern zum Tode verurteilt und hingerichtet wurde. Nun ging man geisteswissenschaftlich vor und untersuchte das Vorleben dieser sechs Menschen, und da stellte sich heraus, daß alle diese Männer im Leben vorher zusammen auf der Erde waren, aber so, daß der Hingerichtete ihr Häuptling war, und daß die andern von ihm hingerichtet wurden. So war also die letzte Hinrichtung eine Art Ausgleich. Gerade dieser Fall macht das Gesetz vom Karma ganz besonders anschaulich. So wirken die verschiedenen Kräfte zusammen, die der Mensch in seinem früheren Leben an sich gezogen hat; sie bestimmen bei der Wiederverkörperung sowohl die Verfassung seines Leibes als auch den Ort, an dem er geboren wird, als auch sein späteres Schicksal. Noch mehr als beim Ätherleib zeigen sich oft die Dissonanzen beim physischen Leibe.

Das alles sind Dinge, die da zeigen, wie der Mensch bei seiner Wiederverkörperung mit den drei Leibern umkleidet wird, und bei jeder Verkörperung arbeitet das Ich am Astralleib, Ätherleib und physischen Leib. Wie er zu dieser hohen Vollkommenheit steigt, das werden wir später hören. Aber immer mehr wird der Astralleib und Ätherleib umgebildet, und immer mehr wird aus dem veredelten Astralleibe Manas, aus dem veredelten Ätherleibe Buddhi, aus dem veredelten physischen Leibe Atma. So kann man sich die immer höhere Vervollkommnung des Menschen von Inkarnation zu Inkarnation vorstellen.

Dieses kommt am schönsten im Vaterunser zum Ausdruck, das man aber nur in der rechten Weise versteht, wenn man es eben im echt christlichen Sinne auffaßt, wie es aufgefaßt wurde von der Geheimschule des Paulus. Diese Schule war es, die das Vaterunser im echt christlichen Sinne so erklärt hat. Sie sagte ihren Schülern etwa: Stellt euch die höheren Glieder der Menschennatur vor, die dadurch zur Entwickelung kommen, daß der Mensch seine drei untersten Glieder immer mehr veredelt. – Nun sah das früheste Christentum diese drei höheren Glieder – Manas, Buddhi, Atma – als die göttliche Natur des Menschen an. Dadurch, daß der Mensch nun diese drei höheren Glieder immer mehr entwickelt, nähert er sich immer mehr der Gottheit. Von diesem Gesichtspunkt aus nannten die alten esoterischen Christen die drei höchsten Glieder die Göttliche Natur, und sie nannten das Höchste Atma: den Vater. Dies ist das Tiefste der Göttlichkeit im Menschen: der Vater im Himmel. Dieser Vater ist das, wozu alle Menschen sich hinentwikkeln, es ist der Mittelpunkt der Weltenschöpfung. Man stellt sich am besten die Schöpfung im christlichen Sinne so vor, wenn man sich das Opfer klarmacht. Denken Sie sich Ihr Spiegelbild, und nehmen Sie an, Sie könnten so selbstlos sein, an das Spiegelbild Ihr Leben abzugeben. So muß man sich das selbstlose Schaffen vorstellen, daß man selbst in dem Geschaffenen aufgeht. Denken Sie sich den Vatergeist in der Mitte einer sich spiegelnden Hohlkugel, dann tritt Ihnen in tausendfacher Weise das Bild Gottes entgegen. So sagte der alte esoterische Christ: Sieh dir die Welt an: alle Wesen, was sind sie, als Spiegelbilder Gottes! – Und diese sich spiegelnde Gottheit nannten sie in ihrer Esoterik «das Reich», das ist: der sich überall spiegelnde Gott. – Nun entwickelt euer Gefühl weiter. Seht ihr in allem den Gott, dann habt ihr in ungeheuer viel Einzelheiten die Gottheit aufgelöst, und wollt ihr sie unterscheiden, dann müßt ihr jedem einzelnen einen Namen geben. Dieser Name muß geheiligt werden, denn jedes einzelne Geschöpf ist ja ein Spiegelbild der Gottheit.

In diese drei hinein entwickelt sich der Mensch zu Gott. Sie dürfen aber nicht glauben, der Mensch würde der Gott. Nehmen Sie einen Tropfen aus dem Meere: der ist wesensgleich dem Meere, er ist aber nicht das Meer. So auch ist der Tropfen der Göttlichkeit in uns wohl wesensgleich der Gottheit, ist aber nicht die Gottheit. Indem der Mensch also die drei höchsten Glieder immer mehr entwickelt, wird er immer mehr eins mit dem Reich, da die geistige Welt zu ihm herunterkommt. Da haben Sie die drei ersten Bitten des Vaterunser: erstens im Anrufen des Vaters, zweitens im Flehen, daß das Reich zu uns kommen soll, drittens in der Heiligung des Namens. Dann werden wir immer bestrebt sein, keine Handlung zu vollbringen, die nicht in Harmonie steht mit dem Vatergeiste, aus dem wir entsprungen sind und zu dem wir uns entwickeln, wenn wir eben die drei höchsten Glieder in uns ausbilden. Und im Gegensatze zu den drei höheren Gliedern betrachtet nun das esoterische Christentum die vier niederen Glieder des Menschen, die auch immer vollkommener werden müssen.

Der physische Leib besteht aus denselben Stoffen wie die äußere Natur, die ja auch in diesem physischen Leibe fortwährend ein- und auswandern. Und sie müssen ja fortwährend ein- und auswandern, wenn der physische Leib gesund bleiben soll.

Der Ätherleib hat Kräfte, die, so wie der physische Leib mit der ganzen äußeren Natur in Wechselbeziehung steht, ebenso in Wechselbeziehung stehen mit der ganzen Volksseele. Soll der physische Leib in Ordnung sein, so müssen physische Stoffe täglich in ihm ein- und auswandern. Soll der Ätherleib in Ordnung sein, so darf er sich nicht als

Einzelnes entwickeln, sondern er muß sich in Harmonie bringen mit der ganzen Volksseele und allen höheren Wesenheiten.

Das Wort «Schuld» hängt zusammen mit dem Wort Schulden. Schulden sind etwas, was Ihnen so recht zeigt, daß Sie nicht einzeln dastehen, sondern daß Sie einen sozialen Zusammenhang haben, daß Sie Ihren Mitmenschen etwas schulden. Das, was den menschlichen Astralleib nun in Unordnung bringen kann, das sah die ursprüngliche christliche Esoterik an als etwas, was seine Neigungen und Leidenschaften, Triebe und Begierden betraf; und alles, was diese in Unordnung bringen kann, das drückt das Wort «Versuchung» aus. Schuld ist also etwas, was den Menschen in eine Beziehung bringt zu der sozialen Gemeinschaft, während Versuchung etwas ist, worein jeder Mensch als individuelles Wesen fallen kann.

Würden nicht in unserem physischen Körper physische Stoffe ein- und ausgehen, so würde dieser physische Körper in Unordnung kommen: «Gib uns unser täglich Brot.» Würde der Ätherleib sich nicht in harmonische Wechselbeziehung bringen zum Volksseelenhaften, das heißt, würde er sich nicht harmonisch dem ganzen sozialen Gefüge eingliedern, dann würde er ebenfalls in Unordnung kommen: «Vergib uns unsere Schuld.» Würde der Mensch in den Fehler verfallen, einer jeden an ihn herantretenden Versuchung zu unterliegen, dann würde dadurch sein Astralleib in Unordnung kommen: «Führe uns nicht in Versuchung.»

Das Ich kann in jene Fehler verfallen, die man mit «Übel» bezeichnet. Zu diesen Verfehlungen des Ich – das ist ja unser Selbst – gehört alles, was ein normales und gesundes Selbstgefühl zum Bösen wandelt, das heißt also in Selbstsucht. Dahin gehören also alle Ausschreitungen der Selbstsucht, des Egoismus: «Erlöse uns von dem Übel.»

Der physische Leib kann sich also in gesunder Weise entwickeln, wenn wir ihm das tägliche Brot in der rechten Weise zukommen lassen. Der Ätherleib kann sich in gesunder Weise entwickeln, wenn wir uns in der richtigen Weise in Harmonie bringen mit dem sozialen Körper, in dem wir leben. Der Astralleib kann sich in gesunder Weise entwickeln, das heißt, zur Läuterung und Reinigung gebracht werden, wenn wir alle Versuchungen überwinden. Das Ich kann sich in gesunder Weise entwickeln, wenn wir uns Mühe geben, allen Egoismus in Altruismus, alle Selbstsucht in Selbstlosigkeit umzuwandeln.

So sehen wir in dem Vaterunser ein Gebet, das die Entwickelung des ganzen Menschen umfaßt.

Nun könnte jemand einwenden – und diesem Einwand werden Sie sogar häufig begegnen: Das Vaterunser ist doch ein Gebet, das von dem Christus Jesus als ein Gebet für jedermann gegeben ist. Was nützt da eine solche Auslegung, von der doch die meisten Menschen nichts wissen?

Der naive Mensch braucht auch nichts davon zu wissen. Sehen Sie sich die Rose an. Die höchste Weisheit hat die Rose aufgebaut, und doch kann sich der naivste Mensch darüber freuen. Das Wissen von dieser Weisheit ist nicht notwendig. Und so ist es auch mit dem Vaterunser. Es hat seine Kraft auf das menschliche Gemüt, auch wenn das naive Gemüt nichts davon weiß. Aber nie würde das Vaterunser diese Kraft haben, wenn es nicht aus dieser tiefsten Weisheit geschöpft wäre. Alle die großen Gebetsformen sind, wie diese größte Form, aus der tiefsten Weisheit geschaffen, und die Gewalt dieser Gebetsformen beruht nur darauf. Wenn Sie auch denken, das sei eine ergrübelte Sache, so ist das nicht wahr, sondern die Wesenheit, die uns das Vaterunser gegeben hat, die hat die tiefe Kraft hineingelegt.

So sehen Sie, wie man erst mit Hilfe der Geisteswissenschaft das versteht, was man täglich übt, und dessen Kraft die Menschheit seit zwei Jahrtausenden erfahren hat.

Jetzt aber ist der Zeitpunkt gekommen in der Menschheitsentwickelung, wo es nicht mehr weitergeht ohne diese Vertiefung des Verständnisses. Früher, das heißt bis dahin konnte die Menschheit die geistigen Kräfte, die gerade in diesem Gebet liegen, fühlen, ohne ihren tieferen Sinn zu kennen. Jetzt aber ist die Menschheit so weit in ihrer Entwickelung vorgeschritten, daß sie fragen muß, und deshalb muß ihr jetzt die Antwort gegeben werden.

Die christliche Religion wird nicht dadurch an Wert verlieren, sondern im Gegenteil erst in ihrer ganzen Tiefe sich offenbaren. Durch die größte Weisheit werden die religiösen Inhalte wieder neu erobert werden. Ein Beispiel dafür ist die esoterische Auslegung des Vaterunser.

Sie zeigt uns den Weg, den der Mensch durch seine vielen Verkörperungen hindurch beschreiten muß. Die vier niederen Bitten, wenn er in ihrem Sinn wandelt, helfen ihm die Arbeit vollbringen, die zur Gestaltung seiner höheren Wesensglieder führt, so wie sie in den drei ersten Bitten ausgedrückt sind.

SIEBENTER VORTRAG

Kassel, 22. Juni 1907

Wir haben heute zu sprechen von dem, was man das Gesetz vom Karma nennt, das Gesetz von Ursache und Wirkung in der geistigen Welt. Wir müssen uns zunächst an die letzten Vorträge erinnern, die uns gezeigt haben, wie der gesamte Lebenslauf sich abspielt in einer Reihe von Verkörperungen, so daß Sie alle schon oft auf der Welt da waren und auch noch oft wiederkehren werden. Wir werden später hören, wie es nicht richtig ist, wenn man annimmt, daß in alle Ewigkeit nach vor- und rückwärts diese Verkörperungen sich wiederholen, vielmehr werden wir sehen, daß sie einstmals begonnen haben und daß es eine Zeit geben wird, wo sie wieder aufhören werden, wo der Mensch in anderer Weise sich weiterentwickeln wird.

Wir betrachten also zunächst jenen Zeitraum, in welchem solche Wiederverkörperungen stattfinden, und wir müssen uns klar darüber sein, daß alles, was man Schicksal nennt in bezug auf Charakter und innere Eigenschaften, wie auch auf unser äußeres Schicksal und unsere Lebenslage, verursacht ist durch unsere früheren Verkörperungen, und daß, was wir in diesem Leben treiben, wieder seine Wirkung hat für die folgenden Leben. So zieht sich das große Gesetz von Ursache und Wirkung durch alle unsere Verkörperungen hindurch.

Wir wollen uns einmal klarmachen, wie dieses Gesetz in der ganzen Welt wirkt, nicht nur in der geistigen Welt, sondern auch in der physischen.

Nehmen Sie an, Sie haben zwei Krüge mit Wasser; dann nehmen Sie eine Eisenkugel, die Sie bis zur Glut erhitzt haben, und lassen sie in den ersten Krug Wasser hineinfallen. Was tritt ein? Das Wasser zischt, und die Kugel kühlt sich ab. Nehmen Sie dann die Kugel heraus und werfen Sie sie in den zweiten Krug: da zischt das Wasser nicht mehr und die Kugel kühlt sich nicht mehr wesentlich ab. Die Kugel verhält sich also in den beiden Fällen ganz verschieden: das, was sie im zweiten Fall getan hat, hätte sie nicht getan, wenn sie nicht vorher in den ersten Krug hineingeworfen worden wäre. Also ist das Betragen im zweiten

Falle die Wirkung dessen, was im ersten Krug mit ihr geschehen ist. Einen solchen Zusammenhang nennt man Karma. Es ist also das Karma der Kugel, daß sie in dem zweiten Kruge nicht mehr zischt und sich nicht abkühlt. – Und nun auch ein Beispiel aus dem Tierreich, woran Sie ersehen, daß die Folgezustände abhängen vom vorherigen Leben. Nehmen Sie die Tiere, die in die Höhlen von Kentucky eingewandert sind: durch die völlige Entziehung des Sonnenlichtes werden allmählich die Augen rückgebildet. Die Stoffe, die sonst für die Augen verwendet werden, wandern zu andern Organen, und dadurch verkümmern die Augen; die Tiere werden dadurch allmählich blind. Und nun ist es das Schicksal aller Nachkommen, blind geboren zu werden. Wären die Eltern nicht eingewandert in die dunklen Höhlen, so hätten die Nachkommen nicht das Schicksal, blind zu sein. Dieser Zustand der Blindheit ist also die Folge einer früheren Tätigkeit, des Einwanderns in die finsteren Höhlen.

Die Geisteswissenschaft sagt: Alles, was in der Welt geschieht, ist abhängig vom Karma. Karma ist das allgemeine Weltengesetz. – Auch die Bibel erzählt gleich im Anfang von diesem Karma. Sie sagt nämlich: «Im Anfang schuf Gott die Welt.» Wenn man das so oberflächlich liest, wie heute im allgemeinen gelesen wird, da merken Sie nicht, daß das im Sinne des Karmagesetzes ist; Sie merken es aber ohne weiteres, wenn Sie zum Beispiel den Urtext dieser alten Urkunde nehmen, in welcher uns von diesem Schaffen gesprochen wird, oder wenn Sie eine der ältesten Übersetzungen der Urkunde ins Lateinische nehmen, wie zum Beispiel diejenige aus der Septuaginta, die ja heute noch für die gesamte katholische Kirche als die maßgebende Übersetzung des Alten Testamentes und besonders der Genesis angesehen wird. Und da ist es ja wohl gerade im Hinblick auf einen solchen Einführungszyklus, der Sie ja doch Stück für Stück mit den ungeheuren Tiefen der geisteswissenschaftlichen Weltanschauung bekanntmachen soll, nicht unzweckmäßig, wenn wir einmal einen Schritt abseits unseres eigentlichen Themas machen.

Der heutige Mensch hat ja eigentlich gar keine Verbindung mehr mit dem lebendigen Wort. Die Sprache ist einerseits zu einem konventionellen Verständigungsmittel geworden, und andererseits zur Geschäftssprache. Ganz anders war es, als das Wort geprägt wurde in den alten Zeiten: da hatte der Mensch noch einen lebendigen Zusammenhang mit dem Wort. Ja, in den allerältesten Zeiten hatte der einzelne Buchstabe, der zur Zusammensetzung des Wortes führte, eine tiefe Bedeutung. Der heutige Mensch hat ja keine Ahnung mehr davon, was durch die Seele eines alten hebräischen Weisen zog, wenn er das Wort «bara» aussprach, das in der Genesis im ersten Satze steht, und das von der Nachwelt, das heißt zunächst von der lateinischen Welt, mit «creare» und von uns mit «schaffen» übersetzt worden ist. Was ist der tiefe Sinn des Wortes «bara»? Wir haben in unserer deutschen Sprache noch denselben Stamm «bar» in dem Wort «gebären».

Nun liegt dem Worte «Karma» die Wurzel «kr» zugrunde, die ja auch dem Worte «creare» zugrunde liegt, so daß, wenn man lateinisch «creare» – schaffen sagt, dies nichts anderes bedeutet als: es tritt etwas auf durch die Wirkung früherer Zustände; das heißt also, es tritt etwas auf, das karmisch durch etwas Früheres bedingt ist.

Nun kann man ja von Karma im heutigen Sinne erst sprechen seit dem luziferischen Einschlag, also von dem Augenblicke an, wo der Mensch eine Schuld auf sich genommen hat, und deshalb haftet auch an allem, was mit dem Worte Karma in Verbindung steht, immer etwas von dem Begriffe Schuld. Creare also heißt: etwas hervorbringen, was durch frühere Zustände karmisch verschuldet ist, während noch in dem Stamme «bar» nichts von dieser karmischen Bedingtheit liegt. Wie kommt das? Das kommt zweifellos daher, daß der alte Hebräer noch viel inniger mit der geistigen Welt im Zusammenhang stand und sich noch vollkommen klar war, daß damals, als die Elohim die Welt schöpferisch ersannen, noch von keinem Karma die Rede sein konnte in dem Sinne, wie wir gewöhnlich von Karma sprechen. In der lateinischen Epoche der Menschheitsentwickelung war aber der Mensch, wie wir ein anderes Mal sehen werden, schon vollkommen von der geistigen Welt abgeschnürt, und er konnte sich deshalb sogar das schöpferische Ersinnen der Elohim gar nicht anders denken, als in dem karmischen Zusammenhang darinnenstehend.

Aber sowohl das Wort «bara» wie auch das Wort «creare» heißt niemals: Gott hat die Welt aus dem Nichts geschaffen; denn beiden

Worten liegt der Sinn zugrunde: Gott hat frühere Zustände in neue überfließen lassen; ebenso wie die Mutter das Kind nicht aus dem Nichts gebiert, sondern gebären heißt: das Kind tritt sichtbar in die Welt hinaus aus dem früheren verborgenen Zustande im Mutterleibe.

Sie sehen, wie man da den Sinn der Bibel verdrehen kann. Zuerst hat die Theologie gesagt: Gott hat die Welt aus dem Nichts geschaffen –, weil diese Theologie ja nichts mehr von den dem Erdendasein vorangehenden kosmischen Entwickelungsperioden wußte, und darüber sind ganze Bibliotheken geschrieben worden. Aber alle diese Theologen haben gekämpft wie Don Quijote gegen Windmühlen. Man muß jedoch immer wissen, wogegen man kämpfen will; das heißt, man muß immer den ursprünglichen Sinn der alten Urkunden klarlegen.

Wenn wir nun dieses Gesetz vom Karma uns so denken, wie es in der Tat gedacht werden muß, als der Zusammenhang zwischen Ursache und Wirkung nicht nur hier für das physische Leben zwischen Geburt und Tod, sondern auch für das Leben nach dem Tode in der geistigen Welt, dann wird gerade dieses Karmagesetz zum Erleuchter des eigenen Lebens. Die Einsicht in dieses Karmagesetz gibt nicht nur eine tiefe Befriedigung für unseren Verstand, sondern im tiefsten Sinne auch für unser Gemüt, und es gibt uns die rechte Einsicht in unser Verhältnis zur Welt. Sie werden immer klarer einsehen, welch eine tiefe Bedeutung es hat, und wie erst die richtige Einsicht in dieses Karmagesetz es uns ermöglicht, das Leben mit unserer Umwelt harmonisch zu gestalten. Es klärt uns nicht über solche Welträtsel auf, die man erst ausspintisieren muß, sondern über solche, die uns in der Tat auf Schritt und Tritt im Leben begegnen. Oder sind es etwa nicht Lebensrätsel, wenn man sieht, wie scheinbar ohne Schuld der eine Mensch geboren wird in Not und Elend, und wie bei einem andern die schönsten Anlagen durch die soziale Lage, in die ihn sein Leben gestellt hat, verkümmern müssen? Wir fragen uns oft im Leben: Wie kommt es, daß dieser Mensch so in Not und Elend geboren wird ohne seine Schuld, und der andere, ohne sein Dazutun, im Überfluß und Reichtum, so daß er schon an der Wiege umstellt ist von zärtlich liebenden Eltern? – Das sind Fragen, über die nur der Leichtsinn der heutigen Menschen hinwegschauen kann.

Je tieferen Einblick in das Karmagesetz wir gewinnen, um so mehr werden wir sehen, daß alle Härte schwindet, die auf den ersten Blick scheinbar vorhanden ist, wenn man das Karmagesetz nur oberflächlich betrachtet. Wir werden uns dann immer klarer darüber werden, wie es kommt, daß eben der eine Mensch in diesen, der andere in jenen Verhältnissen im Leben stehen muß. Eine Härte kann und muß man nur dann in der einen oder andern Lebenslage erblicken, wenn wir nur das eine Leben betrachten. Wenn wir aber wissen, daß dieses eine Leben die absolute Wirkung früherer Taten ist, dann schwindet diese Härte vollständig, dann sehen wir ein, daß der Mensch sich sein Leben selbst zubereitet.

Es könnte nun jemand sagen: Ja, aber das ist doch etwas Furchtbares, wenn man denken muß, der Mensch hätte alles das, was ihn hier im Leben an Schicksalsschlägen trifft, selbst verschuldet! – Da müssen wir uns einmal klarmachen, daß das Karmagesetz nicht für sentimental Brütende ist, sondern daß es ein Gesetz der Tat ist, das uns stark macht, das uns Mut und Hoffnung gibt. Denn wenn wir auch das Leben so, wie es uns mit all seinen Härten trifft, uns selbst gemacht haben, so wissen wir doch auch, daß es ein Gesetz ist, dessen Hauptbedeutung nicht in der Vergangenheit, sondern in der Zukunft liegt. Wenn wir auch in der Gegenwart durch die Wirkung vergangener Taten noch so bedrückt sind, wird doch gerade die Einsicht in das Karmagesetz ihre Früchte tragen in späteren Leben. Je nachdem wir uns verhalten, werden die Früchte dieser Taten in künftigen Leben sein, denn keine Tat ist vergebens getan. Und wieviel theosophischer ist es, das Karmagesetz als Gesetz der Tat aufzufassen! Denn, was wir auch tun, den Früchten dieser Taten werden wir nicht entgehen. Je schlechter es uns in diesem Leben geht, je besser wir das ertragen, um so besser wird es uns in künftigen Leben gehen. So ist das Karmagesetz ein Gesetz, welches die Lebensrätsel löst, die uns auf Schritt und Tritt begegnen.

Wie hängt nun das Leben vorher mit dem späteren Leben zusammen? Klar müssen wir uns darüber sein, daß alles, was wir als innerliche Wirkungen äußerlicher Erlebnisse haben, als Lust und Leid, seine Wirkungen in kommenden Leben hat.

Nun wissen Sie ja, daß alles, was als Lust, Leid, Freude, Schmerz in uns lebt, Dinge sind, deren Träger der Astralleib ist. Alles das nun, was der Astralleib in diesem Leben erlebt, und ganz besonders, wenn diese Erlebnisse immer öfter wiederholt werden, das zeigt sich im nächsten Leben als Eigenschaft des Ätherleibes. Die Freude, die Sie in dem einen Leben an einem Gegenstand in Ihrer Seele immer und immer wieder wachrufen, bewirkt, daß Sie im nächsten Leben eine tiefe Neigung und Vorliebe für diesen Gegenstand haben werden. Neigung und Vorliebe sind aber Charaktereigenschaften und haben als Träger den Ätherleib, so daß, was der Astralleib im Leben vorher bewirkt, Eigenschaften des Ätherleibes im nächsten Leben werden. Was Sie in diesem Leben wiederholt erleben, das kommt in Ihrem folgenden Leben als Grundcharakter. Ein melancholisches Temperament kommt daher, daß der Mensch im vorigen Leben viele traurige Eindrücke gehabt hat, die ihn immer wieder in eine traurige Stimmung versetzt haben; dadurch hat eben der nächste Ätherleib eine Neigung für eine traurige Stimmung. Umgekehrt ist es bei denen, die allem im Leben eine gute Seite abgewinnen, die dadurch in ihrem Astralleib Lust und Freude, frohe Erhebung erzeugt haben; das gibt im nächsten Leben eine bleibende Charaktereigenschaft des Ätherleibes und bewirkt ein heiteres Temperament. Wenn der Mensch aber, trotzdem ihn das Leben in eine harte Schule nimmt, all das Traurige kraftvoll überwindet, dann wird im nächsten Leben sein Ätherleib geboren mit einem cholerischen Temperament. Man kann also, wenn man all das weiß, geradezu sich seinen Ätherleib für das nächste Leben vorbereiten.

Diejenigen Eigenschaften nun, die der Ätherleib in dem einen Leben hat, die erscheinen im nächsten Leben im physischen Leib. Wenn also jemand schlechte Gewohnheiten und Charaktereigenschaften hat und nichts dagegen tut, sie sich abzugewöhnen, tritt das im nächsten Leben als eine Disposition des physischen Leibes auf, und das ist tatsächlich die Disposition zu Krankheiten. So sonderbar sich das auch für Sie anhören mag, aber diese Disposition für bestimmte Krankheiten, und besonders für Infektionskrankheiten, rührt tatsächlich her von schlechten Gewohnheiten im vorhergehenden Leben. Also haben wir es mit dieser Einsicht auch in der Hand, uns Gesundheit oder Krankheit für das nächste Leben zu bereiten. Wenn wir uns eine schlechte Gewohnheit abgewöhnen, machen wir uns im nächsten Leben physisch gesund und widerstandsfähig gegen Infektionen. So kann man schon für das kommende Leben für Gesundheit sorgen, wenn man bestrebt ist, nur edle Eigenschaften zu pflegen.

Und nun ein Drittes, was außerordentlich wichtig ist für die richtige Auffassung des Karmagesetzes: das ist die richtige Bewertung unserer Taten selbst in diesem Leben. Bisher haben wir ja nur von dem gesprochen, was innerhalb des Menschen sich abspielt; was aber der Mensch tut in diesem Leben, das heißt also, wie er sich mit seinen Taten der Umwelt gegenüber verhält, das zeigt seine Wirkung im nächsten Leben eben in dieser Umwelt.

Durch eine schlechte Gewohnheit an und für sich habe ich noch nichts getan; wenn mich aber diese schlechte Gewohnheit zur Tat treibt, dann verändere ich durch diese Tat die Außenwelt. Und alles das eben, was so eine Wirkung in der physischen Außenwelt hat, das kommt uns als äußeres Schicksal im nächsten Leben in der Außenwelt wieder zurück. Also die Taten des physischen Leibes in diesem Leben, die werden zu unserem Schicksal in dem folgenden Leben. Das erfahren wir durch das Hineingestelltsein in diese oder jene Lebenslage. Ob also der Mensch in dieser oder jener Lebenslage glücklich oder unglücklich wird, das hängt von den Taten seines vorherigen Lebens ab. Hierhin gehört wieder als treffendes und belehrendes Beispiel dasjenige von dem Fememord, das uns zeigt, wie die Tat als äußere Tat des einen Lebens im nächsten Leben auf den Menschen als Schicksal zurückfällt.

Das sind also in kurzen Linien gezeichnet die karmischen Zusammenhänge beim einzelnen Menschen. Wir dürfen aber nicht nur beim einzelnen Menschen von Karma sprechen; der Mensch darf sich nicht als Einzelwesen betrachten, das wäre grundfalsch, genau so falsch, als wenn der einzelne Finger an unserer Hand sich als Einzelwesen fühlen wollte. Genau so weit, wie der Finger kommen würde, wenn er sich vom Organismus absondern würde, würde der Mensch kommen, wenn er sich einige Meilen über die Erde erheben würde. So ist der Mensch, wenn er in die Geisteswissenschaft eindringt, geradezu gezwungen, an der Hand dieser Erkenntnis einzusehen, daß er sich nicht der Täuschung hingeben darf, auf sich selbst als Einzelwesen zu bestehen. So ist es in der physischen und noch viel mehr in der geistigen Welt. Der Mensch gehört der ganzen Welt an und hat auch sein Schicksal in der Gesamtheit. Das Karma betrifft nicht nur den einzelnen Menschen, sondern es geht auch über das Leben von ganzen Völkern dahin. Ein Beispiel dafür: Sie alle wissen, daß es im Mittelalter eine Seuche, die Miselsucht gegeben hat; das ist eine Art Aussatz. Erst im 16. Jahrhundert verschwindet sie aus Europa. Es gab eine ganz besondere Ursache, daß diese Seuche gerade im Mittelalter auftrat, und zwar eine geistige Ursache. Der Materialist ist natürlich geneigt, eine derartige ansteckende Krankheit auf Bazillen zurückzuführen, aber die physische Ursache ist es nicht allein, die bei einer solchen Krankheit in Betracht kommt. Das ist geradeso, wie wenn einer durchgeprügelt wird, und man sollte untersuchen, warum dieser durchgeprügelt ist. Der Einsichtsvolle wird ohne weiteres finden, daß die Ursache der Prügel darauf beruht, daß es in dem Dorf einige Menschen gibt, die sehr roh sind. Es wäre aber in diesem Falle eine geradezu törichte Folgerung – wie es im obigen Falle die materialistische ist –, wenn einer käme und sagte, daß der Mann seine blauen Beulen auf dem Rücken hat, kommt einzig und allein davon her, daß die Stöcke so und so oft auf seinen Rücken niedergegangen sind. Die rein materialistische Ursache der blauen Flecken sind zweifellos die auf den Rücken niedergegangenen Stöcke, die tiefere Ursache sind aber doch die rohen Menschen. Und so hat auch diese Krankheit, neben der materialistischen Ursache der Bazillen, auch eine geistige.

Ein ganz analoges Beispiel bietet das Weinen. Die geistige Ursache ist die Traurigkeit, die materielle dagegen die Sekretion der Tränendrüsen. Man sollte es kaum für möglich halten, daß ein sogar recht bedeutender Gelehrter der Gegenwart es fertiggebracht hat, denselben törichten Schluß zu ziehen wie oben, denn er hat den geradezu ungeheuerlichen Satz aufgestellt: Der Mensch weint nicht, weil er traurig ist, sondern der Mensch ist traurig, weil er weint!

Doch zurück zur Miselsucht. Sie müssen in diesem Falle, wenn Sie geistig die tiefere Ursache dieser Krankheit erklären wollen, zurückblicken auf ein bedeutsames historisches Ereignis: auf das Ereignis, als von Osten her große Völkermassen über Europa hinwegstürmten und dieses Europa in Furcht und Schrecken setzten. Diese asiatischen Scharen waren Völker, die auf der alten Atlantierstufe stehengeblieben und daher im Niedergang begriffen waren, also Völker, die den Niedergangs-, sozusagen den Fäulnischarakter besonders stark in ihrem Astralleib hatten. Wären diese Völkerschaften über Europa herübergestürmt, ohne daß die Europäer sich erregt oder erschreckt hätten, dann wäre nichts passiert. So aber verursachten diese Horden Angst und Schrecken und Bestürzung; ganze Völkerschaften in Europa erlebten diese Angst- und Schreckenszustände. Und nun mischte sich der faule Astralstoff der Hunnen mit den von Angst und Furcht und Grauen durchwühlten Astralleibern der überfallenen Völker. Die degenerierten Astralleiber der asiatischen Stämme luden ihre schlechten Stoffe auf diese furchtdurchwühlten Astralleiber der Europäer ab, und diese Fäulnisstoffe bewirkten eben, daß später die physische Wirkung der Krankheit auftrat. Das ist in Wahrheit die tiefe geistige Ursache des Aussatzes im Mittelalter. Es tritt also etwas, was geistig verursacht ist, in späterer Zeit im physischen Körper auf. Nur wer dieses Gesetz von Karma kennt und es zu durchschauen vermag, ist dazu berufen, in den Geschichtsverlauf tätig einzugreifen.

Nun will ich Ihnen etwas sagen, was zur Begründung der theosophischen Weltanschauung beigetragen hat, und das ist das Folgende: Das Karma wirkt sich ja aus, gerade wie beim einzelnen Menschen, so auch bei den Völkern, ja bei der ganzen Menschheit. Wer nun den Gang der Geschichte des europäischen Geisteslebens verfolgt, der weiß, daß seit etwa vierhundert Jahren der Materialismus heraufgekommen ist. In der Wissenschaft ist dieser Materialismus am unschuldigsten, denn da können alle Fehler jederzeit eingesehen und ausgeglichen werden. Viel schädlicher wirkt er sich schon aus im praktischen Leben, wo ja alles in den Gesichtspunkt materieller Interessen gestellt wird. Aber nie hätte der Materialismus Platz gegriffen im praktischen Leben, wenn nicht die Menschen dazu eine Vorliebe gehabt hätten. Es hätte auch keinen *Büchner* und so weiter gegeben, wenn nicht der Mensch vorher das Materielle so geliebt hätte. Am allerschädlichsten wirkt sich aber der Materialismus aus auf dem Gebiete des religiösen Lebens, das heißt in der Kirche; gerade sie steuert seit Jahrhunderten auf den Materialismus hin. Wieso? Wenn Sie zurückgehen in die ursprünglichen Zeiten des ersten Christentums, hätten Sie nie gehört, daß man angenommen hätte, daß sich das Siebentagewerk wirklich in sieben Tagen vollzogen hätte, wie es ja heute tatsächlich vielfach angenommen wird, und daß man unter dem «siebenten Tag» sich so etwas vorstellen kann, als ob sich einer nach einer schweren körperlichen Arbeit auf einen Stuhl setzt und ausruht. Von der Wirklichkeit dieses Siebentagewerkes weiß das materialistische Zeitalter nichts mehr. Der Theosophie ist es erst wieder vorbehalten, der Menschheit über den wahren Sinn dieser alten Urkunde, der Genesis, Aufklärung zu geben.

Und diese materialistische Auffassung in der Religion, die hat sich in das Leben der Völker sogar am allertiefsten hineingefressen. Und immer mehr wird dieser Materialismus gerade auf religiösem Gebiete herrschen, und immer weniger wird man gerade auf dieser Seite einsehen, daß es auf den Geist ankommt und nicht auf das Physisch-Materielle. Sie werden ohne weiteres zugeben, daß das materielle Denken, Fühlen und Wollen immer mehr eingezogen ist in die ganze Lebensauffassung der Menschheit, und dies prägt sich schließlich im Gesundheitszustand der nachfolgenden Generationen aus.

Ein Zeitalter mit gesunder Lebensauffassung, das schafft für die Menschen einen starken Mittelpunkt im Inneren, das macht sie zu in sich geschlossenen Persönlichkeiten, so daß die Nachkommen stark und kräftig werden. Ein Zeitalter aber, das nur an die Materie glaubt, erzeugt Nachkommen, bei denen im Leibe auch alles seine eigenen Wege geht, nichts im Mittelpunkte liegt, wodurch eben Anzeichen von Neurasthenie und Nervosität entstehen. Dies würde immer mehr und mehr überhandnehmen, wenn der Materialismus auch in Zukunft die Weltanschauung bliebe. Der geistig Schauende kann Ihnen ganz genau sagen, was kommen würde, wenn der Materialismus nicht sein Gegengewicht fände in einer festen Geistesrichtung. Geisteskrankheiten würden epidemisch werden, ebenso würden Kinder schon bei ihrer Geburt an Nervosität und Zittererscheinungen leiden, und die weitere Folge der materiellen Gesinnung ist ein solcher nicht in sich konzentrierter Menschenschlag, wie wir ihn heute schon sehen. Damals, vor nun etwa drei Jahrzehnten, war es vor allem dieser Gedanke und diese Voraussicht, wie es der Menschheit gehen würde, wenn nicht ein geistiges Heilmittel gegen diese Auswirkung des Materialismus angewandt würde, die zur Inaugurierung der theosophischen Bewegung führte. Man kann ja viel streiten über ein Heilmittel, aber alle Einwendungen können wenig genieren; die Hauptsache ist, daß es hilft. Und so ist es auch mit der Heilwirkung der Theosophie. Sie will das verhüten, was unweigerlich eintreten würde, wenn die Menschen so im Materialismus weitergehen würden.

So sehen Sie, wie man – wenn man im tieferen Sinne über das Karmagesetz denkt – den Menschen nicht als Einzelwesen betrachten kann, sondern auch als in der ganzen Gemeinschaft unter dem Karmagesetz stehend. Das Karmagesetz ist nicht für die, welche nur an ein ganz blindes Schicksal glauben wollen. Wer das Karmagesetz so auffassen würde, der würde es vollständig verkennen. Und doch findet man immer wieder Menschen, die diesem Irrtum verfallen. So sagt der eine: Ich weiß, ich kann nichts dafür, daß mir dies und jenes zustößt, das ist halt mein Karma, das muß ich ausleben. – Der andere sagt: Ich sehe da einen Notleidenden, dem darf ich nicht helfen, denn es ist ja seine Schuld, daß ihn das trifft; es ist sein Karma, das muß er ausleben! – Das alles ist ja nun eine ganz unsinnige Auslegung des Karmabegriffes!

Um sich eine sehr leicht begreifliche Vorstellung vom Karmagesetz zu machen, können Sie es vergleichen mit dem kaufmännischen Gesetz von Soll und Haben. Wie der Kaufmann in all seinem Handeln diesem Gesetz unterliegt, so ist es auch im Leben mit dem Karma. Durch alles, was Sie im verflossenen Leben Gutes oder Böses getan haben, sind Ihre Posten nach Soll und Haben gestimmt. Alle guten Eigenschaften sind auf der Soll-, alle schlechten auf der Habenseite Ihres Karma gebucht.

Man soll aber nicht sagen: Da darf ich nicht eingreifen. – Das wäre genau so töricht, als wenn ein Kaufmann nach Abschluß der Bilanz sagen wollte: Jetzt darf ich kein Geschäft mehr machen, denn sonst verändere ich meine Bilanz. – Genau so, wie der Kaufmann durch jeden guten Abschluß seine Bilanz verbessert, so verbessere ich auch durch jede gute Tat mein Karma. Genau so, wie es dem Kaufmann jederzeit freisteht, einen Posten auf die eine, Soll, oder auf die andere Seite, Haben, seines Kontos zu setzen, so auch dem Menschen im Kontobuch des Lebens. Der Mensch ist immer frei in seinem Handeln, nicht etwa trotz des Karmagesetzes, sondern gerade unter Berücksichtigung desselben. Gerade wenn wir wissen, daß alles, was wir tun, und zwar aus voller Freiheit tun, seine Wirkungen in diesem Kontobuch des Lebens haben wird, gerade deshalb können wir demjenigen nicht recht geben, der nicht dem Elenden hilft. Das ist genau so, als wenn ein Kaufmann vor dem Konkurs steht und uns um ein Darlehen von zwanzigtausend Mark bittet. Werden Sie ihm nicht die zwanzigtausend Mark geben, wenn Sie wissen, daß es ein tüchtiger Geschäftsmann ist, der sich mit diesem Darlehen wieder emporarbeiten kann? So ist es auch bei dem Elenden: dem helfen Sie sein Karma auszubessern, auf daß sich sein Schicksal nach dem Guten wende, und zugleich verbessern Sie Ihr eigenes Karma durch diese gute Tat. So ist das Karmagesetz in der Tat ein Gesetz für ein werktätiges Eingreifen im täglichen Leben. Und daß man das Karmagesetz gerade von dieser Seite richtig verstehen lernt, das ist besonders wichtig, wenn wir es im Verhältnis zum Christentum betrachten. Da herrschen heute gerade auf theologischer Seite schwere Mißverständnisse. Die Theologen von heute sagen: Wir lehren, daß durch den Tod am Kreuz die Sünden vergeben sind, und Ihr lehrt das Karmagesetz; das aber steht doch in einem Widerspruch dazu. – Das ist aber nur ein scheinbarer Widerspruch, weil das Karmagesetz einfach nicht verstanden wird. Und umgekehrt gibt es Theosophen, die da sagen, daß sie ihrerseits wieder den Sühnetod nicht annehmen können; diese aber verstehen das Karmagesetz ebensowenig.

Nehmen Sie an: Sie helfen einem Menschen und greifen ein in sein Schicksal und wenden es zum Guten. Wenn Sie nun zwei Menschen helfen könnten, widerspräche das doch dem Karmagesetz ebensowenig. Nehmen Sie nun an, Sie seien eine Individualität, die dazu berufen wäre, ein Übel in der Welt zu tilgen durch eine gewisse Tat: widerspricht das etwa dem Karmagesetz? So hat die Christus-Wesenheit im größten Umfang nichts anderes getan – analog dem obigen Beispiel – als ein Mensch, der nicht nur Hunderten oder Tausenden, sondern der ganzen Menschheit durch seine Tat geholfen hat. So ist der Erlösungstod, der stellvertretende Sühnetod Christi, durchaus übereinstimmend mit dem Karmagesetz, ja er ist nur zu begreifen im Hinblick auf dieses Karmagesetz. Nur wer es nicht versteht, kann da einen Widerspruch finden. Es ist ebensowenig ein Widerspruch mit dem Karmagesetz, als es ein Widerspruch ist, wenn ich einem einzelnen Elenden helfe.

Sie müssen im Hinblick auf das Karmagesetz an die Zukunft denken, denn wir schreiben durch eine jede Tat in unser Kontobuch einen Posten ein, der seine Früchte tragen wird. Nur solange man in den Kinderkrankheiten der Theosophie steckte, konnte man einen Widerspruch zwischen Christentum und Karmagesetz finden.

Aus der Einsicht heraus in dieses Karmagesetz wird uns manches klar. Erstens können wir genau nachweisen den Zusammenhang zwischen der jetzigen Körperentwickelung und früheren Lebensläufen. Zum Beispiel bereitet ein Leben voller Liebe vor für eine Entwickelung im nächsten Leben, die den Menschen lange jung erhält; dagegen wird ein frühzeitiges Altern bewirkt durch viel Antipathie im vorigen Leben. Zweitens: ein besonders selbstsüchtiger Erwerbssinn schafft für das folgende Leben Dispositionen für Infektionskrankheiten. Drittens ist es besonders interessant, daß zum Beispiel Schmerzen, und namentlich gewisse Krankheiten, die man durchmacht, bewirken, daß im nächsten Leben ein schöner Körper auftritt. Ein solcher Einblick läßt uns manche Krankheit leichter tragen.

Im Hinblick und Einblick in solche Schicksalszusammenhänge hat einer der größten Bibelforscher, *Fabre d'Olivet*, ein schönes Bild gebraucht, das uns klarmacht, wie die Dinge im Leben verkettet sind. Er sagt: Seht euch die Perle in der Muschel an: das Tier darin mußte eine Krankheit erleiden, und aus dieser Krankheit heraus entsteht die schöne Perle. – Und so hängt in der Tat oft Krankheit in diesem Leben zusammen mit dem, was das nächste Leben verschönt.

Wie das in einzelnen andern Richtungen noch ausgebildet werden kann, davon morgen.

Frage nach den «Sünden wider den Geist».

Es gibt Sünden, die hervorgerufen werden dadurch, daß der Mensch einen physischen Leib hat, daß der Mensch einen Ätherleib hat, daß der Mensch einen Astralleib hat. Innerhalb des Astralleibes geht der Geist auf; der Mensch wird bewußt. Er kann also sündigen. Diese Sünden können dem Menschen abgenommen werden.

Aber wenn wir so sündigen, daß wir innerhalb unseres Bewußtseins sündigen, da wird fremde Hilfe unwirksam. Und weil die Weltenordnung weise ist, wird sie uns in diesem Falle die Hilfe auch gar nicht angedeihen lassen. Es ist das gerade so, als wenn, in dem eben angeführten Beispiel, der Kaufmann, der vor dem Ruin steht und uns um ein Darlehen bittet, unwürdig dieses Beistandes ist; denn dann wäre es unklug, wenn wir ihm helfen wollten. So ist es auch im Weltengange; da wo es unweise wäre, uns zu helfen, da wird uns nicht geholfen.

«Sünde wider den Geist» ist Sünde, die wir im Astralleib begehen, wo wir ein Bewußtsein davon haben.

ACHTER VORTRAG

Kassel, 23. Juni 1907

Heute will ich Ihnen noch einige Ergänzungen geben zur Frage der Wiederverkörperung und des Karma. Und dann möchte ich zu der Besprechung der Entwickelung unserer Erde selbst übergehen, weil wir erst durch eine solche Betrachtung genau begreifen werden die wahre Natur des Menschen, so wie diese uns entgegentritt im Zusammenhang mit den Weltenverhältnissen. Zum Abschluß bringen will ich diesen Vortragszyklus dadurch, daß wir zusammen betrachten, wie der Mensch sich entwickelt, wenn das Ziel seines Strebens die Anschauung der höheren Welten ist. Um in die geistigen Welten einzudringen, werden wir also zu betrachten haben: erstens die vorchristliche Schulung, zweitens die christliche Schulung, drittens die Rosenkreuzerschulung.

Was noch zu sagen ist über die Wiederverkörperung, sollte für ein besonderes Kapitel aufgespart werden, weil es für Anfänger am schwierigsten zu begreifen ist. Was wir zu besprechen haben, bezieht sich zunächst auf die Zeit, die zwischen zwei Verkörperungen liegt. Es ist ja das schon an und für sich eine Frage, die das materialistische Denken unserer Zeit schockiert.

Die eine Wissensquelle, die dem Geistesforscher zu Gebote steht, kann ja derjenige, der noch nicht das geistige Schauen hat, nicht nachprüfen: das ist das Erlebnis. Wer aber die Schulung, die wir noch zu besprechen haben werden, auf sich anwendet, ist wohl imstande zu erforschen, wann die Mehrzahl der gegenwärtig lebenden Menschen zuletzt in ihrer vorigen Verkörperung hier auf der Erde war. Dann werde ich noch die Mittel zu besprechen haben, welche in der chaldäischen, in der pythagoreischen und in allen Geheimschulen der vorchristlichen Zeit üblich waren, um den Menschen den Eintritt in die geistige Welt zu ermöglichen.

Alle, die hineinschauen können in die Verhältnisse der geistigen Welten, die also den Menschen zurückzuverfolgen vermögen in seine vorherigen Verkörperungen, werden die Mehrzahl aller jetzt lebenden Menschenseelen in der ersten Zeit nach Christi Geburt bis in das 8. und

9. Jahrhundert entdecken. Das sind aber alles Durchschnittsverhältnisse; ebenso kann die Zeit zwischen zwei Verkörperungen auch kürzer oder länger dauern.

Mit der Tatsache, die ich eben erwähnt habe, hängt eine andere zusammen, die in unserer Zeit besonders stark hervorgetreten ist. Es ist die Tatsache, daß gerade in unserer Gegenwart so ungewöhnlich radikale Denker leben, welche die Gleichheit fordern. Es ist dies nichts anderes als die auf das materielle Gebiet übertragene Ausprägung der Gleichheitsforderung in den ersten christlichen Jahrhunderten, die da hieß: Gleichheit vor Gott und Gleichheit vor den weltlichen Mächten.

Nun sind viele von denjenigen Menschen, die in den ersten christlichen Jahrhunderten diese Gleichheitsforderungen aufgestellt haben und die damals mit diesen nichterfüllten Forderungen durch die Pforte des Todes gegangen sind, die also alle diese Sehnsuchten nach Gleichheit vor Gott und den weltlichen Mächten in ihrer Seele mitgenommen haben in die geistige Welt, gerade jetzt wiederverkörpert, und sie bringen ganz selbstverständlich ihre Einstellung zu diesen Forderungen – nun aber in metamorphosierter Form, der heutigen materialistischen Weltanschauung entsprechend – wieder mit. Die jetzt Wiederverkörperten übersehen also den ganz materialistischen Einschlag, den diese Forderung in unserer Zeit erhalten hat. Es ist nicht richtig, wenn man glaubt, oder behaupten würde, der heutige Freiheitssinn stamme vom Christentum her.

Diese Umsetzung der Forderung einer Gleichheit vor Gott und den weltlichen Mächten in die heutige Forderung der Gleichheit in allen irdischen Verhältnissen kann einzig und allein in das richtige Fahrwasser gebracht werden durch das Überschauen des wahren Zusammenhangs, wie er uns durch die theosophische Weltanschauung ermöglicht wird. Wer aber den wahren Zusammenhang überschaut und zugleich hinsieht auf das, was als materialistische Weltanschauung heute die Menschen beherrscht, der sieht ohne weiteres ein, daß die Gleichheitsforderung in der Form, wie sie heute von den radikalen Denkern der Gegenwart aufgestellt wird, etwas ist, was ganz naturgemäß einmal auftreten mußte. Aber ebenso wahr ist es, daß sich die Menschen von nun an wieder erheben müssen aus dem Materialismus zum Spiritualismus. Nur dann wird erst wieder eine Gesundung der sozialen Verhältnisse eintreten können. Es gibt kein anderes Heilmittel dafür, als eben die Geisteswissenschaft selbst.

In Heft 30, 32, 34 der Zeitschrift «Lucifer-Gnosis» ist diese Frage genauer besprochen. Es wird da gezeigt, wie alle andern Mittel, die von noch so hochstehender Seite zur Lösung der sozialen Frage angepriesen werden, leiden unter dem Dilettantismus, weil eben die heutigen Menschen nichts wissen von den höheren Welten. Würden die heutigen sozialen Denker sich nur ein wenig inspirieren lassen von der Theosophie, dann würden sie erst wirklich wirksame Mittel finden, dieser Frage näherzutreten.

Ebenso wahr, wie daß die Menschheit heruntersteigen mußte aus einer spirituellen Vergangenheit in den Materialismus, so wahr ist es, daß sie wieder hinaufsteigen muß zum Spirituellen. Erst aus dieser spirituellen Weltanschauung wird dasjenige kommen, was Harmonie, Frieden und Liebe gibt. So wird auch hier wieder die Theosophie im eminentesten Sinne praktisch sein.

Nun werde ich zu zeigen haben, wie die mit Hilfe der hellseherischen Beobachtung gewonnene Anschauung über den Entwickelungsgang der Menschheit uns zurückführt zu den Ereignissen, die zwischen Tod und Wiedergeburt liegen.

Ich habe schon gesagt, daß der Mensch nicht umsonst immer wieder und wieder auf dieser physischen Erde erscheint. Wir haben ja den Grund darin gefunden, daß er bei jeder neuen Inkarnation ganz neue Verhältnisse auf der Erde antrifft, und daß aus jedem neuen physischen Leben immer neue Früchte für die Zukunft gezogen werden, weil sich eben die Erde sowohl in kultureller Beziehung wie auch in bezug auf die rein äußere Natur jedesmal verändert hat. Jedesmal ist das Antlitz der Erde vollkommen anders geworden, wenn sie der Mensch bei einer neuen Inkarnation betritt.

Nun hängt die Umwandlung unserer Erde nach chaldäischer Anschauung zusammen mit dem Verhältnis der Sonne zu den andern Gestirnen. Genaueres darüber finden Sie in manchen Vortragszyklen. Ich kann jetzt nur kurz darauf hinweisen.

Wenn Sie achtgeben würden, wie es am Himmel aussieht, wenn die

Sonne im Frühlingsanfang aufgeht, wenn Sie beobachten würden den Ort, an dem sie aufgeht, was sonst dort für Verhältnisse noch sind in der Gestirnenwelt, dann würden Sie sehen, daß diese Beziehung der Sonne zu den andern Gestirnen in jedem Frühjahr anders ist. Der Frühlingspunkt rückt jährlich weiter, so daß in zirka 26000 – 25920 – Jahren dieser Frühlingspunkt an demselben Punkt wieder ankommt, wo er vor 26000 Jahren war – ein Kreislauf. Das ist aber nur scheinbar der Fall: in Wirklichkeit ist es kein Kreis, der da von der Sonne beschrieben wird, sondern eine Spirale. Man bestimmte nun diesen Frühlingspunkt nach dem Sternbild, welches mit diesem Punkt zusammentrifft. Die Sonne beschreibt also einen Kreis um den Himmel, der durch die zwölf Sternbilder bezeichnet wird. Sie rückt jedes Jahr ein Stückchen weiter und geht so durch alle zwölf Sternbilder hindurch innerhalb von 26000 Jahren.

So ging die Sonne etwa 800 vor Christus zuerst auf im Sternbilde des Widders; und da der Durchgang der Sonne durch alle Tierkreiszeichen zirka 26000 Jahre braucht, hat sie zum Durchlaufen eines Zeichens den zwölften Teil, also 2200 Jahre nötig. Und mit dem Vorrücken dieses Frühjahrspunktes hängt wirklich die Veränderung im Antlitz unserer Erde zusammen. Also nach einem solchen Zeitraume von etwa 2200 Jahren hat sich das Antlitz der Erde so weit verändert, daß ganz andere Verhältnisse eingetreten sind; deshalb ist dies auch der Zeitraum, in dem der Mensch durchschnittlich zu einer neuen Verkörperung schreitet. Und so verhält es sich auch nach den Beobachtungen der Geheimwissenschaft. Die alten Völker haben mit dem Aufgehen der Sonne im Frühlingspunkt des Widders immer ein deutliches Gefühl verbunden, das sich so umschreiben läßt: Da sendet uns aus dem Sternbild des Widders heraus die Sonne zum ersten Male wieder die Strahlen, welche die Pflanzen aus der Erde hervorzaubern. – Es ist ihnen, als ob das Sternbild des Widders diese Strahlen brächte, und deshalb wurde diesem Sternbild Verehrung entgegengebracht. Gewisse heilige Gefühle hängen zusammen mit der Namengebung dieser Sternbilder. Der Widder sendet Kräfte der Frühlingssonne; daher sahen die Völker der damaligen Zeit im Lamme ein Symbol für diese Kräfte der Wiederbelebung der Natur und Menschenseele. Daran knüpfen sich manche Sagen, so zum

Beispiel die von Jason, der das Goldene Vlies holt, das etwas ungeheuer Kostbares für die Menschheit bedeutet. Diese Verehrung des Widders, beziehungsweise des Lammes, beherrscht viele Jahrhunderte und wird vom Christentum übernommen. Deshalb war ursprünglich beim Kruzifix an Stelle des Christus am Kreuz ein Lamm zu sehen. Und deshalb nannte man Christus «das Lamm Gottes».

Wenn dem so ist, so müßte also, da erst seit dem 8. Jahrhundert vor Christo die Frühjahrssonne im Zeichen des Widders aufgegangen ist, vorher eine andere Verehrung dagewesen sein; vorher hat die Frühlingssonne ihren Aufgangspunkt vom Sternbild des Stieres genommen. Und tatsächlich wurde vor dem 8. Jahrhundert vor Christi Geburt an Stelle des Lammes der Stier verehrt. Diese Verehrung liegt dem Tempeldienst des Apis in Ägypten zugrunde und dem persischen Mithrasdienst. Noch etwa 2200 Jahre früher ging die Sonne durch das Sternbild der Zwillinge, und auch dies Symbol hat eine Rolle gespielt in jenen uralten Kulturen, die vorangingen. Die uralte persische Religion geht in Ormuzd und Ahriman auf diesen Kult zurück.

So sehen wir, wie die alten Völker wichtige Vorstellungen mit diesem Durchgang der Sonne durch die einzelnen Sternbilder verknüpft haben. Und dies hängt dann auch wieder zusammen mit der Wiederverkörperung des Menschen zu einer bestimmten Zeitepoche, nach Ablauf von durchschnittlich etwa 2200 Jahren. Weil es aber einen großen Unterschied macht, ob der Mensch auf dieser Erde in einer solchen Epoche als Mann oder Frau verkörpert wird, so wird die Berechnung der einzelnen Inkarnationen etwas komplizierter. Die Erlebnisse, die der Mensch in einer Verkörperung als Mann oder als Frau hat, sind so verschieden, daß er sich zweimal während einer solchen Epoche verkörpern muß, einmal als Mann und einmal als Frau; so daß also auf den ungefähren Zeitraum von zwei Jahrtausenden zwei Verkörperungen erfolgen, in Wirklichkeit also nur 1100 bis 1200 Jahre zwischen zwei Verkörperungen liegen. Deshalb ist es auch im Durchschnitt richtig, daß eine männliche und eine weibliche Inkarnation abwechseln. Ausnahmsweise aber können auch einmal hintereinander mehrere Inkarnationen im selben Geschlechte folgen – die größte Zahl, die beobachtet worden ist, war sieben –; dann aber wechselt das Geschlecht. Das sind jedoch Ausnahmen; in der Regel wechseln die Geschlechter in den aufeinanderfolgenden Inkarnationen ab.

Das ist es also, was über die Zeit, die zwischen zwei Verkörperungen liegt, zu sagen wäre. Sie ist aber außerdem noch von manchem andern abhängig, und nicht allein vom Menschen selber. So kann zum Beispiel der Fall eintreten, daß eine bestimmte Individualität gerade für die Verhältnisse auf der Erde in einem besonderen Zeitpunkt paßt, um eine bestimmte Aufgabe zu erfüllen. In diesem Falle kann sie sehr wohl von den höheren Mächten in die Verkörperung hineingezogen werden, ehe die normale Zeit um ist; sie wird heruntergeholt, weil sie eben ihrer ganzen Veranlagung nach gerade geeignet ist, eine bestimmte Mission zu erfüllen. Namentlich gehören hierher die großen Führer der Menschheit. Nur gleicht sich das aus im ganzen Verlaufe des Menschenlebens, so daß dann später ein um so längeres Leben im Devachan folgt.

Das andere, was noch zu sagen wäre, ist, daß es eine Art Gegenstück gibt zu jenem Erlebnis, von dem ich gesagt habe, es fände unmittelbar nach dem Tode statt, wo der Mensch auf sein verflossenes Leben wie auf ein Tableau zurückschaut. Dies Gegenstück ist eine Art Vorschau auf das folgende Erdenleben.

Vergegenwärtigen wir uns erst noch einmal, wie im Augenblick des Todes die Rückschau zustande kommt. Sie wissen ja, daß der Ätherleib die beiden Hauptaufgaben hat, einmal alle Lebensfunktionen des physischen Körpers anzuregen, das heißt, die Substanz des physischen Körpers dauernd vor dem Zerfall zu schützen und den Aufbau dieser Substanz zu regeln; dann aber bildet der Ätherleib den Sitz des Gedächtnisses. Wenn nun der Ätherleib im Augenblick des Todes den physischen Leib verläßt, ist er somit dieser ersten Hauptaufgabe enthoben, und in demselben Augenblick tritt die zweite Eigenschaft besonders stark hervor, nämlich das Gedächtnis an alles, was der Mensch in seinem verflossenen Leben erfahren hatte. Und das ist eben das Lebenstableau. In diesem Augenblick besteht also die Wesenheit des Menschen nur aus Ätherleib, Astralleib und Ich.

Beim Eintritt in eine neue Verkörperung ist es nun so: Das Ich steigt aus der geistigen Welt herab, mit allen bis dahin erworbenen unvergänglichen Extrakten sowohl des Ätherischen als des Astralen. Zunächst zieht es naturgemäß alle astralen Qualitäten zu seinem neuen Astralleibe zusammen, die seiner bisherigen Entwickelung entsprechen, und dann erst in derselben Weise die ätherischen Qualitäten. Alles das spielt sich ab in den ersten Tagen nach der Empfängnis, und erst vom achtzehnten bis zwanzigsten Tag darnach arbeitet der neue Ätherleib selbständig an der Entwickelung des physischen Menschenkeimes, während vorher der Ätherleib der Mutter das vollzieht, was später vom Ätherleib zu besorgen ist. Erst mit diesem achtzehnten bis zwanzigsten Tag nach der Empfängnis nimmt sozusagen die Individualität, die sich da verkörpern will und die bis dahin ihr Ich mit einem neuen Astralleib und Ätherleib umkleidet hat, Besitz von dem bis dahin von der Mutter gebildeten physischen Leibe.

In dem Augenblick, ehe diese Besitzergreifung erfolgt, besteht also die menschliche Wesenheit genau aus denselben Wesensgliedern wie in dem Augenblick des Todes; im letzteren Falle hat sie gerade den physischen Leib in jenem Augenblick abgeworfen, im ersteren Falle den physischen Leib noch nicht aufgenommen. Daraus wird Ihnen leicht verständlich sein, wie im Moment, da der Mensch seinen neuen physischen Leib betritt, etwas Analoges zu dem Moment auftritt, wo er diesen ablegt. In diesem Augenblick hat der Mensch dann eine Art Vorschau über sein kommendes Leben, so wie er im Augenblick des Todes eine Rückschau auf das verflossene Leben hatte. Diese Vorschau aber vergißt der Mensch, weil die Konstitution seines physischen Leibes noch nicht geeignet ist, diese Vorschau gedächtnismäßig zu behalten.

In diesem Augenblicke nun kann der Mensch sehen: So sind die Familien-, so sind die Landes-, so die Orts- und die Schicksalsverhältnisse, in die ich da hineingeboren werde. – Und da kommt zuweilen die Tatsache vor, daß der Mensch, wenn er in diesem Moment der Vorschau erfahren hat, daß ihm Schlimmes bevorsteht, einen Schock bekommt, einen Schreck über das ihm bevorstehende Leben, und daß sich dann der Ätherleib nicht ordentlich vereinigt mit dem physischen Leib, nicht in ihn hinein will. Und dann treten im Leben die Folgen eines solchen Schreckens – dieses Nichtwollen des Ätherleibes, ordentlich in das Physische hineinzugehen – einem entgegen in der Form von Idiotie. Der geistig Schauende kann bei solchen Menschen den Ätherleib hinausragen sehen über den physischen Kopf. Und durch dieses Nichteingegliedertsein des Ätherleibes bleibt das Gehirn in seiner Entwickelung zurück, weil der Ätherleib nicht ordnungsgemäß am Gehirn arbeitet. Viele Fälle der heutigen Idiotie sind derartig veranlaßte Fälle.

Und daß gerade die heutige Zeit ganz besonders leicht Fälle dieser Art zeitigt, ist ja sehr begreiflich, wenn man bedenkt, daß die Mehrzahl der heute wiederverkörperten Menschen ihre vorige Inkarnation durchgemacht haben etwa im 9. bis 11. Jahrhundert nach Christo. Man kann nun, wenn man eine Art physischer Behandlung anwendet, den Ätherleib so beeinflussen, daß er sich nach und nach in den physischen Leib hineinschiebt, und man kann dadurch die Verhältnisse bessern. Das ist aber nur einem Menschen möglich, der den Tatbestand in seiner geistigen Ursache durchschauen und in der richtigen Weise dann eingreifen kann.

Aus den vorangegangenen Betrachtungen wissen wir nun, daß der Mensch seiner Gesamtheit nach zusammengesetzt ist aus dem physischen Leibe, aus dem Ätherleibe, dem Astralleibe und dem Ich. Alle diese Glieder sind nicht bloß so ineinandergeschachtelt, sondern sie durchdringen sich alle und wirken aufeinander ein. So wirken alle auch auf den physischen Leib und arbeiten an diesem so mit, daß er sich in einer solchen Weise entwickeln kann, wie er sich zu entwickeln hat. Wenn Sie einen Menschen vor sich haben, so sehen Sie, wenn Sie eben noch nicht Ihre höheren Wahrnehmungsorgane ausgebildet haben, nur den physischen Leib. Aber dieser physische Leib erscheint Ihnen nur deshalb so, wie er ist, weil eben in ihn hineingegliedert sind Ätherleib, Astralleib und Ich, und weil diese alle in ihrer Weise mitgearbeitet haben an der Ausbildung jenes physischen Leibes. Doch sind die physischen Organe dieses Menschenleibes nicht chaotisch von den drei höheren Gliedern aufgebaut worden, sondern wir können ganz genau unterscheiden, wie sich diese drei höheren Glieder an diesem Aufbau des physischen Leibes beteiligen. Versuchen wir uns ein Bild davon zu machen.

Zunächst haben wir also an diesem physischen Leibe das, was in gewisser Beziehung rein physikalische Organe sind. Das sind diejenigen, welche zu ihrer Grundlage rein physikalische Gesetze haben, also

Augen, Ohren, Kehlkopf und so weiter. Das Auge ist ja gewiß ein lebendiges Organ und erhält sein Leben von dem es durchdringenden und ernährenden Ätherleibe; aber vom rein physikalischen Standpunkte aus betrachtet ist es ein physikalischer Apparat, in dem dieselben Kräfte walten wie in der unorganischen Natur, zum Beispiel im Kristall. Wir können also die Wirkungen des Auges nach rein physikalischen Gesetzen betrachten. Diese Sinnesapparate müssen sich zunächst einmal herausarbeiten aus dem physischen Leibe. Es sind eben jene Organe, die wir im engeren Sinne als aufgebaut von physischen Kräften nach physikalischen Gesetzen erkennen. Dann haben wir eine zweite Gruppe von Organen: das sind die Ernährungs-, Wachstums- und Fortpflanzungsorgane, welche in der Drüsentätigkeit gipfeln. An der Bildung dieser Organe ist im wesentlichen der Ätherleib beteiligt. Dann haben wir als dritte Gruppe das Nervensystem, das im besonderen aufgebaut wird durch den Astralleib. Viertens haben wir dasjenige, was im besonderen das rote Blut der höheren Tiere und des Menschen ist: das rote, warme Blut wird vom Ich aufgebaut.

So haben wir also erstens: die eigentlich physikalischen Teile, die Sinnesorgane, allerdings später auch das rein mineralische Knochensystem, das aufgebaut wird vom physischen Leibe selber; zweitens: das Drüsensystem, Fortpflanzungsorgane und so weiter, das wird aufgebaut vom Ätherleib; drittens: das Nervensystem wird aufgebaut vom Astralleib; viertens: das Blutsystem wird aufgebaut vom Ich. Wir werden das noch viel genauer verstehen, wenn wir noch mehr die Entwickelung der Erde selbst betrachten.

Sie müssen sich klar sein, daß das Gesetz von der Wiederverkörperung auf die ganze Welt anwendbar ist und nicht nur auf den Menschen. Ich bin jetzt da und lebe; ich bin die Wiederverkörperung meines früheren Zustandes. Aber nicht nur ich selbst als menschliches Wesen, sondern in gewisser Weise ist es auch so mit allem andern, was den Weltenraum erfüllt, und so unter anderem mit dem Planeten selbst. Ebenso wie wir selbst die Wiederverkörperung früherer Individualitäten sind, so ist auch unter anderem unsere Erde die Wiederverkörperung eines früheren planetarischen Zustandes.

Man kann nun nicht bis ins Unendliche nach vor- und rückwärts diese Wiederverkörperungen unserer Erde verfolgen; weiter als bis zu einer gewissen Verkörperung nach vor- und rückwärts kann selbst der beste Hellseher nicht schauen, da ja auch für ihn noch Grenzen der Erkenntnis bestehen. Es kann der Hellseher bis auf drei Verkörperungen unserer Erde zurückschauen, und ebenso kann er auch noch die drei nachfolgenden überschauen, so daß er, den heutigen Erdenzustand miteingerechnet, sieben Verkörperungen überschaut.

Manchen Menschen, die das zum erstenmal hören, kommt es vielleicht etwas abergläubisch vor, daß der geistig Schauende sozusagen gerade in die Mitte dieser Entwickelung die Erde setzt, und man könnte sagen, das wäre absonderlich eingerichtet. Aber so kann man nur bei oberflächlicher Beurteilung sprechen; denn es ist dies ebensowenig absonderlich, als daß ich auf freiem Felde überallhin gleich weit sehe und ich mich selbst im Mittelpunkt des Horizontes befinde. Wir stehen ja auch in der angegebenen Siebenteilung des Menschen mit dem Ich in der Mitte drin: physischer Leib, Ätherleib, Astralleib, *Ich,* Geistselbst, Lebensgeist, Geistesmensch. Das beruht ja auf demselben Gesichtspunkte.

Auch dasjenige, was ich über die planetarische Entwickelung unserer Erde zu sagen habe, wird manchen wundern und ihm merkwürdig vorkommen.

Unsere Erde hat sich also aus einem früheren Planeten entwickelt. Dieser Planet, aus dem unsere Erde hervorgekommen ist, steht nicht mehr am Himmel. Aber ein Stück noch von dem, was einstmals war, ist der jetzige Mond; er stellt dar ein Stück von dem Vorgänger unserer Erde. Wenn Sie also die heutige Erde und den heutigen Mond und alles, was an geistigen Wesenheiten auf ihnen lebt, miteinander mischen würden, dann erhielten Sie ungefähr ein Bild der vorhergehenden Verkörperung der Erde, die der Okkultist Mond nennt. Nun müssen Sie bedenken, daß eine derartige Hypothese lediglich aufgestellt wird, um Ihnen den Vorgang in einer leichter verständlichen Weise begreiflich zu machen, daß sie aber, wie alle Hypothesen, selbstverständlich nicht ganz stimmt. Wenn jemand die heutige Erde und den heutigen Mond zusammenrühren würde, wie man etwa in einer Retorte im chemischen Laboratorium zwei Substanzen vermengt, dann würde in Wirklichkeit noch lange nicht der damalige Mond entstehen. Denn Sie müssen dabei wohl bedenken, daß seit dem Moment, wo sich Erde und Mond voneinander getrennt haben, sich beide Weltenkörper, jeder in seiner Art, seit dieser Zeit weiterentwickelt haben. So hat sich zum Beispiel in diesem Erdenkörper seit Beginn dieser unserer heutigen Erdenentwickelung erst das herausgeformt, was wir die feste Substanz, das Mineralreich nennen. Mineral im heutigen Sinn gab es vor Beginn unserer Erdenentwickelung nicht.

Bei dem Zusammenrühren von Erde und Mond müßte man sich also zugleich alles das wegdenken, was sich in der Folgezeit so entwickelt hat. Die alte Mondmasse hatte noch nichts in sich von mineralischer Substanz. Sie hatte es in ihrer Konsistenz nur bis zum Flüssig-Breiartigen gebracht. Eine solche Hypothese ist, wie gesagt, deshalb aufgestellt, um Menschen, die noch nie etwas von der planetarischen Entwickelung unserer Erde und unseres gesamten Kosmos gehört haben, die Sache einigermaßen begreiflich zu machen. Zu einem tieferen Verständnis dieser Entwickelung gehört noch ungeheuer viel mehr, das aber in einem solchen Einführungszyklus nicht berührt werden kann, das nach und nach durchgenommen wird. Es wird dann immer und immer wieder diese Entwickelung von einem neuen Gesichtspunkt aus vervollständigt und beleuchtet werden.

Ehe die Erde nun diesen alten Mondenzustand durchgemacht hat, war sie in einem solchen, den der Okkultist als «Sonne» bezeichnet. Da hat unsere Erde ähnliche Zustände durchgemacht, wie sie heute noch auf der Sonne vorhanden sind. Und wenn wir da dieselbe Annahme machen wollten, dann würde es noch etwas komplizierter. Wenn Sie nämlich den Zustand sich veranschaulichen wollten, dann müßten Sie Erde, Mond und Sonne verrühren, und dann würden Sie damit einen einzigen Weltenkörper bekommen als den vormaligen Sonnenzustand, aber auch wieder mit derselben Einschränkung wie oben beim Monde. Diese damalige Sonne hat also im weiteren Verlaufe ihrer Entwickelung alle Wesensteile, Kräfte und Substanzen der heutigen Erde und des heutigen Mondes aus sich herausgesetzt, abgestoßen, und ist damit aus einem Planeten ein Fixstern geworden. Unsere Erde wird auch einmal Sonne, wenn sie alle ihre Wesen zu Lichtwesen gemacht haben wird.

Unsere Erde war also vorher Mond, und der war vorher Sonne. Und dann kann der Mensch noch auf einen weiteren Entwickelungszustand zurückblicken, der im Okkultismus mit Saturn bezeichnet wird. So daß wir von den vorhergehenden Entwickelungszuständen unserer Erde zu unterscheiden haben: Saturn-, Sonnen-, Mondenzustand, sowie Erdenzustand, und in Zukunft werden folgen: Jupiter-, Venus-, Vulkanzustand.

Nun könnte ja jemand sagen: Du erzählst uns da, daß die Erde früher einmal Saturn gewesen sei, und es steht doch noch heute der Saturn am Himmel? – Aber der Saturn, der früher unsere Erde war, der hat nichts zu tun mit dem Weltenkörper, der heute als Saturn am Himmel steht. Es soll damit nicht etwa gesagt sein, daß die Wesen, die heute hier auf der Erde sind, früher einmal auf dem Saturn gewesen wären, der da oben am Himmel steht. Der heutige Saturn hat nur insofern etwas zu tun mit dem damaligen Saturnzustand, wie das beim Mond vom Mondenzustand angedeutet worden ist. Was sich da als heutiger Saturn zeigt, das hat nach dieser urfernen Zeit auch wieder seine Weiterentwickelung durchgemacht, und der frühere Saturn verhält sich zu dem heutigen Saturn etwa wie das Baby zum Greis. Der Saturn von heute war auch einmal in einem solchen Zustand wie der frühere Saturn, genau wie der Greis ja auch einmal ein Baby war. Ebenso ist es mit der Sonne und den andern Weltenkörpern. Und wenn heute der Geistesforscher nach dem Jupiter blickt, findet er auf dem Jupiter Zustände und Wesenheiten, wie sie die Erde einst haben wird, wenn sie einmal selbst Jupiter geworden sein wird.

Diese Lehre rührt her von den ältesten Eingeweihten, und immer wieder haben die Eingeweihten ihren Schülern diese Entwickelung eingeschärft.

Nun ist ja unsere Sprache in denjenigen Teilen, in denen sie auf die ältesten Zeiten zurückgeführt werden kann, von Eingeweihten geschaffen. Ich kann das in einem solchen Einführungszyklus nicht ausführlich darlegen, weil uns das zu weit vom Thema ableiten würde. Aber es war eben in alten Zeiten, als die Eingeweihten noch die Sprachbildung bestimmten, die Sprache etwas anderes. Heute zum Beispiel sucht man wohl einen Namen, der vielleicht noch nicht vergeben ist, der aber ohne irgendwelche tiefere Bedeutung ist. Früher dagegen geschah die Namengebung mit einer tiefen Bedeutung aus den inneren Verhältnissen heraus. So wollte man denn eine Art Denkmal aufbauen als Erinnerung an den Entwickelungsgang der Erde durch alle diese Zeiträume und planetarischen Zustände hindurch. Man hat sozusagen eine Zeittafel geschaffen, so daß sich die Menschheit immer erinnern soll an die Zeitphasen. Wenn wir aber diese Tafel verstehen sollen, dann müssen wir noch etwas anderes wissen.

Aus der obigen Skizze ersehen Sie, daß diese Erde vor ihrem Erdendasein ein Saturn-, Sonnen- und Mondendasein durchlaufen hat. Bevor aber die Erde die jetzige Erde geworden ist, das heißt also beim Übergang vom Mondendasein zum heutigen Erdendasein, da stand diese Erde unter dem starken Einfluß eines andern Weltenkörpers, nämlich unter dem Einfluß des Mars. Gerade zu Beginn unserer Erdenentwickelung fand diese sehr wichtige und für die Weiterentwickelung der Erde ungeheuer bedeutungsvolle Beeinflussung von seiten des Mars statt. Nebenbei bemerkt, hat die Erde bei dieser Gelegenheit vom Mars das Eisen erhalten, das vorher nicht in der Substanz der Erde enthalten war. So hat die Erde in ihrer ersten Entwickelung vom Mars einen Einfluß erhalten, und in der zweiten Hälfte, also jetzt, da kam sie unter den stärkeren Einfluß von Merkur. Daher kommt es, daß der Okkultismus die Bezeichnung «Erde» fallen läßt, und daß man die Zustände der Erde im Okkultismus in zwei Hälften einteilt: in die erste, die Marshälfte, und in die zweite, die Merkurhälfte. Dadurch verändert sich das vorige Schema folgendermaßen: Saturnzustand, Sonnenzustand, Mondenzustand, Mars-Merkurzustand, Jupiterzustand, Venuszustand und Vulkanzustand.

Damit wäre der Vulkanzustand der achte, und er spielt in der Entwickelung dieselbe Rolle, wie die Oktave in der Musik. Wie die Oktave sozusagen eine Wiederholung des ersten Tones, nur eben in höherer Lage, darstellt, so auch ist der Vulkanzustand eine Wiederholung des Saturnzustandes, nur in höherer Entfaltung. Der ganze Kosmos hat sich aus dem Geistigen heraus entwickelt, und mit dem Vulkanzustand hat sich wieder alles zum Geist hin entfaltet, nur in höherer und vielfältigerer Entwickelung. Aus der einen Geistigkeit sind unendlich viele Geistmenschen geworden, wie aus dem Samenkorn, das der Landmann in die Erde senkt, im Herbst in der reifen Ähre sich dieselben Körner in Vielfältigkeit entwickeln. Alles Vergängliche ist nur ein Gleichnis.

Alle diese sieben Namen haben die alten Eingeweihten zur Erinnerung an den Entwickelungsgang der Erde einfließen lassen in das monumentale Wahrzeichen, von dem ich eben gesprochen habe, und das uns gegeben ist in den Namen der sieben Wochentage:

Saturntag:	Saturday, Samstag
Sonntag	
Mondtag	
Marstag:	Mardi, Mars, Ziu, Dius, Dienstag
Merkurtag:	Mercredi, Merkur, Wodan, Wednesday
Jupitertag:	Giovedi, Donar, Donnerstag
Venustag:	Vendredi, Venus, Freia, Freitag

Es ist tatsächlich in den Namen der Wochentage ein Monument erhalten für die sieben Stadien unserer Erdenentwickelung. So finden wir in den scheinbaren Alltäglichkeiten Hinweise auf tiefe geistige Zusammenhänge.

Und nun müssen Sie einmal bedenken, daß auch die ganze Menschenentwickelung innigst mit dieser planetarischen zusammenhängt. Ja, die ganze Entwickelung des Menschen ist nur auf Grund der planetarischen zu verstehen. Ein jedes Glied der menschlichen Wesenheit ist innigst verbunden mit einer von diesen planetarischen Entwickelungsphasen der Erde, insofern als während einer jeden dieser Phasen eines der Glieder der menschlichen Wesenheit veranlagt worden ist. So ist der physische Körper veranlagt worden während der Saturnzeit, der Ätherleib während der Sonnenzeit, der Astralleib während der Mondphase, und das Ich hat sich der menschlichen Wesenheit eingegliedert erst während der Erdenphase. Deshalb ist dieser physische Körper auch das bis heute am vollkommensten ausgebildete Glied, während der Ätherleib erst in der dritten Etappe der Entwickelung steht, da er erst auf der alten Sonne veranlagt worden ist, der Astralleib erst in der zweiten Etappe, da er erst während des Mondenzustandes veranlagt worden ist, und das Ich ist das Baby unter den menschlichen Wesensgliedern, denn es ist erst im Beginne seiner Entwickelung während des heutigen Erdenzustandes.

Einen Fingerzeig für das eben Gesagte gibt es ohne weiteres, wenn wir uns einmal die vier Glieder der menschlichen Wesenheit auf ihre Entwickelung hin anschauen.

In den Kinderjahren der Theosophischen Gesellschaft wurde viel gearbeitet mit der Bezeichnung «höhere» und «niedere» Glieder, wobei der physische Leib als das niedrigste Glied bezeichnet wurde; und damit verband sich sehr oft der Begriff der Wertigkeit. Und man war nur allzuoft geneigt, den physischen Leib auch als den minderwertigsten anzusehen, ja, ihn zu verachten. Aber das ist durchaus falsch.

Betrachten Sie einmal genau diesen Wunderbau des physischen Leibes; dann ergibt sich Ihnen ohne weiteres, daß er auf einer ungeheuer hohen Stufe der Vollkommenheit steht, während das zum Beispiel beim Ätherleib durchaus nicht der Fall ist. Wenn Sie den physischen Leib anschauen mit den Augen der Weisheit, dann sehen Sie in jedem Organ dieses physischen Körpers einen Wunderbau, im Herzen, in den Knochen und so weiter. Betrachten Sie nur einmal den weisheitsvollen Bau des Herzens und bedenken Sie, was dies verhältnismäßig doch kleine Organ täglich und stündlich an Arbeit leistet. Halten Sie dem gegenüber die heute noch verhältnismäßig mangelhafte Ausbildung des Astralleibes: wie in diesem Astralleib noch täglich unveredelte Leidenschaften sich regen, wie der Mensch unter anderem noch täglich Sehnsucht nach Genüssen in sich verspürt, deren Befriedigung diesen Wunderbau des Herzens geradezu malträtiert, und doch ist das Herz imstande, alle diese astralen Schädigungen zu paralysieren, ohne entzwei zu gehen, ja oft ohne überhaupt Schaden zu nehmen. Heute also ist der Astralleib noch nicht so weit entwickelt wie der physische Leib; heute ist der physische Leib das vollkommenste Glied. In der Zukunft allerdings wird der Astralleib so weit sein, daß er den physischen Leib überragt. Weniger weit als der physische Leib ist heute der Ätherleib entwickelt, und erst an dritter Stelle steht der Astralleib. Und das jüngste unter den Gliedern der menschlichen Wesenheit ist das Ich; es wird deshalb erst am spätesten seine Vollkommenheit erreichen.

Also alles, was Sie im physischen Leibe als das eigentlich Physische haben, ist das Allerälteste. Unser physischer Leib hat schon eine Entwickelung durchgemacht, bevor ein Ätherleib eingegliedert wurde. Und diese Entwickelung, die der physische Leib nur als physischer Leib durchgemacht hat, das ist die Saturnphase. Da war diese erste Veranlagung dieses physischen Leibes eben nur physikalischer Apparat. Das hat sich dann weiter entwickelt, und erst auf der Sonne ist der Ätherleib in diesen physischen Leib hineingegliedert worden. Dieser Ätherleib hat sozusagen diesen physischen Leib ausgefüllt und ihn in gewisser Beziehung umgewandelt. Während des Mondenzustandes gliedert sich hinzu der Astralleib, und das Ich ist überhaupt erst zu Beginn unseres heutigen Erdenzustandes hinzugekommen. Heute steht der Mensch als viergliedrige Wesenheit da. Während der Mondenzeit bestand er aus physischem, Äther- und Astralleib, während der Sonnenzeit aus physischem und Ätherleib, während der Saturnzeit aus physischem Leib allein. Der physische Leib hat also vier, der Ätherleib drei, der Astralleib zwei und das Ich die erste Entwickelungsphase. Deshalb ist aber auch der physische Leib das vollkommenste Glied, weil eben an ihm am längsten gearbeitet worden ist.

So sehen Sie, wie die einzelnen Glieder der menschlichen Wesenheit zusammenhängen mit der Entwickelung des gesamten planetarischen Systems. Und deshalb werden Sie auch in alten okkulten Büchern die Bezeichnung finden

für physischen Leib:	Saturnleib
für Ätherleib:	Sonnenleib
für Astralleib:	Mondenleib
für das Ich:	Erdenleib, als das eigentliche Erdenglied des Menschen.

Morgen werden wir die Gestaltung und das ganze Leben des Saturn verfolgen, und werden dann übergehen zur Sonne und zum Mond. Wir werden dann sehen, wie sich die Menschen immer mehr und mehr vervollkommnen, bis zum heutigen Zustand.

NEUNTER VORTRAG

Kassel, 24. Juni 1907

Wir werden heute, in der Ausführung der gestern über die Planetenentwickelung gegebene Skizze, weitere Betrachtungen anstellen. Gesagt wurde, daß unsere Erde vorher einen Saturn-, Sonnen- und Mondenzustand durchgemacht hat. Heute möchte ich Ihnen, so wie es im Okkultismus üblich ist, diese aufeinanderfolgenden Zustände beschreiben. Sie werden dann, wenn wir über die Entwickelung der Seele auf dem Erkenntnispfad sprechen, von manchem, was heute hypothetisch hingestellt wird, sehen, wie es gemeint ist. Wenn wir nun ohne weiteres eingehen auf den Saturnzustand, also jenen Millionen und Millionen Jahre vor unserer Zeit liegenden Zustand unserer Erde, so nimmt sich dieser ganz anders aus, als nach unseren heutigen physikalischen Verhältnissen angenommen wird. Vor allem müssen wir uns klar sein, daß das vollkommenste Wesen, das wir kennen, der Mensch selbst, die längste Reihe der Entwickelung hinter sich hat. Sie werden also eine Entwickelungsgeschichte hören, von der man sagen könnte, sie weicht sehr weit ab von der Haeckel-Darwinschen Entwickelungsgeschichte. Die Vorzüge vor dieser rein materialistischen Theorie werden Sie ja in meinem Buche ersehen.

Zunächst handelt es sich darum, zu verstehen, daß das Vollkommenste die längste Entwickelung hinter sich hat. Das vollkommenste Wesen ist nun der Mensch, und zunächst der physische Menschenleib. Alle Wesen, die sonst um uns herum sind, sind unvollkommener als der physische Menschenleib, der die längste Zeit brauchte, um sich zu entwickeln. Daher finden wir, wenn wir geistig schauend zurückblicken, die ersten Anlagen dazu schon im Saturnzustand vorhanden. Der ganze Weltenraum mit allen Wesen und Dingen, die darinnen waren, haben auf den ersten Zustand der Erde gewirkt. Sie haben noch alle die Organe in sich, die damals gebildet worden sind als das Vollkommenste unseres physischen Körpers; das sind die Sinnesorgane, die Apparate, die man rein physikalisch begreifen kann, die zunächst damals in der Anlage entstanden sind. Zwar dürfen Sie sich nicht vorstellen, daß das

Auge schon damals so vorhanden war, wie es heute ist. Aber die erste Anlage zum Auge, zum Ohr, zu allen Sinnesorganen und zu allen sonst rein physikalischen Apparaten am Menschen ist auf dem Saturn entstanden. Nur jene Wirkungen gab es auf dem Saturn, die heute noch in dem Mineralreich herauskommen. Der Mensch war damals in der ersten Anlage seines physischen Leibes vorhanden; alles andere, Blut, Gewebe und so weiter war nicht da. Als physikalische Apparate waren die ersten Anlagen zum Menschenleib vorhanden. Wie der Smaragd, Glimmer und so weiter durch physikalische Gesetze entstehen und sich ausbilden als Würfel, Hexaeder und so weiter, so bildeten sich apparatartige Gestalten aus, die so auf dem Saturnkörper vorhanden waren wie heute die Kristalle im Erdkörper. Und die Wirkungsweise der Saturnoberfläche war wesentlich die einer Art Spiegelung in den Weltenraum hinein. Die Wesen, die den Saturn umgaben, die im Weltenraum zerstreut sind, warfen ihre Wirkungen hinunter. Namentlich war damals auch stark ausgebildet, was man das Weltenaroma nennt. Ein Gefühl für das, was damals auf dem Saturn geschah, können Sie heute nur noch bei einigen Erscheinungen bekommen: wenn Sie in der Natur draußen ein Echo hören, würden Sie in dem Ton des Echos etwas haben, was auf dem Saturn hinausgeströmt wurde von den Eindrücken her, die auf ihn gewirkt hatten. Diese Apparate, die solche Bilder zurückwarfen in den Weltenraum, sind die erste Anlage zu dem, was sich später zum Beispiel als Auge ausgebildet hat. Und so könnten wir alles einzelne verfolgen. Was Sie heute im Leibe tragen, war damals ein physisches Reich des Saturn, das in mannigfaltiger Weise das ganze Weltbild zurückwarf in den Raum.

Mythen und Sagen haben diese Erscheinung viel klarer erhalten, als man ahnt. So hat zum Beispiel die griechische Mythe, die noch entlehnt ist aus den Eleusinischen Mysterien, etwas bewahrt in dem Bilde des Zusammenwirkens von Kronos und Rhea, wobei nur eine große Verschiebung der Tatsachen vorgekommen ist durch die Art, wie damals die Weltenzusammenhänge gedacht waren. Es wird uns da gesagt, daß Kronos seinen Strahl hinunterwirft und er ihm in der mannigfaltigsten Weise wieder zurückkommt; daher jenes Bild: er verschlingt seine Kinder.

Nun müssen Sie sich nicht vorstellen, daß die Saturnmasse so etwas

Festes war wie die heutigen physischen Körper; selbst wenn Sie Wasser oder Luft nähmen, würden Sie noch keine Vorstellung bekommen von der Grundsubstanz des Saturn. Im Okkultismus redet man, wenn man von den Körpern redet, von den festen, den wasserförmigen, den luftförmigen Körpern. Wenn man im alten Stile von Elementen spricht, so entsprechen diese dem, was man heute in der Chemie Aggregatzustände nennt; Sie müssen nicht glauben, daß die Alten mit Elementen dasselbe gemeint haben wie wir. Dann aber gibt es noch einen höheren Aggregatzustand, den man im alten Okkultismus das «Feuer» nannte; man würde den Sinn besser treffen mit «Wärme». Auch die Physik wird gedrängt werden, anzuerkennen, daß das, was man Wärme nennt, sich wirklich vergleichen läßt mit einer Art vierten Aggregatzustands, einer andern Art Materie als Luft und Wasser. Also noch nicht einmal zur Luft verdichtet war die Saturnmasse; sie war geläuterte Wärme. Sie wirkte ähnlich wie heute die Wärme in Ihrem Blute wirkt, und sie war verknüpft mit inneren Lebensvorgängen, denn diese physikalischen Vorgänge waren wirkliche Lebensvorgänge. Aus Wärmestoff bestand der Saturn, eine ungeheuer feine Masse, die in bezug auf unsere Stoffe neutral genannt werden könnte.

Wenn wir nun die Wesen betrachten wollen, die den Saturn bewohnten, müssen wir uns erstens klar sein, daß das, was heute auf der Erde herumwandelt, dort selbst die erste Anlage zum physischen Leibe war; ein Ich oder Astralleib war nicht darinnen. Andere Wesen aber, die heute viel höher sind als der Mensch, belebten den Saturn, nur gingen sie dort auch nicht in physischen Leibern herum: sie waren im Wärmestoff verkörpert, und sie wirkten wie ein Wärmestrom, der sich dahinbewegte. Solche Wärmeströmungen bildeten die Taten der Wesen, die den Saturn belebten. Wie Sie heute einen Tisch formen, so taten diese Wesen ihre Arbeit, indem sie Wärmeströmungen verursachten. Sonst war nichts von ihnen zu bemerken. Wie wenn sich zwei Wärmeströmungen hin und her bewegten und sich gegenseitig austauschten, so begrüßte man sich sozusagen auf dem Saturn. Die Wesen, die auf dem Saturn ihre Menschheitsstufe durchmachten, hatten nicht einen physischen Leib als ihr niederstes Glied; sie stiegen nicht so weit in die Materie hinab, daß sie einen physischen Leib nötig gehabt hätten. Ihr niederstes Glied war das Ich, wie Sie heute als niederstes Glied den physischen Leib haben; dann kam ihr Geistselbst oder Manas, ihr Lebensgeist oder Buddhi, der Geistesmensch oder Atma. Aber dafür hatten sie noch ein achtes, neuntes und zehntes Glied entwickelt, die wir also bei ihnen mit aufzählen müssen.

Die theosophische Literatur nennt diese Glieder, die der Mensch heute noch nicht entwickelt, die «drei Logoi»; im Christentum heißen sie: der Heilige Geist, der Sohn oder das Wort, und der Vater. Also kann man sagen: Wie der Mensch heute aus physischem Leib, Äther-, Astralleib und Ich, Geistselbst, Lebensgeist und Geistesmensch besteht, so bestanden diese Wesen, die den Saturn bewohnten, die wir mit dem heutigen Erdenmenschen in seinem Verhältnis zur Erde vergleichen können, aus dem Ich, Geistselbst, Lebensgeist, Geistesmensch, dem Heiligen Geist, dem Wort oder dem Sohn, und dem Vater. Die theosophische Sprache nennt sie «Asuras». Sie sind diejenigen, die von Anfang an dieser physischen Anlage des Menschenleibes eingepflanzt haben die Selbständigkeit, das Ich-Bewußtsein und Ich-Gefühl. Sie könnten Ihr Auge gar nicht im Dienste des Ich verwenden, wenn Ihre Anlage damals nicht schon so vorbereitet worden wäre, daß Sie sie in den Dienst des Ich stellen konnten. So sind diese Glieder vorbereitet worden durch die Geister des Ich – auch die Geister des Egoismus genannt. Sie haben uns gegeben, was das Weiseste ist, wenn es richtig ausgebildet wird. Aber alles Höchste wird in sein Gegenteil verkehrt, wirkt am schädlichsten und verderblichsten, wenn es nicht richtig ausgebildet wird. Niemals könnte der Mensch jene hohe Stufe erreichen, die wir als die selbständige Menschenwürde bezeichnen, wenn nicht diese Geister ihm das Ich-Gefühl eingepflanzt hätten. Immer hat es auch Wesen gegeben, welche die böse Bahn eingeschlagen haben. Daher muß gesagt werden: Diese Wesenheiten, welche die Einpflanzer der Ichheit waren, die heute weit über den Menschen erhaben sind, zu denen wir aufschauen als zu den erhabensten, die es geben kann, sie haben die Ichheit in den Dienst der Selbstverleugnung, des Opfers gestellt; die andern haben ihre Ichheit selbstsüchtig weiterverfolgt.

Wir tragen in uns die Wirkungen jener Geister des Ich, die den guten Weg eingeschlagen haben, in dem Streben nach Freiheit und Menschenwürde, und wir tragen den Keim des Bösen in uns, weil fortgewirkt haben die damals abgefallenen Wesenheiten. Diesen Gegensatz hat man immer empfunden. Das Christentum selbst unterscheidet zwischen dem Vatergott, den das Christentum ansieht als den höchstgestiegenen Geist des Saturn, und seinem Widersacher, dem Geist aller bösen Iche und alles radikal Unmoralischen, der damals auf dem Saturn abgefallen ist. Das sind die beiden Repräsentanten des Saturn.

Geradeso wie Sie nach dem Tode andere Daseinsformen antreffen, so geht ein solcher Weltenkörper, bevor er in einen neuen Zustand hineinkommt, eine Art Zwischenzustand, eine Art Schlafzustand durch, ein Pralaya, im Gegensatze zu einem Manvantara, so daß zwischen dem Saturn und dem Sonnenzustand eine Art Ruhe, Latenz des Planeten liegt. Dann tritt aus diesem Schlafzustand, der aber ein geistiger Zustand ist und nicht etwa ein Ruhezustand, der ganze Planet in einer neuen Form wieder heraus. Der Saturn kam also als Sonne wieder heraus. Eine beträchtliche Veränderung vollzog sich nun. Eine große Anzahl derjenigen Anlagen, welche sich schon auf dem Saturn entwickelt haben und die heute in uns im Heranwachsen sind, wurden jetzt auf der Sonne von einem Ätherleib durchdrungen. Bei einem solchen Planetenübergang geschieht etwas, was man damit vergleichen kann, daß man von einer Pflanze die Frucht nimmt und sie in den Boden legt: sie verfault, aber es bildet sich die Anlage zu einer neuen Pflanze aus. So ging alles, was auf dem Saturn sich herausgebildet hatte, als Neuanlage auf der Sonne auf und durchdrang sich mit einem Ätherleib. Nicht alles – einiges blieb zurück in der Weise, daß, was früher Anlage zu dem Menschenleib war, sich gespalten hat in zwei Reiche. Ein Teil ist aufgestiegen zu einer Art von Pflanzenmenschen; wie die Pflanze heute ihren Äther- und physischen Leib hat, so hatten die damaligen Sonnenmenschen einen physischen und Ätherleib. Und auf der mineralisch-physischen Stufe sind zurückgeblieben andere Wesenheiten, die sich vergleichen ließen mit dem heutigen Mineralreich. Dieses schloß die Sonne als ein untergeordnetes Naturreich in sich ein, und ein anderes hatte sie als ein Pflanzen-Menschenreich hinaufgeschoben. Eine richtige Vorstellung von der Sonnenluft bekommen Sie, wenn Sie sich ein chemisch dichtes Gas vorstellen, das nicht mehr einen bloß spiegelnden

Körper vorstellt, sondern jetzt alles, was es zugestrahlt erhielt, in sich aufgenommen hat und erst nachdem es das in sich verändert hat, wieder zurückwirft, wie es heute mit der Farbe der Pflanze ist. Die Pflanze bildet ihren grünen Farbstoff und anderes aus, und gibt das, was sie ausgebildet hat, wieder an den Weltenraum zurück.

Wir können das, was im Sonnenkörper lebte, nicht mehr vergleichen mit einem Echo oder Spiegelbild wie beim Saturn, sondern eine eigentümliche Erscheinung für die Wesen, die auf der Sonne verkörpert waren, tritt auf, die sich nur vergleichen läßt mit einer Art Fata Morgana, mit Luftspiegelungen, die eine Art farbiger Bilder sind. Solche Erscheinungen, die heute nur in gewissen Gegenden unserer Erdoberfläche wahrzunehmen sind, würden Ihnen versinnlichen können, wie die Pflanzenleiber damals sichtbar geworden sind. Sie müssen sich vorstellen, daß Ihre eigenen Leiber fatamorganartige Vorgänger hatten, durch die ein heutiger Körper einfach hindurchgehen kann. Sie waren so fein wie Luftspiegelungen, aber es war das nicht nur eine Licht-Fata Morgana, sondern zu gleicher Zeit Ton- und Geruchswirkungen, die den Sonnengasball durchschwirrten. Während nun alle Wesenheiten, die auf der Sonne waren, leuchtend waren, wie heute alles, was Fixstern ist, wirkte das alte Saturnreich derjenigen Wesenheiten, die zurückgeblieben waren, wie ein dunkler Einschluß, wie finstere Stellen dem Licht gegenüber, wie dumpfe Höhlen innerhalb des Sonnenleibes, die seine Harmonie störten. Namentlich in bezug auf das Weltenaroma mischten sich von den zurückgebliebenen Wesenheiten Empfindungen ein, die allerlei Mißgerüche verbreiteten. Das hat unsere Mythe behalten, indem sie sagt, daß der Teufel stinkt und einen bösen Geruch zurückläßt. Bei dem Fortschritt der Sonne ist wirklich auch ein dunkler Einschluß zurückgeblieben, und die heutigen Sonnenflecken sind wirklich die Nachzügler des alten Saturnreiches auf der Sonne. Deshalb sind sie aber hypothetisch genau doch so zu erklären, wie es heute geschieht; das gilt alles.

So haben wir das Sonnendasein der Erde sozusagen in einer kleinen Skizze seiner materiellen Seite nach gemalt. Wir wollen nun sehen, welche Wesenheiten dazumal die Stufe der Menschen erstiegen hatten. Diese müßten wir so beschreiben, daß wir sagen: Ihr unterster Leib ist der Astralleib, dann kam ihr Ich, Geistselbst, Lebensgeist, ihr Geistesmensch oder Atma, dann im christlichen Sinne der Heilige Geist und dann der Sohn oder das Wort. Der Vater war etwas, was sie nicht hatten, was nur in der Saturnzeit ausgebildet war. Diese Geister sind inzwischen höher gestiegen und stehen heute weit über dem Menschen. Und der Anführer der Sonnengeister, insofern er auf die Erde den höchsten Einfluß ausgeübt hat, der Repräsentant dieser Geister, die als höchstes den Sohn oder das Wort hatten, ist der Christus im esoterischen Sinne des Christentums, der eigentliche Regent der Erde, insofern die Erde das Sonnendasein zur Voraussetzung hat. Nicht auf der Sonne schon würde man ihn Christus genannt haben. Im alten Christentum wurde das immer so gelehrt, und gerade der Unterschied des wirklichen Christentums von dem vielfach auf Mißverständnissen beruhenden exoterischen Christentum ist der, daß das alte Christentum alles Denken und alle Anschauungen anwenden wollte, um zu begreifen, welches jenes hohe Wesen war, das damals Menschengestalt angenommen hatte in dem Jesus von Nazareth. Was da eigentlich zugrunde lag, darüber wollte das alte Christentum eine Anschauung haben und dafür war ihm keine Weisheit zu hoch und zu umständlich, und so hat es die Wesenheit des Christus in dem Jesus von Nazareth geschildert. Manches Wort des Johannes-Evangeliums kann Ihnen erst verständlich werden, wenn Sie es von diesem Gesichtspunkte aus auffassen. Man braucht nur auf eines hinzuweisen: Wenn Sie den Ausspruch «Ich bin das Licht der Welt» wörtlich nehmen, so liegt darin angedeutet, daß Er der große Sonnenheld ist, daß Er das Licht, das der Sonne angehört, zu seiner Wesenheit hat. Wir nennen das ganze Heer der Geister, deren Anführer der Christus ist, die «Feuergeister», und wir sagen: Auf der Menschenstufe standen zur Zeit des Saturn die Asuras oder Ich-Geister, während des Sonnendaseins die Feuergeister oder die Logoi, deren höchsten Repräsentanten man als Logos oder Wort bezeichnet. Daher wird der Christus selbst als das «Wort» bezeichnet, das am Anfang, im Urbeginne war; «Urbeginn» bezeichnet in der Bibel einen ganz bestimmten Ausgangspunkt in der kosmischen Entwickelung.

Wiederum kommt ein Zwischenzustand, eine Art Schlafzustand des ganzen Weltenkörpers, dann leuchtet er auf als alter Mond. Sie müssen sich denken, daß im Anfang durchaus die heutige Erde und der heutige Mond mit der Sonne einen Körper bildeten. Erst als die Sonne neu aufleuchtete, schnürte sich ein Teil der Wesenheiten mit einem Teil der Umgebung ab, so daß zwei Weltenkörper entstanden. Der eine, die Sonne, fängt an, Fixstern zu werden und wird umkreist von dem, was sich abgespalten hat. Es teilte sich also die alte Sonne in zwei Glieder; höher gearbeitetes Stoffliches blieb auf der Sonne zurück, und das weniger Vollkommene wurde ausgeschieden, so daß, was früher einen Weg ging, weil nur ein Körper da war, nun zwei Wege ging: den Sonnenweg und den Mondenweg. Der Sonnenweg war derjenige, der sich da auf dem Sonnenkörper ausbildete; der Mond bildete seine eigene Welt aus. Den alten Mond würden Sie bekommen, wenn Sie die heutige Erde mit dem Mond zusammenrühren würden; daraus können Sie sich schon einen Schluß bilden auf die Art der Beschaffenheit des Mondes. Der heutige Mond ist in seiner ganzen Qualität physisch und geistig weit unter der Erde stehend, und die Erde trennte sich gerade deshalb vom Mond, um für ihre Wesen bessere Daseinsbedingungen zu haben. Die Erde hat sich schon wieder weiter gebildet als sie dazumal war in ihrem Mondenzustand. Das Beste blieb ja auf der Sonne zurück.

Wie sah es nun auf dem Mond aus? Diejenigen Wesen, welche auf dem Saturn sich vorbereitet hatten durch die physische Anlage der Sinnesorgane, hatten diese auf der Sonne so umgestaltet, daß ihnen ein Ätherleib eingegliedert worden war; dadurch hatten sich die Sinnesorgane zentralisiert, und die erste Anlage zu allen Wachstumsorganen bis zu den Drüsen hin hatte sich auf der alten Sonne unter dem Einfluß des Ätherleibes ausbilden können. Es war das ein letztes Produkt des Sonnenzustandes. – Auf dem Mond wurde in ähnlicher Weise der Astralleib eingegliedert. Alles Astrale war ja zuerst in der Umgebung vorhanden – die Feuergeister hatten den Astralleib als das unterste Glied ausgebildet; daher bildeten diese Wesen wirklich eine Art Pflanzen; sie hatten zum Beispiel einen festen Standort. Obwohl der ganze Sonnenkörper gasig war, müssen Sie sich da dichtere Luftschichten denken, die für die Menschenpflanzen Leiber waren. Nun gliederte sich der Astralleib des Menschen ein: dadurch entstand die erste Anlage zu einem Nervensystem. Das Reich, das sich durch den Pflanzenzustand der Sonne hinaufentwickelt hatte, ging über in ein Tierartiges. So hatten die physischen Menschenvorfahren des Mondes die drei Leiber: physischen Leib, Ätherleib und Astralleib, aber sie waren um gut einen Grad höher als die heutigen höchsten Affen; es waren Menschentiere, die Ihnen keine Biologie mehr nachweisen kann, ein Zwischenreich zwischen Mensch und Tier. Unser heutiges Pflanzen-, Tier- und Mineralreich hat sich überhaupt erst später ausgebildet. Aber wie es Menschentiere gegeben hat, so müssen wir auch ein Zwischenreich zwischen Pflanze und Tier annehmen: Pflanzen, die eine halbe Empfindungsfähigkeit hatten, die tatsächlich gequietscht haben, wenn man sie angerührt hat. Diese Pflanzentiere hätten niemals auf einem solchen mineralischen Boden wachsen können, wie der heutige Boden der Erde ist; den gab es aber auch nicht. Der Mond bestand seiner Masse nach nicht aus dem heutigen Mineral, auch nicht einmal so etwas wie Ackererde war vorhanden. Der Mondgrund bestand, wenn man vergleichsweise spricht, aus so etwas, wie wenn man Salat oder Spinat kochen und einen Brei davon machen würde; darin war eine Art Mineralpflanze, und so war der ganze Mondgrund ein pflanzliches Wesen. Wenn Sie heute an Torfmoor denken, so gleicht es dem, was damals ein natürliches Reich zwischen unseren Pflanzen und Mineralien war. Felsen gab es auch nicht; wer über die Erde gewandelt wäre, würde über solchen Torfmoor- oder Pflanzenboden gegangen sein, und für die Felsen können Sie sich als Analoges verholzte Einlagen denken. Aus diesem ganzen Grunde heraus wuchsen die Pflanzentiere, und darüber bewegten sich dann diejenigen Wesenheiten, die Menschentiere waren, in dem Umkreis des Mondes, den man mit «Feuerluft» bezeichnet. Denken Sie sich die ganze Luft ausgefüllt mit Salpeter-, Kohlen- und Schwefelsäuredämpfen; in dieser feurigen Luft, die Sie so bekommen würden, lebten die Mondenmenschen. Der Okkultist kannte immer diese Feuerluft; und unter den alten Erdverhältnissen gab es sogar die Möglichkeit, chemisch solche Feuerluft herzustellen, was heute nur in ganz kleinem Kreise geschehen kann. Das Wissen davon hat sich die echte Alchimie bewahrt. Wenn Sie daher im «Faust» lesen: «ich will ein wenig Feuerluft machen», so ist das ein Anklang an die Tiefen des Okkultismus. Feuerluft umhüllte den Mond, das war seine Atmosphäre.

Dieses Monddasein werden wir vielleicht noch besser verstehen, wenn wir noch etwas hinzu erwähnen. Ein Reich von Pflanzenmineralien hatten wir, von Tierpflanzen, die aus dem Pflanzenmineralboden herauswuchsen, und dann Tiermenschen, die sich darauf herumbewegten. Auf jeder Stufe gibt es aber nun solche Wesen, die zurückbleiben; nennen Sie es meinetwegen sitzenbleiben. Nicht nur in der Schule, sondern auch in der großen Entwickelung gibt es so etwas wie ein Sitzenbleiben, wo ein Schüler noch einmal dieselbe Klasse durchmachen muß. Solche Sitzengebliebenen erscheinen in ganz merkwürdigen Verhältnissen in den späteren Entwickelungsstadien. Wir haben die sitzengebliebenen Nachzügler der Tierpflanzen in den Parasiten, zum Beispiel in der Mistel. Sie kann deshalb nicht in mineralischem Boden wachsen, weil sie gewohnt war, im Pflanzenmineralboden zu wachsen. Sie ist ein Zeugnis für das, was so etwas wie einen sitzengebliebenen Schüler darstellt; nur geht es den Wesen, die in der Weltentwickelung zurückbleiben, noch viel schlimmer. Das hat wiederum die Mythe gerade in den nördlichen Gegenden zum Ausdruck gebracht. Sie kennen in der nordischen Mythe die Erzählung von Baldur und seinem Tod durch Loki.

Einst trieben die Götter Lustbarkeiten im Asenheim, und sie warfen im Himmel spielend herum mit den verschiedensten Gegenständen. Aber vorher hatte Baldur Träume, die auf seinen baldigen Untergang hindeuteten; deshalb waren die Götter ängstlich, daß sie ihn verlieren könnten. Die Göttermutter hatte darauf allen Wesen Eide abgenommen, daß sie nie Baldur verletzen würden; denn die Götter hatten sich den Spaß gemacht, mit allen möglichen Dingen nach Baldur zu werfen. Loki, welcher der Gegner der Götter war, hatte erfahren, daß *einem* Wesen, das man für unschädlich hielt, dieser Eid nicht abgenommen war, der Mistel, die fern irgendwo verborgen war. Da verschaffte er sich die Mistel und gab sie dem blinden Gotte Hödur, der damit nach Baldur warf; die Mistel verwundete Baldur, da ihr der Eid nicht abgenommen war, und so starb Baldur. – Es soll in dieser Mythe angedeutet werden, daß dasjenige, was auf der Erde unverletzlich ist, durch nichts geschädigt werden kann als allein durch das, was als nun Schlechtes von einem andern Dasein zurückgeblieben ist. In der Mistel wurde etwas empfunden, was aus einem früheren Dasein in das jetzige hereingebracht worden ist. Alle die Wesen, die heute auf der Erde sind, haben ein Verhältnis zu Baldur. Auf dem Monde war es anders; daher ist das Wesen, das vom Monde zurückgeblieben ist, fähig, Baldur zu töten. Auch sonst sind die verschiedenen Bräuche, die an die Mistel anknüpfen, daraus entstanden.

Dieses Mondendasein müssen wir noch nach einer andern, nach der geistigen Seite hin betrachten. Seine Wesenheiten, die damals Menschenstufe hatten, müssen wir beschreiben als Wesen, die als unterstes Glied den Ätherleib hatten, als zweites den Astralleib, dann das Ich, Geistselbst, Lebensgeist, Geistesmensch oder Atma, und dann hatten sie noch den Heiligen Geist. Sie hatten nicht mehr das neunte Glied, das nur noch den Sonnen-Feuergeistern eigen war. Den höchsten dieser Geister des Mondes, die damals Menschenstufe hatten, nennt man in der christlichen Esoterik den Heiligen Geist. So ist also die dreistufige Gottwesenheit in dem ursprünglichen Christentum in innerlichen Zusammenhang gebracht mit der Erdenentwickelung, und der Heilige Geist ist der über dem Menschen stehende Geist, der ihn unmittelbar inspirieren kann.

So sehen Sie, daß die Geister des Mondes heute über dem Menschen stehen. Man nennt sie auch «lunarische Pitris», Mondväter, auch Geister des Zwielichts. Die ganze Schar aber, die zum Heiligen Geist gehörte, wird in der christlichen Esoterik die Schar der Engel genannt. Die Engel sind nichts anderes als diejenigen Geister, die unmittelbar über den Menschen stehen und die auf dem Monde ihr Menschendasein hatten.

Das Leben der Tiermenschen und der Pflanzentiere auf dem Monde war anders als das Leben der Wesenheiten, die sich aus ihnen auf der Erde entwickelt haben. Die Bewegung des Mondes, der ja schon von der Sonne abgeschnürt war, war eine ganz andere als die Bewegung der heutigen Erde um die Sonne. Jener Mond drehte sich um die Sonne so herum, daß er ihr immer dieselbe Seite zuwendete, wie auch heute noch der Mond der Erde, so daß also der Mond sich nur einmal um sich selbst drehte, während er um die Sonne kreiste. Daher waren alle Wesenheiten in ganz anderer Weise von dem Sonnendasein abhängig, als sie es heute auf der Erde sind. Während der ganzen Umlaufzeit des Mondes um die

Sonne war es auf der einen Seite immer Tag, auf der andern eine Art Nacht. Die Wesen, die damals schon ihren Ort verlassen konnten, wanderten in einer Art von Kreis um den Mond herum, so daß sie eine Zeit hatten, in der sie unter den Einfluß des Mondes kamen. Die Zeit, in der sie unter dem Einfluß der Sonne standen, war die Zeit, in der sie sich fortpflanzten. Es gab schon damals eine Fortpflanzung. Bei den Mondmenschen gab es noch nicht die Möglichkeit, daß sie durch Töne ihren Schmerz, ihre Lust ausgedrückt hätten; was sie ausdrückten, hatte eine mehr kosmische Bedeutung. Die Sonnenzeit war die Zeit der Brunst, die aber, wenn sie durchlebt wurde, verknüpft war mit einem furchtbaren Geschrei der Wesen, und das hat sich heute noch erhalten bei den Tieren.

Noch manches andere von diesen Dingen ist zurückgeblieben. Sie wissen, wie man nachforscht nach dem Grund des Zuges der Vögel, die auch in gewisser Weise den Erdball umkreisen. Viele der Dinge, die heute geheimnisvoll verborgen sind, verstehen wir, wenn wir den ganzen Werdegang unseres Erdendaseins betrachten. Es gab eine Zeit, wo sich die Wesen nur dann zur Fortpflanzung anschickten, wenn sie zur Sonne hin wanderten; man kann das die Periode des Geschlechtslebens nennen. Allgemeine Vorgänge des lunarischen Lebens drückten sich aus in Tönen, die zu gewissen Jahreszeiten auftraten; in den anderen Zeiten des Jahres war es stumm auf dem Monde.

So haben wir kennengelernt den Durchgang der Erde durch ihre drei früheren Zustände: Saturn, Sonne und Mond.

ZEHNTER VORTRAG

Kassel, 25. Juni 1907

Heute wollen wir die Umwandlung des alten Mondes in unsere Erde einmal in Betracht ziehen. Vorher müssen wir aber noch hinweisen auf eine wichtige Erscheinung der Mondenentwickelung selber. Als diese ihrem Ende zuging, als also alles das mehr oder weniger sich abgespielt hatte, was ich gestern beschrieben habe, hat eine Wiedervereinigung des alten Mondes mit der Sonne selbst stattgefunden. Es fiel sozusagen dieser alte Mond wiederum in die Sonne zurück, so daß es jetzt wieder den einheitlichen Körper gab. Dann ging dieser Körper wiederum über in eine Art Schlafzustand des Planetendaseins, und es trat neuerdings hervor die vierte Metamorphose; das war nicht etwa gleich dasjenige, was unsere Erde darstellt, sondern es bereitete sich erst langsam der Zustand unserer Erde vor. Wir können uns am besten bei unserer Erde über ein kosmisches Gesetz klarwerden: daß die späteren Zustände in einer gewissen Beziehung das wiederholen müssen, was vorher schon da war. Bevor unsere Erde nach dem Aufwachen so recht unsere Erde werden konnte, mußte sie noch einmal kurz wiederholen den Zustand des Saturn, der Sonne und des Mondes. Allerdings verlief diese Entwickelung in einer etwas andern Weise als bei den drei Planeten selber.

Wir haben gehört, daß auf dem Saturn die erste Anlage vorhanden war zu den Sinnesapparaten, die wir in uns tragen. Bei der ersten Wiederholung waren diese Sinnesformationen schon so weit vorgeschritten, daß eine Art menschlicher Gestalt sich herausbildete; doch hatte bei dieser Metamorphose jener automatische Sinnesapparat noch keinen Ätherleib. Bei der Wiederholung des Sonnenzustandes gliederte sich der Ätherleib ein, und bei der dritten Umwandlung, der Wiederholung des Mondenzustandes, der Astralleib. In der dritten Phase haben wir wiederum Sonne und Mond getrennt im Weltenraume schwebend. Die Wesen waren etwas höher entwickelt, weil sie immer mehr der Vorbereitung dessen entgegengingen, was sie auf der Erde durchmachen sollten. Zu den drei Leibern, welche die Tiermenschheit auf dem Monde hatte, gesellte sich das vierte Glied hinzu, das Ich. Das ging aber nicht so schnell vonstatten. Während die Erde ihre Saturnzeit durchmachte, mußte der ganze menschliche automatische Sinnesapparat die Gestalt ausbilden, die es ermöglichte, daß dann das Ich aufgenommen wurde. Der Ätherleib bildete sich während der Sonnenwiederholung so um, daß er Träger des Ich werden konnte; und während der Mondwiederholung gestaltete sich auch der Astralleib so um, daß er das Ich aufnehmen konnte. Es war so, daß diese Glieder gleichsam warteten auf die Aufnahme eines Ich.

Was wir schon haben verfolgen können, war ein Heraustrennen von Sonne und Mond. Dann haben wir es zu tun da, wo es schon nahe unserer eigenen Entwickelung zugeht, mit einer Auseinanderspaltung von Mond und Erde. Aus dem alten Mond werden zwei Körper: der eine, der aus dem schlechtesten Material bestand, das an Wesenheiten und Substanzen vorhanden war, wurde hinausgeworfen in den Weltenraum; der andere ist unsere heutige Erde. Was die Wesen gehindert hätte, eine weitere Entwickelung durchzumachen, mußte ausgeschieden werden, und das bildete den heutigen Mond. Erst dann war die Erde als ein selbständiger Weltenkörper da. Wir stehen hiermit vor gewaltigen kosmischen Ereignissen: die Trennung der Sonne von Erde plus Mond; und dann wiederum die Trennung der Erde vom Mond. Diese zwei Ereignisse bereiteten unsere gegenwärtige Entwickelung vor.

Ich habe Sie bis zu dem Punkte geführt, wo unsere Erde eine selbständige Kugel wurde. Ich möchte Sie jetzt von einer andern Seite her zu diesem Punkte führen, damit Sie genau orientiert sind, wo dieser Punkt für unsere Erde liegt.

Gehen wir jetzt einmal von der unmittelbaren Gegenwart in die Vergangenheit zurück; gehen wir also zunächst aus von der Gestalt der Erde, die Sie alle kennen. Selbst die Naturwissenschaft weist hin auf beträchtliche Unterschiede zwischen dem früheren und dem heutigen Aussehen der Erde. Es beruht zwar alles auf Hypothese, aber wir können erfreut sein, daß sich heute schon die Naturwissenschaft mit der Geisteswissenschaft etwas darin begegnet. Die Naturwissenschaft sagt: In den Gegenden, wo wir heute leben, waren riesige Urwälder mit einem Klima, wie es heute am Äquator herrscht; mächtige Tiere waren da anzutreffen. Ganz anders hatte das Antlitz der Erde ausgesehen nach dem, was die Naturwissenschaft heute sagt. Nach dem Tropenklima, das damals herrschte, vor dem heutigen gemäßigten, war die Glazial- oder Eiszeit, und so weiter. Das sind Dinge, die Sie in jedem Geologiebuch bereits finden können. Ich erzähle das, um Sie darauf hinzuweisen, wie wir uns durchaus vergegenwärtigen müssen, daß sich das Antlitz der Erde in gewissen Zeiträumen mächtig ändert und ganz anders aussieht. Die Naturwissenschaft, die nur den kombinierenden Verstand, ihre Apparate und so weiter zur Verfügung hat, kann nur auf eine Reihe von Jahrtausenden auf das äußerliche Aussehen unserer Erde zurückblicken. Wenn aber der Seher zurückschaut, muß er es zwar in einer etwas andern Weise schildern, aber es wird schon jene Harmonie zwischen Naturwissenschaft und Geisteswissenschaft einmal kommen. Die Naturwissenschaft weist uns schon heute auf die Tatsache hin, die der Seher mit Entschiedenheit behaupten muß, daß das Antlitz der Erde sich nicht nur verändert hat in bezug auf Pflanzen und so weiter, sondern daß ganz andere Gebiete unserer Erde von Land oder Meer bedeckt waren, als es heute der Fall ist. So hat *Huxley* darauf aufmerksam gemacht, daß ein ganzer Teil von Großbritannien bereits viermal unter Wasser gestanden hat. Dementsprechend sieht das Antlitz unserer Erde immer wieder ganz anders aus. – Sie finden zum Beispiel im «Kosmos», Heft 10, eine Abhandlung über die sogenannte alte Atlantis, wo ein Gelehrter, der ganz auf dem Boden der Naturwissenschaft steht, aus der Konfiguration des Pflanzen- und Tierreiches in Europa und Amerika nachweist, daß, was heute Atlantischer Ozean ist, früher Land gewesen sein muß, und daß in jenen Zeiten große Teile von Afrika nicht Land, sondern Meer gewesen sein müssen. Dafür aber bestand im Westen von uns das Land Atlantis, das sich zwischen Europa und Amerika ausbreitete.

Der Gelehrte kommt zwar nur dazu, von einer Pflanzen- und Tierwelt zu sprechen, aber das ist ja auch ganz natürlich. Selbst wenn Überreste da sein sollten von jenen alten Menschen, unseren Vorfahren – sie müssen sich auf dem Boden des Atlantischen Ozeans finden lassen –, so kann man ja heute noch nicht den Meeresboden so weit durchforschen. Der Geistesforscher sieht zurück bis in der Zeiten Wende und weiß, daß wirklich dazumal die alte Atlantis, von der sogar *Plato* noch berichtet, vorhanden war. Es war im wesentlichen die ganze Fläche, die heute Ozean ist, die alte Atlantis, und da wohnten die physischen Vorfahren des heutigen Menschengeschlechts. Allerdings sahen sie ziemlich anders aus, als es sich die heutige Naturwissenschaft vorstellt. Doch dürfen wir sie keineswegs vergleichen mit dem heutigen Affengeschlecht; die Atlantier waren seelisch und auch körperlich sehr verschieden von dem heutigen Menschen, aber Affen waren sie nicht. Das Affengeschlecht gab es damals noch nicht, das ist erst zu einer späteren Zeit entstanden, und nicht anders als auf die Weise, daß gewisse Menschenformen in der damaligen Zeit zurückgeblieben sind auf der damaligen Entwickelungsstufe, und dann heruntergesunken sind auf eine noch niedrigere Stufe. Der Darwinismus macht nämlich einen Fehler, der aber sehr einfach einzusehen ist. Wenn jemand zwei Leute sieht, von denen er hört, sie seien verwandt, der eine sei ein unvollkommener Mensch, während der andere, der seine Fähigkeiten gut angewendet hat, ein vorzüglicher Mensch ist, wird er nicht sagen: blutsverwandt sind sie, also stammt der vollkommene Mensch von dem unvollkommenen ab. – So aber ist die Schlußfolgerung der Darwinisten. Es stehen jedoch der Vollkommene und der Unvollkommene nebeneinander: nur hat sich der eine hinaufentwickelt, indem er seine Fähigkeiten gut angewendet hat, der andere hat sie heruntergetrieben, ist in Dekadenz geraten. So auch stehen sich die von den Menschen abgezweigten Affen und die Menschen selbst gegenüber. Der Affe, der dem Menschen begegnet, erscheint diesem wie eine Karikatur eines Menschen, nicht wie ein Mensch. – So war zur Zeit der Atlantis ein ganz anderer Menschenschlag vorhanden, dieser hat sich höher entwickelt. Gewisse Wesen blieben dabei zurück. Und weil die Erde sich verändert, so blieben auch sie nicht auf jener Stufe stehen, sondern sie kamen herunter, verkümmerten und wurden zu der Karikatur des Menschen, zu dem Affengeschlecht. So sind die niederen Wesen verkommene höhere, die in Dekadenz geraten sind.

Wenn wir den Menschen der Atlantis selbst betrachten, werden wir uns am besten klar, wie er lebte, wenn wir auf seine seelischen Eigenschaften eingehen.

Was der heutige Mensch kann – logisch denken, rechnen und so weiter –, ist alles später entstanden. Logik, Urteilsvermögen, das alles war dem Atlantier noch völlig fremd. Dafür hatte der Atlantier eine Eigenschaft der Seele, die heute beträchtlich zurückgegangen ist, nämlich ein schier unbegreifliches Gedächtnis. So rechnen, daß er nach der Regel gelernt hätte: zwei mal zwei ist vier, und aus seinem Urteil heraus diese Rechnung immer wieder vollzogen hätte, das gab es nicht. Aber er konnte sich das, was es gibt, wenn man zwei mal zwei zusammenlegt, merken und sich immer wieder daran erinnern. Das hängt nun zusammen mit einer völlig andern physischen Beschaffenheit jenes alten Kontinentes selber. Wenn Sie sich diesen Kontinent seiner physischen Beschaffenheit nach vorstellen wollen, bekommen Sie am besten ein Bild davon, wenn Sie an ein Gebirgstal denken, das von dichten Wasserdämpfen und Nebelmassen angefüllt ist. Es gab für den Atlantier niemals eine wasserfreie Luft. Die Luft war immer geschwängert mit Wasser. Die alten Atlantier haben sich die Erinnerung daran erhalten, als sie nach Europa herüberkamen; daher nennen sie das Land, in welchem die Vorfahren lebten, Niflheim. Erst gegen das Ende des letzten Drittels der atlantischen Zeit fingen die Menschen an, gewahr zu werden, daß sie ein Ich sind. Die Anlage dazu war schon längst vorhanden und ein gewisses Gefühl davon auch. Aber klar und deutlich aussprechen: Ich bin ein Ich –, das lernte man erst im letzten Drittel der atlantischen Zeit. Dies hängt zusammen mit dem Verhältnis des Ätherleibes zum physischen Leibe. Wenn Sie diese beiden Leiber betrachten, sehen Sie, daß sie sich ungefähr decken, nur ragt der Ätherleib etwas über den physischen Leib hinaus. Es gibt nun zwischen den Augenbrauen eine Stelle, die ein Mittelpunkt für gewisse Kräfte und Strömungen des Ätherleibes ist. Zu ihm gehört nun hinzu ein ganz bestimmter Punkt im physischen Gehirn. Beide müssen sich decken, und darauf beruht die Fähigkeit, sich als ein Ich zu empfinden; darauf beruht auch die Fähigkeit, zu rechnen, kombinieren zu können und so weiter. Bei den Idioten zum Beispiel ist die Berührung dieser Punkte im Kopf nicht vorhanden, da decken sie sich nicht. In dem Augenblick, wo sie auseinanderfallen, ist die Urteilskraft des Menschen nicht mehr ordentlich vorhanden. Bei dem Atlantier war es noch das Normale, daß diese beiden Punkte auseinanderlagen. So ist es heute noch bei den Tieren; wenn Sie den Pferdekopf ansehen, finden Sie beide Punkte noch weit auseinanderliegend. Bei dem Atlantier ragte der Ätherkopf hervor, und der physische Kopf hatte eine zurückliegende Stirn.

Dafür aber hatte der Atlantier noch etwas anderes, das allerdings mit der Eingliederung des physischen Leibes in den Ätherleib wieder verlorenging. Er hatte noch ein altes, dumpfes Hellsehen entwickelt, während er wirklich nicht bis fünf zählen konnte. Alles Urteilen, das er hatte, kam ihm aus seinem Erinnerungsvermögen an unglaublich ferne Zeiten. Und jenes alte Hellsehen stellte sich dar als eine gewisse Steigerung unseres gegenwärtigen Traumlebens. Denken Sie sich dieses Traumleben aufs höchste gesteigert, dann würden Sie zu dem Anschauungsvermögen, zu dem alten dumpfen, traumhaften Hellsehen des Atlantiers aufsteigen. Wenn der Atlantier durch das Land ging, sah er zwar schon den Menschen innerhalb seiner physischen Grenzen, so ungefähr wie wir ihn heute sehen, aber das war in gewisser Beziehung noch nebelhaft verschwommen; er sah aber noch etwas anderes. Wenn Sie heute einem Menschen begegnen, sehen Sie nichts Besonderes von seinem Innenwesen, nur was seine Miene ausdrückt: ist seine Miene finster, so schließen Sie auf sein Traurigsein und können daraus etwas von seiner Seele erraten. Wenn aber der Atlantier einem Menschen begegnete, der etwas Arges gegen ihn im Sinne hatte, tauchte ihm zum Beispiel eine braunrote Vision auf; wenn jener ihn liebte, eine bläulichrote Vision. Eine Art Farbenvision stimmte mit dem Seelenzustand des andern überein; man sah noch etwas von dem, was im Inneren des Menschen sich zutrug. Wenn der Atlantier ging und es tauchte vor ihm ein fürchterlich rotbrauner Nebel auf, so lief er davon, denn er wußte: da kommt – es war vielleicht noch meilenweit weg – ganz bestimmt ein gefährliches Tier, das mich fressen will.

Sogar eine physische Grundlage hatte das alte atlantische Hellsehen. Der Mensch betrachtete nämlich nur die nächsten Blutsverwandten als zu sich gehörig, aber in einem viel höheren Maße, als das später der Fall war; nur ganz kleine Gemeinden, die kaum über den Familienkreis hinausgingen. Und es war die Hauptsache, daß man innerhalb dieser kleinen Blutsverwandtschaften heiratete. Dieses Heiraten innerhalb der engsten Blutsbrüderschaft ergab eine solche Blutmischung, daß der Ätherleib für das Geistige empfänglich bleiben konnte. Hätte es der

Atlantier versucht, aus dieser Blutsverwandtschaft herauszuheiraten, so würde die Hellseherfähigkeit unterdrückt worden sein; er wäre im astralen Sinne ein Idiot geworden. In den Blutsbrüderschaften zu bleiben war etwas, das Sittlichkeit, Moralität war. Bevor man sein einzelnes Ich recht erfühlte, sagte man überhaupt zu der ganzen Blutsbrüderschaft: Das bin Ich. – Wie der einzelne Finger an der Hand, so betrachtete sich der einzelne Mensch zugehörig zur Blutsverwandtschaft. – Hierauf beruht aber noch etwas anderes. Der Atlantier erinnerte sich nicht nur an das, was er selbst erlebte, sondern auch an das, was sein Vater, Großvater, Urgroßvater und so weiter bis weit in die Generationen hinauf erlebt hatten, bis hin zum Begründer der Familie. Alles, was von dort herstammend fortlebte, wurde als eine Einheit empfunden. Das wird Ihnen zeigen, wie enorm das Gedächtnis des Atlantiers entwickelt war. Alles beruhte auf dem Gedächtnis. Wir werden später hören, wie der Menschheit das Gedächtnis gerade durch das Durchbrechen der nahen Ehe verlorenging.

Zu einer solchen Seele braucht es notwendig eine ganz andere physische Natur, ist auch eine andere Umgebung notwendig, wie jenes alte Niflheim, an das sich die alten Germanen erinnern. Keineswegs beruhen Sagen und Mythen auf dem, was man Volksdichtung oder Volksphantasie nennt. Woher diese Sagen kommen, können Sie jetzt sehen. Bei den Atlantiern gab es noch ein altes, dumpfes Hellsehen; dort haben sich diese Begebenheiten wirklich abgespielt, die später wieder erzählt wurden und sich erhalten haben, wenn auch vielfach verkümmert, in den Sagen und Mythen der Völker.

Das Herüberwandern der Atlantier nach Osten hat sich in wunderbarer Weise in einem Sagenkreis Europas erhalten. Auf dem Kontinent der alten Atlantis konnte der Mensch nicht «Ich» zu seiner einzelnen Persönlichkeit sagen. Daher gab es dort auch nicht jenen Egoismus, der später die Grundlage der sozialen Ordnung gebildet hat. Dem Atlantier gehörte noch das, was die ganze Blutsverwandtschaft besaß, und er fühlte sich nur als ein Glied innerhalb dieser Blutsverwandtschaft. Dann begann die Wanderung nach dem Osten. Immer mehr trat das Ich-Bewußtsein im Menschen hervor und damit die Selbstsucht. Der Mensch lebte vorher viel mehr in der Außenwelt als im Innern; es gehörte die Natur noch zu ihm. Wie in der Natur darinnen, ihr zugehörig, fühlte sich der Mensch. Nun, mit dem Erlangen des Ich-Bewußtseins, wurde es immer enger und enger um ihn, immer mehr scheidet er sich heraus, immer fremder wird er da, und immer stärker tritt das Ich hervor. Das war zu gleicher Zeit verknüpft mit einem Naturvorgang. Wenn der alte Atlantier hinaufsah zum Himmel, konnte er die Sonne so nicht sehen, wie wir sie sehen; dichte Nebelmassen füllten die Luft an. Einen mächtigen Hof mit Regenbogenfarben erblickte er, wenn er auf die Sonne oder den Mond schaute. Dann kam die Zeit, wo der Atlantier die Sonne und den Mond als solche sah. Eine Erscheinung aber kannte der Atlantier überhaupt noch nicht: das war der Regenbogen selbst. Erst als die Wasser der Atlantis die Luft verließen, als eine Verteilung von Regen und Sonnenschein sich bildete wie heute, lernte man die Tatsache des Regenbogens kennen. In jener wassergeschwängerten Atmosphäre gab es keinen Regenbogen. Nun erinnern Sie sich, daß die alte atlantische Flut große Länderstrecken freigelegt hat; dieses Freiwerden großer Strecken ist in großartiger Weise in der Sage und besonders in der Bibel erhalten. Denken Sie nur an die tiefe Wahrheit, die in der Bibel enthalten ist, wenn Sie lesen: «Und Noah sah, als die Wasser abgezogen waren, den Regenbogen.» Mit dem Reinwerden der Luft von den alten atlantischen Nebeln war erst die Sonne in ihrer freien heutigen Gestalt für den Menschen hervorgetreten. Das ging parallel mit dem Einengen, dem Zusammenschnüren des Menschen zu seiner Selbstheit, seiner Ichheit. – Aus Gründen, die tief liegen, bezeichnet man in der Geistesweisheit das den Raum durchflutende Licht als das ätherische Gold, und das Gold sieht man an als das dicht gewordene Sonnenlicht. Die alten Atlantier wußten von ihren atlantischen Lehrern, daß das Sonnenlicht und das Gold etwas miteinander zu tun haben, und dies war das Bild, das sie empfingen: Das Sonnenlicht, das Sonnengold kommt heraus! Es umkleidet euch mit dem Ring, der das Selbst herauslöst, der bewirkt, daß ihr euch nicht mehr selbstlos in der Natur fühlt. – Bei den Atlantiern war das Selbst noch in den Nebelwolken verstreut; jetzt legt es sich wie ein Ring um den Menschen herum.

Die Nebel der Atlantis verlassen die Luft, werden heruntergedrückt und erscheinen als die Flüsse im Westen. Der Rhein selbst ist für den atlantischen Nachfahren nichts anderes als die Nebelmassen, die gesunken sind und nun herunterrinnen. In dem Rhein sieht er die Wassermassen, die noch durchdrungen waren vom Sonnenlicht; das Sonnengold ahnte er im Rhein, das Sonnengold, das in selbstloser, ursprünglicher Weise in der alten Atlantis gewirkt hat. Das war ihm der Nibelungenschatz im Rhein, und feindlich ist ihm der, welcher den Nibelungenschatz für sich haben will.

Nicht klar sich bewußt, aber inspiriert von dieser mächtigen, umfassenden Tatsache war *Richard Wagner,* der bis ins Musikalische hinein dieses darstellt. Erinnern Sie sich an das Vorspiel im Rheingold: was ist der mächtige Orgelpunkt in Es-Dur anderes als der Punkt des Einschlags des Ich in die Menschheit? Aber so wenig die Pflanze die Gesetze weiß, wonach sie wächst, so wenig braucht der Dichter das Wissen. So müssen wir den schaffenden Künstler auffassen, der von Kräften, die hinter ihm stehen, inspiriert wird. Hier hat ein bedeutender Künstler gefühlt, was der Menschheit wieder einverleibt werden muß. – So sehen wir, wie vorgesorgt ist, daß auch in der Kunst derselbe Geist in die Kultur einströmt, welcher der Theosophie zugrunde liegt. Von zwei Seiten her geschieht es. So muß man das Leben im Ganzen betrachten.

Wir haben den Menschen jetzt bis in die Atlantis zurückverfolgt. Betrachten wir noch einige Einzelheiten. Damals baute man die Häuser nicht so wie heute, sondern man konnte in viel höherem Maße ausnutzen, was in der Natur selbst vorhanden war. Felsenmassen, die man durch Mitbenützung der dort befindlichen Bäume umgestaltet hatte, fügte man zusammen, so daß naturhaft wirkende Häuser die Wohnungen der Menschen waren. Immer mehr finden wir den Menschen mit Hellseherkraft begabt, je weiter wir zurückgehen; immer mehr treffen wir bei ihm ein Bilderbewußtsein. In Bildern sieht er visionär vor seiner Seele aufsteigen die Gefühle der Wesen, die um ihn herum sind. Auch der Wille ist in der ersten Zeit beim Atlantier noch ganz anders ausgebildet. Heute kann Ihr Wille die Finger spreizen; das ist etwas, was mit der heutigen Kraft der Vorstellung zusammenhängt. In der ersten atlantischen Zeit war der Körper noch eine viel weichere Masse. Der Atlantier konnte die Finger nicht nur ausstrecken, sondern auch länger oder kürzer machen; er hätte leicht seine Hand wachsen machen können. Wenn er eine Pflanze hatte, die klein war, konnte er durch eine Anstrengung seines Willens sie größer werden lassen. Ihm stand eine Art Magie zu Gebote. Auch hatte er ein eigentümliches Verhältnis zur Tierwelt: er nahm etwas wahr, was später nicht mehr wahrgenommen werden konnte. Mit seinem Blick konnte er eine faszinierende Gewalt über die Tiere ausüben.

Gehen wir noch weiter zurück, so kommen wir in eine Zeit, wo selbst die Atlantis noch nicht da war, wo die Menschen auf einem Kontinent lebten, den man Lemurien nennt. Südwärts vom heutigen Asien dehnte sich dieser Kontinent aus bis nach Afrika und Australien hinüber; den bewohnten unsere Vorfahren, als sie noch Lemurier waren. Sie hatten einen viel weicheren Körper als die Atlantier, und der Wille war bei ihnen viel mächtiger ausgebildet als bei den Atlantiern. Dafür aber war der Boden unter den Lemuriern ein recht unsicherer: er wurde fortwährend durcheinandergeworfen von Feuerausbrüchen, vulkanischen Gewalten. Eine Art Feuerland war dies alte Lemurien. Gehen wir noch weiter in seine Anfänge zurück, so kommen wir zu einem Zeitpunkt, wo das Knochensystem überhaupt erst begann sich herauszugliedern aus der knochenlosen Masse. Dann kommen wir in die Zeit, wo die Erde überhaupt das heutige Mineralreich noch nicht herausgebildet hatte: alles, was heute in den Bergen drinnen ist, haben wir da in einem fortwährenden Hinfließen und Hinrinnen.

Und je weiter wir den Weg der Erdenentwickelung zurückverfolgen, um so höhere Wärmegrade treffen wir an. Da kommen wir zu Zeiten, in denen die Gestaltungen, die heute festes Land sind, so hinrannen, wie heute Quecksilber oder Blei bei einer höheren Temperatur hinrinnen würden. Das Festwerden entwickelt sich erst bei den Lemuriern. Immer dichter und dichter werden die Nebelmassen. Wir haben es nicht mehr zu tun bloß mit einem Nebelmeer, sondern mit einem dichten Glutmeer von Wasserdämpfen, in denen alle möglichen Substanzen aufgelöst sind und hin und her wirbeln. Allerdings in gewissen Partien dieses Wasserdampfes war schon die Möglichkeit geboten, daß der damalige menschliche Vorfahr leben konnte; nur waren damals die Wesen ganz anders geartet. Wir kommen also zu einem Zeitpunkt hinauf, wo der Mensch in einer Art von Urmeer lebte, in einem warmen, wässerig-feurigen Element. Der Kern der Erde war wie von einem Urmeer umgeben, in dem die Keime zu allem enthalten waren, was später sich entwickelt hat. So sah es also auf der Erde aus, unmittelbar nachdem der Mond herausgeflogen und selbständig geworden war.

Wir haben einen Einblick in eine Entwickelung gewonnen bis zu dem Zeitpunkte hin, wo zuerst die Sonne sich von der Erde und von dem Mond getrennt hat, dann der Mond von der Erde sich abtrennte und die Erde in dem Zustand ließ, den ich Ihnen eben beschrieben habe.

Wir werden morgen diesen Vorgang, den wir soeben von zwei Seiten her zusammengefügt haben, noch einmal betrachten, und auch den weiteren Fortgang des Menschen und der Erde bis in unsere Zeit hinein.

ELFTER VORTRAG

Kassel, 26. Juni 1907

Gestern kamen wir in der Schilderung der Entwickelung unserer verschiedenen Erdenzustände bis zu dem Punkt, an dem wir uns klar wurden, wie die vereinigten drei Weltenkörper – Sonne, Mond und Erde – sich nacheinander getrennt haben. Wir begannen einerseits damit und machten Halt an dem Punkte, wo der Mond sich von der Erde losgelöst hat; andrerseits suchten wir ihn auch zu erreichen, indem wir von unserer Zeit ausgingen und zurückgehend durch die Atlantis zu diesem selben Punkte gelangten. Machen wir uns nun klar, in welchem Zustande wir da die Erde selbst haben. Man muß dabei lange, lange Zeiträume im Auge haben, die Millionen von Jahren in Anspruch nehmen; dann wird man sich auch nicht mehr so stark wundern über die großen Veränderungen, die im Weltenall wie auch auf der Erde vor sich gehen.

Wollen wir nun die abgetrennte Erde noch einmal genauer ins Auge fassen. Sie ist noch eingehüllt in einer Luftmasse, die aber ganz anders aussah als unsere heutige Luft. Sie müssen sich nicht etwa denken, daß diese Luft so etwas war wie ein glühender Ofen in seinem Inneren, obwohl die Temperatur eine viel höhere war als heute. Es waren auch viele der Stoffe, die heute fest sind, flüssig in der Erde vorhanden. Eine Luft, dicht angefüllt mit Dünsten der verschiedensten Substanzen, umhüllte die Erde, etwas, was man als Feuerluft etwa bezeichnen kann, ein Wiederholungszustand des früheren Mondenzustandes. Als die Erde nach der Trennung vom heutigen Mond selbständig geworden war, da war sie von einer merkwürdigen Atmosphäre umgeben, die man als Feuerluft bezeichnen könnte. Dadurch, daß sich die Erde von der Atmosphäre, die mit dem Mond fortgegangen war, befreit hatte, wurden die Wesen fähig, gewisse höhere Stufen zu erreichen. Innerhalb dieser Atmosphäre hatten die vorgeschrittensten Tiermenschen eine höhere Stufe erreicht, als sie auf dem Monde hatten, aber nur jene, welche später zu Menschen geworden sind. Eine große Anzahl dieser Tiermenschen blieb auf der Mondstufe stehen. Und die Folge davon war, daß sie nicht bloß stehenblieben, sondern, weil jetzt ganz neue Verhältnisse eintraten – denn es konnte nur auf dem Monde noch Tiermenschen geben –, sanken sie um eine halbe Stufe herunter und wurden Tiere, die es damals auf dem Monde noch nicht gegeben hat. So haben wir zwei Reiche: Menschen, und das zurückgebliebene Tiermenschenreich, das allmählich heruntersank zu Tieren.

Ebenso war es mit den Pflanzentieren. Eine gewisse Anzahl hatte sich höher entwickelt, zu Tieren; andere sind stehengeblieben und wurden Pflanzen. Und das Pflanzenmineralreich hat sich eben so verteilt, daß einige zu schweren Mineralien geworden sind, und andere sich zu Pflanzen hinaufentwickelt haben. Es ist nicht alles nach *einem* Maßstabe entstanden; was wir heute als Tiere kennen, ist zum Beispiel zum Teil so entstanden, daß die Menschentiere sich hinunterentwickelt, und zum Teil so, daß die Pflanzentiere sich hinaufentwickelt haben. Ebenso haben wir im Pflanzenreich nebeneinander Pflanzenmineralien im Aufstieg und Pflanzentiere im Abstieg. Die Pflanzen, die heute vorzugsweise unsere ästhetische Pflanzendecke bilden, sind jene, die entstanden sind durch Hinaufentwickelung der Pflanzenmineralien des Mondes, das Veilchen zum Beispiel. Dagegen ist alles, was uns wie moderig anklingt, in absteigender Entwickelung, während unsere grünen Laubpflanzen in der Zukunft höhere Stufen erreichen werden.

Unsere Mineralien haben sich überhaupt auf der Erde entwickelt. Auf dem Monde gab es noch nichts Mineralisches, wie es heute ist. Dies ist das heruntergesunkene Pflanzenmineralreich, das als feste Kruste sich der Erde einlagerte. In der Zeit, in welcher die Erde den Mond hinauswarf, war das, was zurückblieb und später Mineral, festes Metall und so weiter wurde, selbst noch ganz und gar eine flüssige Masse. Was damals schon fest war, wurde eben in den Weltenraum hinausgeschleudert, weil sich die Erde nicht hätte höherentwickeln können, wenn sie diese Substanzen für sich behalten hätte. Dann entstanden Einschlüsse derjenigen Metalle, die am ehesten fest wurden. Merkwürdige Formen hatten sie zum Teil. Was Ihnen heute als Granit, als Gneis im Gebirge begegnet, zeigte damals noch ganz deutlich, daß es entstanden ist, indem sich Pflanzenwesen heruntergebildet haben, Steine geworden sind.

Im Grunde genommen können Sie daraus entnehmen, daß auf der Sonne und auf dem Monde alles Gesteinreich noch Pflanzenreich war.

Nicht das Pflanzenreich hat sich aus dem Gesteinreich entwickelt, sondern die Steine aus dem Pflanzenreich! Was Sie heute als Steinkohle herausgraben, ist ja nur eine Summe von versteinerten Pflanzen, von Pflanzen also, die zugrunde gingen, vermoderten und Steine wurden, so daß sie heute als zu Stein gewordene Pflanzen herausgegraben werden können. Würden Sie noch weiter zurückgehen, so würden Sie sehen, daß auch die dichtesten Steine einst Pflanzen waren und aus der Pflanze, durch Herunterentwickelung ins Steinreich, erst entstanden sind. Für den Seher stellt sich da folgendes heraus. Wenn Sie den Gneis untersuchen, so sagt Ihnen der Mineraloge, er besteht aus Feldspat, Hornblende und Glimmer. Dann muß der Mineraloge Halt machen. Der Seher sagt: Was im Gneis als Feldspat sich findet, zeigt sich dem geistigen Auge noch klar als das Festgewordene der Pflanzen im Stengel und den grünen Blättern, woraus sich die Pflanze aufgebaut hat; und die Glimmeranlage hat etwas zu tun mit dem, was sich heute noch in den Kelchblättern und Blumenkronen der Pflanzen bildet. Wenn also heute ein Okkultist ein Stück Gneis ansieht, wird er sagen: Das ist versteinerte Pflanze, und wie heute die Pflanzen Blätter und Blüten und so weiter haben, so ist die Glimmeranlage herrührend von alten Kelch- und Blumenblättern. – Und so können wir von allen Mineralien sagen, wie sie sich von alten Pflanzen her gebildet haben. Denn Pflanzen waren es ja, die von dem Monde herübergekommen sind, und erst in der flüssigen Erdmasse haben sie sich verdichtet. So wie wenn Sie ein Gefäß mit Wasser vor sich haben und das Wasser anfängt, sich zu verfestigen, Eis zu bilden, haben sich da immer mehr feste Einschlüsse gebildet. Und immer mehr bildete sich damit die feste Erdkruste aus der flüssigen Erde heraus. Je weiter wir gehen, um so höher und reiner werden die Wesen; diejenigen, welche nicht hinaufkommen konnten, versteinerten. Ebenso war es bei den Tieren und bei den Menschen. Der Mensch kam so weit, daß er seinen Leib in einem noch höheren Grade umbilden konnte.

Diese Mondmenschen bewegten sich im Urmeer schwebend-schwimmend daher; sie waren veranlagt zu diesem Herumschwimmen. Das mag sich ja für den heutigen Menschen höchst sonderbar ausnehmen, aber es ist doch wahr. Und rückhaltlos sei es gesagt: gar nicht möchte ich manche dieser grotesk scheinenden Beschreibungen lindern. Über die Wahrheiten wird immer gelacht, wenn sie zuerst auftreten.

Der Mensch, der im Urmeer herumschwamm, hatte noch keine Augen, die da sehen konnten wie heute; veranlagt waren sie ja schon auf dem Saturn, aber da unten in dem Urmeer brauchte der Mensch noch nicht zu sehen; er mußte sich anders orientieren. In dem Urmeer war auch alles enthalten, was er verzehrte, um sein Dasein zu fristen. Da gab es auch Tiere, die ihm freundlich, andere, die ihm nicht freundlich gesinnt waren. Und dann war das Urmeer an manchen Stellen warm, an andern kalt. Die einen Stellen konnte der Mensch vertragen, die andern nicht. Damals hatte der Mensch noch ein Organ, das heute im Kopfe drinnen ist, kirschkerngroß, die Zirbeldrüse; doch ist es im eigentlichen Sinne keine Drüse. Dieses Organ war einstmals mächtig groß entwickelt; es ist ein Organ gewesen, mit dem der Mensch sich im Urmeer orientieren konnte: da ragte es wie eine Art Laterne aus dem Kopfe heraus. Der Mensch bewegte sich so, daß er dazu dieses vorneliegende laternenartige Gebilde benutzte; es war ein fein empfindendes Organ, ein Wärmeorgan, wodurch er die Wärme, die ihm zuträglich war oder nicht, wahrnehmen konnte. Es war ein Orientierungsorgan, das aber nicht ein Sehorgan war. Es war ihm dienlich, wenn er da herumschwamm. Später brauchte es der Mensch nicht mehr; da schrumpfte es zusammen.

Damals konnte noch nicht die Rede sein von einer Anlage zum Ich. Der Mensch war noch in bezug auf alles, was er tat, unter der Leitung höherer geistiger Mächte. Wir können ihn etwa vergleichen mit dem heutigen Tiere. Unsere heutigen Tiere sehen wir geisteswissenschaftlich etwa in folgender Weise an: Vom Tiere unterscheidet sich der Mensch dadurch, daß er eine individuelle Seele hat; jeder Mensch hat seine individuelle Seele, sein individuelles Ich. Das ist nicht so beim Tier; da haben ganze Gruppen von Tieren *eine* Seele. Zum Beispiel alle Tiere, die zur Löwenart gehören, haben *eine* Seele, und die lebt in der Astralwelt. Ebenso haben alle Tiere, die Tigerart haben, eine Seele zusammen. Daher sprechen wir beim Tiere von Gruppenseelen. Alle Pferde zusammen haben eine Gruppenseele; die gehören zusammen. Wie die einzelnen Finger zur Hand, so verhalten sich die Tiere zu ihrer Gruppenseele. Daher können wir auch nicht von einer individuellen Verantwortlichkeit sprechen. Erst wenn eine individuelle Seele vorhanden ist, sprechen wir davon, daß eine Seele gut oder böse sein kann. Der Mensch der damaligen Zeit hatte noch eine Art Gruppenseele, die noch im Schoße der Gottheit lagerte. So daß wir uns klar sein müssen: was heute in uns lebt, gab es auch damals schon, aber nicht im Menschenkörper drinnen. Der Mensch hat seinen Ursprung in zwei Strömungen: Was vom Mond herübergekommen war und sich weiter ausgebildet hatte, war der Tiermensch da unten; aber was heute in Ihnen lebt als einzelne Seele, das war oben, bei der Gottheit, nur Ihr Leib war unten, im Urmeer. Später haben sich die beiden vereinigt; da stieg die Seele herunter und durchgeistigte Ihren Leib als individuelle Seele.

Denken Sie sich ein Gefäß mit Wasser; darinnen sind viele, viele Wassertropfen, aber man kann sie nicht unterscheiden. Wenn Sie jetzt viele hundert Schwämmchen nehmen und da hineintauchen, so haben Sie die Tropfen individualisiert, die erst in der Wassermasse darinnen waren. So denken Sie sich Ihre Geistigkeit schwebend über dem Urmeer. Vergleichen Sie nun die im Schoße der Gottheit ruhende Seele mit dem Wassertropfen: die Leiber nehmen die Seelen auf wie die Schwämmchen die Wassertropfen; dadurch wurden die Seelen selbständig, wie das Wasser individualisiert wurde durch die Schwämmchen. Unten das Urmeer mit den schwebend-schwimmenden Leibern – oben die Seelen. Das konnte man nicht besser schildern, als daß man sagte: «Und der Geist der Gottheit brütete über den Wassern», das heißt, er arbeitete das, was unten war, soweit aus, daß die Seelentropfen aufgenommen werden konnten.

Die Leiber selber mußten sich schwebend erhalten, und dazu brauchten die Wesen ein Organ. Der Mensch hatte damals noch keine Lunge, aber er hatte eine Art Schwimmblase; dadurch erhielt er sich im Urmeere schwimmend. Die Fische, die auf dieser Stufe zurückgeblieben sind, haben noch heute Schwimmblasen und keine Lungen. Nach und nach, als die Luft sich von den Wassern reinigte, und der Mensch über die Wasser hinaufgelangen konnte und ein Luftatmer wurde, sind seine Lungen entstanden. Das war ein langer Prozeß, ein Prozeß durch Jahrmillionen, wo der Mensch allmählich die Luft durch Lungen dann aufnahm. Dadurch war das physische Gebilde gegeben, das die Seele in sich selber aufnehmen konnte. Je mehr der Mensch ein Lungenatmer wurde, desto mehr wurde er fähig, die Seele aufzunehmen. Das können Sie nicht besser ausdrücken als mit den Worten: Und Gott hauchte dem Menschen den Odem ein, und er ward eine individuelle Seele. – Damit wird der Mensch zu gleicher Zeit fähig, etwas auszubilden, was er früher niemals hätte bilden können: er wird fähig, rotes Blut zu bilden. Früher waren alle Menschen so veranlagt, dieselbe Temperatur zu haben wie ihre Umgebung; waren sie mehr von Wärme umgeben, so waren sie dieser Wärme angemessen. Früher gab es überhaupt noch kein rotes Blut; die Tiere, die über den Amphibien stehen, sind in noch viel späterer Zeit zurückgebliebene Menschenkörper. Erst nach der Zeit, wo der Mensch sich zu einem Bildner von rotem Blut entwickelt hat, haben sich auch Tiere entwickelt zu solchen, die rotes Blut haben. Ebensowenig wie sich jemals eine Pflanze aus einem Stein entwickelt hat, sondern wie sich der Stein aus der Pflanze bildete, so hatte sich das Tier aus dem Menschen herausentwickelt. Alles Niedere hat sich aus dem Höheren herausentwickelt; das ist die Evolutionslehre. Erst mußte sich der Mensch zu einem rotblütigen Wesen umwandeln, dann konnte er die Tiere zurücklassen. In den Tieren sehen Sie im buchstäblichen Sinne die Stufen ausgebreitet, die wir zurückgelassen haben. Der Mensch sieht in einem jeden Tiere mehr oder weniger ein zurückgelassenes Stück seiner selbst. Das hat *Paracelsus* so wunderschön ausgedrückt: Wenn wir um uns umher blicken, sehen wir gleichsam die Buchstaben eines Alphabets; nur im Menschen sind sie zu einem Wort vereinigt; daher liegt in ihm der Sinn dessen, was um ihn herum ausgebreitet ist.

Sodann müssen Sie eines in Betracht ziehen. Ein scheinbar unbeträchtlicher, aber für die Geisteswissenschaft außerordentlich wichtiger Prozeß vollzog sich dazumal; er begann im Grunde schon mit dem ersten Auftreten der Erde, als sie noch mit dem Mond zusammen war: das ist ein gewisses Zusammenwirken von Mars und Erde. Während der ganzen ersten Erdhälfte strömten Kräfte des Mars auf die Erde ein; daher bezeichnet man die erste Hälfte geradezu als den Marszustand der Erde. Und mit diesem Durchgang durch den Mars ist das Eisen verknüpft, das von da ab eine ganz neue Rolle in dem Erdprozeß spielt.

Bei den Pflanzen spielt das Eisen eine viel äußerlichere Rolle. Aber Sie sehen, wie die Dinge zusammengreifen: kosmisch geht die Erde durch den Mars hindurch, er gibt ihr das Eisen. Da wurde das Eisen zu den Funktionen angeregt, die es jetzt hat. Da tritt das Eisen im Blut auf. Und mit dem eisenhaltigen Blut ist das Aggressive im Menschen verbunden, das, wodurch er ein Krieger wird auf der Erde. Das hat die griechische Mythe gefühlt, und sie bezeichnet daher den Mars als den Kriegsgott.

Dadurch wird dieser Menschenkörper fähig, ein Ich aufzunehmen; denn ohne rotes, warmes Blut kann kein Körper ein Ich-Träger werden; das ist außerordentlich wichtig. Lungenatmung ist die Voraussetzung des warmen, roten Blutes. Und dann entstanden die nötigen Prozesse auf der Erde, die sich dem Blute eingliederten. So hat der Mensch sich allmählich entwickelt, daß er ein lungenatmendes, rotblütiges Wesen geworden ist, und dann die andern Geschöpfe, die niederen Warmblütler, zurückgelassen hat. Im Okkultismus werden die Tiere nicht bloß in der gewöhnlichen Art unterschieden, sondern wir nennen noch ein anderes Merkmal. Wir unterscheiden sie in innerlich tönende, solche, die eigenen Schmerz und Freude in Tönen zum Ausdruck bringen können, und in nichttönende. Wenn Sie heruntergehen zu niedereren Tieren, hören Sie zwar auch Töne, doch sind es nur äußerliche, die auf Aneinanderreiben von Organen oder auf äußerliche klimatische Einflüsse zurückzuführen sind; das Äußere tönt bei ihnen. Erst die Tiere, die sich damals abgezweigt haben, als der Mensch sich zu einem warmblütigen Wesen entwickelt hat, waren so, daß sie selbst ihren Schmerz und ihre Freude heraustönen konnten. Damals wurde ja auch des Menschen Kehlkopf zu einem tönenden Organ umgewandelt. Dadurch, daß außen die flüssige Erde sich umwandelte in eine Kruste, ging ein innerlicher Prozeß im Menschen vor sich: Parallel mit der äußerlichen Verfestigung bildete sich innerlich aus den weichen Teilen ein Knochen- und Knorpelskelett. Knochenwesen hat es früher nicht gegeben. Die äußeren Mineralien sind das Gegenbild zu den Knochen. Die Erde hat diese Epoche in den Felsmassen festgehalten; der Mensch hat sie in den Knochen. Immer mehr wird der Mensch jetzt aus einem in der waagrechten Haltung gehenden Wesen zu einem aufrechtgehenden. Er wendet sich so um, daß seine vorderen Gliedmaßen Arbeitsorgane werden, und nur seine andern der Fortbewegung dienen. Das hängt beides zusammen. Kein Wesen, das nicht einen tönenden Kehlkopf und einen aufrechten Gang hat, kann ein Ich-Wesen sein.

Die Tiere haben die Anlagen dazu gehabt, aber sie sind zurückgegangen. Daher haben sie sich nicht umwandeln können zu solchen Wesen, die eine Sprache haben, denn sie ist geknüpft an einen aufrechten Kehlkopf. Wir können das an einer ganz groben Tatsache ermessen. Gewiß ist mancher Hund gelehriger als ein Papagei; aber der Papagei lernt mehr, weil sein Kehlkopf mehr aufrecht liegt. Papageien und Stare lernen etwas sprechen, weil sie einen aufrechten Kehlkopf haben.

So sehen Sie, wie die Erde und der Mensch zu immer weiteren Entwickelungsstufen schreiten. Zu gleicher Zeit wird auch die Atmosphäre anders; es entwickelt sich jener Zustand, wo die Erde nur noch von einer Nebelluft umgeben ist. Das war in der Zeit, als die Lemurier ihren Kontinent zerstieben sahen und nach Atlantis hinüberwanderten; sie wurden dadurch Atlantier. Während der Phase dieses Fortschritts, in welcher der Mensch die ersten Elemente der Sprache sich aneignete, die zwar nur Empfindungslaute waren, trat auch die Seele immer mehr hervor. Der Atlantier hatte im wesentlichen sich ein dumpfes Hellsehen bewahrt. Nun hatten sich bei ihm die Augen in dem Maße herausgebildet, als der Mensch, aus dem unterirdischen Meere heraufgekommen, jenes Sonnenlichtes teilhaftig wurde, das ihm durch die Nebelmassen hindurch erschien. Er wurde physisch immer mehr sehend und wahrnehmend; dafür ging aber das alte Hellsehen immer mehr in ihm zurück. Erst im letzten Drittel der atlantischen Zeit hatte sich an einem Punkte der Erdoberfläche die fortgeschrittenste Rasse unter den Atlantiern herausgebildet. Es war das ein bedeutsamer Abschluß dieser Epoche.

Die Atlantier, die mehr nach dem Westen hinübergezogen waren, wurden durch die damaligen Verhältnisse innerlich neutrale Naturen, kalt, gleichgültig; das wurde die kupferfarbige Bevölkerung Amerikas. Die andern, die mehr nach dem Süden hinüberwanderten, wurden zur schwarzen Negerbevölkerung, und jene, die sich mehr nach dem Osten wandten, bildeten später die gelbe, malayische Bevölkerung. An den ungünstigsten Punkten, von denen aus man nicht weiter fortschreiten konnte, hatten diese Völkermassen sich konzentriert. Dort aber, wo Irland ist, und westlich davon, wo heute Meer ist, hatte der Mensch sich am weitesten entwickeln können. Da waren jene Mischungen von Warm und Kalt, durch welche der Menschenkörper am weitesten vorwärtskommen konnte. Aus der damals noch magischen Willenskraft entwickelte sich in der ersten Anlage ein unausgesprochenes Ich-Empfinden. Gerade an diesem Zeitpunkt lernte der Mensch zum ersten Male «Ich» zu sich sagen. Dann lernten da die Menschen in der ersten Anlage zählen, rechnen, ein beginnendes Urteilsvermögen zu entwickeln, das Kombinatorische. Es gab aber immer auch unter ihnen fortgeschrittene Wesen, die Führer der Menschheit, die sich zu den Menschen so verhielten, wie Wesen eines höheren Reiches. Die waren die Lehrer und Leiter geworden und gaben den Anlaß zu dem Zug nach dem Osten. – Von jenem Punkt in der Nähe des heutigen Irland aus bis weiter östlich und nach Asien hinüber waren schon überall Völkersiedlungen. Nun gingen die fortgeschrittensten Bevölkerungsmassen nach dem Osten hinüber und bildeten auf ihrem Wege überall eine Art Kolonie. Die mächtigste, mit der höchst entwickeltsten Kultur, war in der Nähe der heutigen Wüste Gobi. Von dort gingen später einzelne Teile nach den verschiedensten Gegenden der Welt, ein Teil nach dem heutigen Indien; sie trafen dort schon Völkerschaften an, gelb-bräunliche, und vermischten sich zum Teil mit ihnen.

Das war nach der atlantischen Flut, als diese Kolonie nach Süden ging und dort die erste Kultur der nachatlantischen Zeit begründete, die erste Kultur unserer Zeitepoche. Die fortgeschrittensten Lehrer, die da mit hinunterzogen, die ersten großen Lehrer des alten Indien, sie nennt man die alten indischen Rishis. Die heutigen Inder sind die Nachkommen jener alten Bevölkerung, aber wir müssen weit zurückgehen in Zeiten, die dunkel vor der Geschichtsbetrachtung liegen, wenn wir die Spuren ihrer Kultur treffen wollen. Die Veden gehören schon einer späteren Zeit an; denn damals zeichnete man noch nichts auf. Das alte indische Volk stellt die erste Kulturgruppe nach der atlantischen Zeit dar; daher standen sie auch dem Atlantier noch am nächsten. Der Atlantier war eine Art Träumer; dumpf war sein Bewußtsein, nichts hatte er an Urteilskraft und Selbstbewußtsein; wie ein Träumer, halb unbewußt ging er umher. Die alten Inder waren die ersten, die diesen Zustand überwunden hatten, die aber doch noch halb darinnen wurzelten. Daher hatte der alte Inder in sich die Sehnsucht nach dem Erleben des alten Geisterlandes und jenem Schauen, das den Atlantiern noch eigen war. Die alte indische Jogaschulung bestand noch darin, daß sie in einer Art von Herabdämpfen des Bewußtseins den Menschen zurückversetzte in die Zeit, wo die Menschen noch die Geister um sich herum geschaut haben. Nach dieser Zeit des Hellsehens der alten Atlantier sehnte sich der Inder zurück, und die Rishis lehrten ihn in ihrer Jogaschulung die Methoden, die jetzt aber doch in einer andern Weise ausgebildet wurden. Der Atlantier hatte noch nicht die Urteilskraft entwickelt; in Indien hatte man schon Urteilskraft, aber man liebte sozusagen das, was man überwunden hatte, und man wußte es wieder hervorzurufen, das Bewußtsein herabzudämpfen und sich wieder zu erinnern an das, was man früher geschaut hatte. In ihren höchsten Repräsentanten hat sich die indische Kultur das noch bewahrt. Der Inder suchte sein Bewußtsein nicht zu erhöhen, sondern es traumhaft herabzudämpfen; daher das Untätige des indischen Wesens. Und es wäre ein grober Nachteil, sogar schädlich, wenn in höherem Grade das indische Leben die heutige Kultur ergriffe.

In der ersten Zeit hatten die Menschen überhaupt noch keine Mineralien gesehen; der Atlantier sah durchaus noch die Mineralien am undeutlichsten. Für ihn war die Geisterwelt da in seinen Visionen; sie war es, die in allem lebte. Er sah den Menschen umschrieben in Farben, in sympathischen Farben, wenn er ihm sympathisch war. Solch eine Welt suchte sich der Inder wieder hervorzuzaubern. Aber gerade darin besteht der menschliche Fortschritt, daß der Mensch immer mehr ein Verhältnis gewinnen muß zu dem, was hier in der Welt der Stofflichkeit vorhanden ist. Die Atlantier brauchten noch keine Werkzeuge; sie orientierten sich durch ihre Seherkraft; sie maßen den physischen Werkzeugen keine Bedeutung zu. Der Inder ist darin noch ein Nachzügler der Atlantier; daher ist ihm die physische Welt Maja, eine Art von Täuschung, von Lüge. Er hat nichts übrig für die Welt der äußeren Sinne. Er sagt: Erhebe dich zu der Welt des traumhaft Geistigen.

Der Fortschritt von diesem Indertum zu einer späteren Zeit bestand darin, daß in dem nächsten Kulturkreis, dem persischen, der noch vor Zarathustra liegt, die Menschheit zuerst schätzen lernte, was äußere Wirklichkeit ist. Das war eine zweite Kolonie, die von Gobi ausging, die ein urfernes Reich in Vorderasien begründete, aus dem das Reich des Zarathustra hervorging. Der Perser wird gewahr, daß es hier eine Welt gibt, in der er zu wirken hat. Das Göttliche erscheint ihm als etwas, mit dem er sich verbinden muß. Zwei Gottheiten stehen da vor seiner Seele: Ormuzd und Ahriman. Die Materie erscheint ihm noch als etwas, das er zu überwinden hat, woran er seine Kräfte messen muß. Aus der geistigen Welt nimmt er noch die Kräfte, die er braucht, um hier in dieser Welt zu arbeiten. Die Welt erscheint ihm als etwas Finsteres, das mit Hilfe des Lichtes des Guten umgewandelt werden muß. – Der Inder gründete eine Wissenschaft der bloß geistigen Welt, die ihm aber nichts sagte über die äußere Wirklichkeit. Beim Perser ist die äußere Wirklichkeit etwas anderes, das stetig durch Arbeit umgewandelt werden muß.

Die dritte Kolonie, die von Gobi ausging, zog weiter nach Vorderasien und gründete den chaldäisch-babylonisch-ägyptischen Kulturkreis. Diese Völker haben neben der früheren Wissenschaft des Geistes jetzt schon eine Wissenschaft der irdischen Welt. Bei den Ägyptern entstand eine Astrologie, eine Geometrie, durch die sie lernten, wie man die Erde behandelt und bebaut. Die Wissenschaft dehnte sich aus auf das, was der alte Inder noch als die Welt der Täuschung bezeichnete. Jetzt ist die Welt der Täuschung eine Welt des schärfsten Nachdenkens, sinnlichen Nachdenkens. Wenn der Inder sich in die Sternenwelt vertiefte, war sie ihm nur der Ausdruck des Geistigen. Der Chaldäer aber hatte eine Liebe für die körperliche Welt; sie war ihm das Glied der Gottheit, wo hinein man sich arbeitet, wo hinein man sich vertieft. Und dieses Hineinarbeiten vom Göttlichen in das Sinnliche, das sehen wir in der babylonisch-assyrischen Kultur.

Wir gelangen nun dazu, den vierten Kulturkreis zu betrachten, den wir den griechisch-lateinischen nennen. Da ist der Mensch selbst für die äußere Betrachtung schon gewonnen. Bei den Ägyptern wußte man bereits, daß die Welt kein Chaos ist, sondern sinnvoll erbaut durch unermeßliche Zeitenläufe hindurch. Die Sphinx und die Pyramide drücken große kosmische Wahrheiten aus. Sein Wissen davon geheimnißte der alte Ägypter in das Bild hinein; er schuf die Sphinx, die wie ein Rätsel der Entwickelung vor uns steht: der Entwickelung des höheren Menschlichen aus den früheren tierischen Zuständen. Das war für den Ägypter die Weisheit, die er auf seine Art in die Welt hinein aussprach. Und eine Maßausrechnung können Sie bei ihm finden, die vom Himmel heruntergeholt ist. Die Städte waren so eingerichtet, daß der Ägypter in ihrem Bau eine heilige Ordnung zum Ausdruck brachte, die ihm vorgeschrieben war; ein Abbild der Ordnung des Himmels versuchte der Ägypter da zu geben. Aber das Individuell-Menschliche war noch nicht darin begriffen. Das sehen Sie erst in der griechischen Kunst erblühen, wo der Mensch sich bereits erfaßt als unmittelbare Wirklichkeit und wo er ein Ebenbild seiner selbst im Raume schaffen will.

Immer vertrauter macht sich der Mensch mit dem, was der Inder als Maja bezeichnete. Der Mensch tritt sich selbst entgegen. Er schafft eine Welt innerhalb dessen, was der Inder Illusion genannt hat, und er ist sich bewußt, daß er diese Welt ohne Hilfe der Götter schaffen muß. Er verbindet sich immer mehr mit der äußeren Wirklichkeit und schafft aus eigenen Kräften das Göttliche in die äußere Wirklichkeit hinein. Aber wenn Sie die griechische Polis studieren, sehen Sie noch nichts von dem, was Rechtsbegriff ist. Das mußte der Mensch erst begründen im Römischen Reich als römisches Recht, in dem privaten Zusammenleben mit den andern, als römischer Bürger.

So gelangt der Mensch immer mehr zum Verständnis dessen, was sich hier in der äußeren Wirklichkeit vollzieht.

Der fünfte Kulturkreis sind wir selbst mit unserer materialistischen Zivilisation. Es ist die Zeit, in welcher der Mensch am tiefsten heruntergestiegen ist in die äußere Welt. Vergleichen Sie unsere Zeit mit den früheren: Wohl wissen wir die Kräfte der geistigen Welt anzuwenden auf unsere äußere Umgebung; überall tragen wir die geistige Welt hinein. Aber vom Standpunkt der Geisteswissenschaft aus hat das eine eigentümliche Perspektive. Erinnern Sie sich an die Zeit, in der der Mensch sich noch zwischen zwei Steinen das Mehl gemahlen hat. Er verwendet wenig Geisteskräfte darauf. Aber im alten Ägypten und

Chaldäa vertiefte er sich in die Himmelsweisheit; viel ist ihm da noch gesagt worden über den geistigen Sinn des Sternenhimmels und der Erde selber. Der Grieche schuf noch hinein in diese Welt der Wirklichkeit die idealisierte Menschengestalt.

Und wie ist das Bild unserer Zeit? Viel geistige Kraft wird da angewendet, um unsere Naturwissenschaft mit ihren technischen Anwendungen hervorzubringen. Aber wie groß ist denn der Unterschied, ob Sie sich mit primitiven Mitteln, oder unter Zuhilfenahme von Telephon, Maschinen und so weiter die Nahrungsmittel von Amerika herüberschaffen, die doch nur dazu dienen, um dasselbe Bedürfnis zu befriedigen, welches auch das Tier hier befriedigt? Versuchen Sie einmal zu prüfen, wieviel von dem Geschaffenen dem Geistesleben dient, und wieviel Geisteskraft gebraucht wird für das materielle Leben. Welch ungeheure Geisteskraft muß die Menschheit heute entwickeln, um materielle Bedürfnisse zu befriedigen! Es ist kein großer Unterschied, wenn das Tier hingeht und Graß frißt, oder wenn man sich durch allerlei Mittel die Nahrungsmittel von Amerika und Australien herübeschafft. Aber das ist keine abfällige Kritik, das muß so sein. So untertauchen mußte der Mensch in diese Welt. Der Inder sah die Welt noch als Illusion an; der heutige Mensch sieht diese Welt als die einzige Wirklichkeit an. Wir sind am tiefsten heruntergestiegen und haben dadurch die größten Fortschritte gemacht auf dem physischen Plan. Aber dieser Herunterstieg darf auch im geistigen Sinne kein vergeblicher sein!

Innerhalb unserer Zeit ist ein neues Element aufgetreten, das geradezu hineingepflanzt ist in das erste Drittel der nachatlantischen Zeit: es ist das Aufkommen des Christentums – der bedeutsamste Einschnitt in der Entwickelung der Erde überhaupt. Alles, was früher gewesen ist, ist für den Okkultismus nur Vorbereitung gewesen für das Christentum. Buddha, Hermes und so weiter sind nur prophetische Hindeutungen auf das Christentum, das gerade die Menschheit erheben soll aus der tiefsten Verstrickung in die Materie. Und es wird den Menschen wieder herausheben aus dieser Verstrickung. Jetzt beginnt wiederum der Aufstieg aus der Materie. Und die Aufgabe der Geisteswissenschaft ist, mitzuhelfen an diesem Aufstieg in die geistige Welt hinauf.

Der nächste Zeitraum unserer nachatlantischen Kultur wird zwar noch mehr Entdeckungen bringen; aber der Mensch wird in der äußeren Welt immer mehr nur die Buchstaben sehen. Ein wahres Christentum wird von der Außenwelt so sprechen, wie wir von dem sprechen, was verdichteter Geist ist, und aus der Materie heraus wird uns der Geist wiederum aufgehen. Nicht werden wir von der Außenwelt sagen, sie sei Illusion, wir werden sie völlig haben und nichts verlieren, und dennoch hinaufsteigen zu geistig Höherem. Und zu dieser Entwickelung wird das Christentum den größten Beitrag zu liefern haben. Schon in dem sechsten Zeitraum wird das, was heute für wenige verkündet wird, imstande sein, große Menschenmassen zu ergreifen und sie mit sich fortzureißen; und damit wird die Menschheit die Einsicht erlangen in die geistige Welt. Was heute Gedanke ist, wird in der Zukunft eine Kraft sein. In der sechsten Kulturperiode werden viele diese Gedankenkraft haben. Was sich heute theosophisches Christentum nennt, wird sich ausbreiten über große Menschenmassen. Immer kräftiger werden diese Gedanken werden; schöpferisch werden sie wirken bis auf die menschliche Gestalt. – Früher hat der menschliche Leib ganz anders ausgesehen als heute; Sie wären erstaunt, wenn ich Ihnen diesen früheren Leib schildern würde. Aber dadurch, daß der Körper noch weich war, hatte das Ich einen viel größeren Einfluß auf dessen Gestaltung. Von dem Einfluß des Willens der Seele auf den menschlichen Leib ist dem Menschen heute nur noch ein ganz spärlicher Rest zurückgeblieben: Wenn Sie einen Schreck erleben, werden Sie bleich, weil der innere Seelenzustand bis ins Blut dringt; die Körperfarbe verändert sich. Aber Sie könnten bei andern Körperzuständen sehen, wie wenig Gewalt nur der Mensch heute über seinen Körper hat. Beim Aufstieg wird das wiederum anders werden; der Körper wird sich immer weicher und weicher gestalten, und der Mensch wird wieder seinen Einfluß auf den Leib gewinnen, wenn er in sich immer kräftiger die Gedanken werden läßt, die heute erst spärlich auftreten; die werden dann den Körper selbst umgestalten können. Der Mensch wird wiederum seinen Körper selbst bilden können, allerdings erst in einer sehr fernen Zukunft.

Die Geschlechtlichkeit wurde dem Menschen erst aufgedrückt während der lemurischen Zeit; vorher war er ein zweigeschlechtliches Wesen, männlich und weiblich zugleich. Mit der Eingliederung des Ich zerfällt der Mensch in zwei Geschlechter. Diesen Moment werden wir noch genauer kennenlernen, wenn wir den Gang des menschlichen Blutes näher beleuchten werden. Dann werden wir auf dieses Problem der Geschlechterteilung zu sprechen kommen, und auch darauf, daß das, was heute Geschlechtertrennung ist, wiederum verschwinden wird.

So blicken wir auf eine Zukunft hin, in welcher der Mensch wiederum ganz anders auf den Leib zurück wird wirken können.

Was ist es zum Beispiel, wenn dem Menschen die Schamröte ins Gesicht steigt? Was ist denn das? Ein letzter Rest von dem, was der Mensch früher als Einfluß auf seinen Leib hatte. Immer mehr wird der Mensch wieder bewußt in seinen Leib hineinarbeiten können. Und dann wird die Zeit kommen, wo der Mensch fähig sein wird, seinen Herzmuskel zu einem willkürlichen Muskel zu machen. Die Wissenschaft stellt Ihnen das Herz so dar, als ob es ein bloßer physischer Apparat, eine Pumpe sei. Aber das Blut strömt nicht nur durch den Leib, weil das Herz das Blut durchpumpt, sondern alles, was im Blute ist, hängt von der Seele ab. Das Blut pulsiert unter den verschiedenen Gefühlen schneller oder langsamer, und das Blut ist es, das die Herzbewegung hervorruft. Aber in der Zukunft wird der Mensch einen bewußten Einfluß auf das Herz gewinnen; daher ist das Herz ein Organ, das heute erst im Anfange seiner Entwickelung steht. Ein Muskel der geistigen Entwickelung ist das Herz, ein Organ, durch das der höher gestiegene Mensch sich zu seinem Ausdruck bringt und dadurch auf seinen ganzen übrigen Körper schöpferisch wirkt.

Das Herz ist erst im Anfange seiner Entwickelung; daher ist es auch für die materialistische Wissenschaft ein Kreuz. Die materialistische Wissenschaft sagt Ihnen: Alle Muskeln, mit denen Sie sich bewegen, sind quergestreifte Muskeln; alle die Muskeln, die unwillkürlich sind, zum Beispiel die, die mit dem Verdauungssystem zusammenhängen, sind langgestreift. Das Herz ist nun ein eigentümliches Organ, welches diese ganze Rechnung auf den Kopf stellt. Es ist ein unwillkürlicher Muskel, und es hat quergestreifte Muskelfasern: weil es auf dem Wege ist zu einer höheren Entwickelung, darum hat es heute schon quergestreifte Fasern.

Ich werde Ihnen morgen noch zeigen, wie gewisse Dinge sich aufklären, wenn wir sie im Lichte der Geisteswissenschaft betrachten.

So wirkt Theosophie lichtverbreitend auf das, was um uns herum ist. Alles, was Materie geworden ist, erlösen wir aus seinem heutigen erstarrten Zustand. Das ist der Erlösungsgedanke in seinem tiefsten Wesen begriffen! Der Mensch hat sich immer höher entwickelt; er ließ dabei immer gewisse Reiche zurück. Er wird mächtig werden, und er wird das, was er zurückgelassen hat, wieder erlösen, und er wird die Erde miterlösen. Er darf sie aber nicht verachten, sondern muß sich mit ihr verbinden, wenn er ihr die Erlösung bringen will.

ZWÖLFTER VORTRAG

Kassel, 27. Juni 1907

Wir haben gestern versucht, den Werdegang der Menschheit kosmisch und auch auf unserer Erde zu verfolgen. Heute werde ich nur noch – um dann den Übergang zu finden sowohl zu dem, was die Theosophie zu sagen weiß über die Bedeutung des Christentums, wie auch über die christliche Einweihung – zu diesem Werdegang der Menschheit einiges ergänzend hinzufügen. Zunächst bitte ich Sie, noch einmal das geistige Auge zum Ausgangspunkt des Menschenwerdens zu wenden.

Wir haben gesagt, daß die Erde bei der Trennung von dem heutigen Mond umschlossen war von einer Art von Urmeer, und wir haben charakterisiert, wie sich dazumal der physische Mensch vereinigte mit dem geistig-seelischen Menschen. Und dann haben wir diesen Werdegang verfolgt bis in unsere Tage hinein, die wir erkannt haben als die des tiefsten Niedergangs der Menschheit mit dem Geiste in die Materie hinein. Wir haben erkannt, daß nun wieder ein Aufstieg stattfinden muß, eine Vergeistigung, und haben auch davon gesprochen, welche Mission die Theosophie oder Geisteswissenschaft zu haben glaubt in bezug auf diesen Werdegang.

Wir haben ja schon darauf aufmerksam gemacht, daß damals bei den Lemuriern die Trennung der beiden Geschlechter stattgefunden hat. Zwei Geschlechter haben bei den niederen Wesen auf dem Monde auch schon bestanden; aber der Mensch, der in einem jeden von Ihnen wohnt, wurde erst in der damaligen Zeit bei der Eingliederung in die körperliche Gestalt in zwei Geschlechter geteilt. Wir müssen uns des Menschen Vorzeit – vor seiner Teilung in zwei Geschlechter, in ein männliches und ein weibliches – so denken, daß das, was wir als Geschlechtlichkeit bezeichnen, überhaupt noch nicht vorhanden war, oder wenigstens eine ganz andere Form hatte. Nun beruht gerade viel darauf, daß wir verstehen, welche Bedeutung für die ganze menschliche Entwickelung dieses hat, was ich eben angeführt habe.

Wenn nämlich die Trennung in zwei Geschlechter nicht eingetreten wäre, wenn nicht im Zusammenwirken des Männlichen und Weiblichen die heutige Menschheit ihren Werdegang durch die Welt vollendete, so wäre dieser Mensch ganz anders gestaltet. Gerade von der Einwirkung des Männlichen kommt das Individuelle im Menschen. Ich habe Ihnen gestern den Unterschied zwischen einer Gruppenseele und einer individuellen Seele klargemacht. Bei den Tieren ist das ganz anders. Das Tier hat die Geschlechter schon auf dem Astralplan. Der Mensch dagegen hatte, bevor er nicht in die einzelnen Menschenleiber getropft ist, auf dem astralen Plan die zwei Geschlechter durchaus noch nicht, – oder noch nicht, wie man sagt, das Gefallensein in die Geschlechter. – Wenn nun in der physischen Welt sich das Geschlechtlose des Menschen fortgepflanzt haben würde, wenn also an die Stelle der Zweigeschlechtlichkeit eine Art Ungeschlechtlichkeit getreten wäre, wäre es nicht möglich gewesen, den Menschen zu einem individuellen Wesen zu machen. Das ist gerade der Sinn der Menschheitsentwickelung, daß die einzelnen Menschen immer individueller und individueller werden.

Würden wir in die Zeit, die ich gestern charakterisiert habe, noch einmal zurückgehen, so würden wir sehen, wie die Menschen in ihren äußeren Gestalten sich sehr gleichen. Durch das Zusammenwirken der beiden Geschlechter entstand die individuelle Verschiedenheit; und die individuelle Verschiedenheit wird immer größer, je weiter der Mensch der Zukunft entgegengeht. Ohne die Trennung in die Geschlechter würden die Generationen sich immer ähnlich sehen. Wir müssen geradezu sagen: daß der Mensch ein immer selbständigeres Wesen wird, das hängt ab von den zwei Geschlechtern.

In jener Urzeit und noch weit in die atlantische Zeit hinein, ja noch bis in die nachatlantische Zeit hinein, sehen Sie bei der Menschheit das herrschend, was wir die «nahe Ehe» nennen, und erst nach und nach ist an die Stelle der nahen Ehe die «ferne Ehe» getreten. In urferner Zeit heiratete man innerhalb kleiner Blutsverwandtschaften und kleiner Sippen. Bei allen Völkern finden Sie die Hinweisung auf das Hineinheiraten irgendwelcher Angehörigen in einen andern Stamm als auf etwas Ungewöhnliches, und überall wird das als ein wichtiges Ereignis aufgefaßt.

Je weiter wir zurückgehen, finden wir es als etwas Moralisches, daß die Menschen in zusammengehörigen Stämmen sich heiraten, daß verwandtes Blut sich nur mit verwandtem Blute mischt. Diesen Prozeß können wir am besten klarlegen, wenn wir von einem Vergleich ausgehen, der, während alle andern Vergleiche hinken, etwas außerordentlich Treffendes hat. Ich möchte Ihnen da eine kleine Erzählung geben.

Sie kennen *Anzengruber* und *Rosegger*. Rosegger ist ein Dichter, der mit großer Hingabe seine Dorfgestalten schildert. Auch Anzengruber kennt seine Sache, er, der in dem Drama «Der Meineidbauer» in großartiger Weise die Bauern – also ähnliche Gestalten – auf die Bühne zu stellen vermag, so daß sie fest dastehen. Wir wissen, wie großartig plastisch sie dastehen im «Meineidbauer», im «Pfarrer von Kirchfeld» und andern. Nun gingen einmal Rosegger und Anzengruber miteinander spazieren, und Rosegger sagte: Ich weiß, daß du dir eigentlich nie die Bauern anschaust; du würdest sie vielleicht noch besser schildern, wenn du zu ihnen ins Dorf gingest. – Da sagte Anzengruber: Wenn ich das täte, würde ich vielleicht ganz und gar irre werden. Ich habe eigentlich nie Bauern näher kennengelernt; daß ich sie so schildern kann, rührt davon her, daß mein Vater, mein Großvater und alle meine Vorfahren Bauern waren, und dieses Bauernblut habe ich noch in mir. Aus diesem Bauernblut heraus schaffe ich meine Gestalten und kümmere mich nicht um die andern; das rumort sozusagen noch in meinem Blute!

Das ist eine interessante Tatsache, die uns auf das hinführt, was wir zu betrachten haben. Wo das Blut ungemischt bleibt, wie es in den alten Stammesgemeinschaften oder bei den Bauern Anzengrubers der Fall war, bleibt eine derartige starke Erscheinung, wie sie bei dem Dichter Anzengruber in der letzten Verkörperung noch da war. Er hatte die Gestaltungskraft ererbt und wußte das ganz genau zu schätzen: es rann durch das Blut der Generationen die Gestaltungskraft. So ist es wirklich, wo verwandtes Blut nur mit verwandtem Blut sich mischt. Und auf die bildnerische Kraft der Seele wirkt die Mischung des fremden Blutes zu fremdem Blut auslöschend. Hätte Anzengruber irgend jemanden geheiratet, der einer ganz andern Klasse angehörte, so würden seine Kinder nicht mehr diese Gestaltungskraft gehabt haben.

Fast bei allen Völkern, die heute noch existieren, können wir im Anfange diese Erscheinung beobachten: überall ist mit dem Heiraten in kleinen Blutsverwandtschaften ein ganz außerordentliches Gedächtnis verknüpft. Es ist verknüpft mit jenem dumpfen, dämmerhaften Hellsehen. Sie erinnern sich an das, was Sie seit der Geburt erlebt haben und betrachten das zusammengehörig mit der Persönlichkeit. Bevor die nahe Ehe ersetzt wurde durch die ferne Ehe, erinnerte man sich buchstäblich an das, was der Großvater und die Vorfahren bis weit hinaus erlebt hatten; man sagte «ich» und hatte die Erlebnisse von dem, was da der Großvater, Urgroßvater und so weiter zurück erlebt haben. Je weiter wir zurückgehen, desto mehr finden wir das durch die Generationen hinaufreichende Gedächtnis.

Und das Interessante ist, daß sich die Völker gar nicht als einzelne Iche gefühlt haben; sie sagten zum Großvater «ich», indem sie wieder sich denselben Namen beilegten, ein Name, der alle umfaßte. Mit demselben Recht, wie Sie sich heute einen Namen geben und den beziehen auf die einzelne Persönlichkeit, gaben sich diese Völker einen Namen, der weit hinaufreichte in die Jahrhunderte hinein, weil die Geburt das Gedächtnis nicht abriß. Der einzelne Mensch hatte keinen Namen, denn die Geburt war kein besonderes Ereignis. Solange der Faden des Gedächtnisses reichte, hatte man für alle nur *einen* Namen. Sie haben ein Dokument für diese Namengebung in der Bibel; alles Streiten über die Bedeutung der Patriarchennamen ist nur ein Gelehrtenstreit. Adam war deshalb Adam, und so alt, weil das Gedächtnis sich Jahrhunderte hinauf erhalten hat, weil der, der von einer Persönlichkeit abstammte, sich mit ihr als ein Ich fühlte. Das alles hieß «Adam», wo das durch die Jahrhunderte hindurchfließende Blut ein solches Gedächtnis erzeugt. Solange das Gedächtnis sich bewahrte in der Generationenreihe und man sich der Ereignisse seiner Vorfahren erinnerte als seiner eigenen, so lange sagte man: Adam ist noch da. – Man empfand sich gar nicht als einzelne physische Persönlichkeit, sondern man empfand sich als das, was geistig vorhanden war und die Personen zusammenhielt.

Dann kam immer mehr die Fernehe, und die Mischung des Blutes wird immer mehr das Gedächtnis abtöten, das über die einzelne menschliche Erscheinung hinausgeht. Die Einengung des Gedächtnisses ist als eine Folge der Fernehe gekommen. So ist der Gang der Menschheit, daß der einzelne immer mehr hinauswächst über den Stamm. In dem gemeinsamen Blut, das durch die Stämme ging, floß auch der gemeinsame

Ausdruck für dieses Blut: die Liebe. Das liebt sich, was verwandtes Blut hat. Im Laufe der Zeit wird aber jene Liebe, die wir als Urliebe bezeichnen können, die an das Blut gebunden ist und zur Bildung einer ganzen Familie geführt hat, erlöschen. Die Liebe der Vergangenheit ist eine ganz andere als die, welche uns als die Liebe der Zukunft entgegenleuchtet. In den nachatlantischen Zeiten finden wir noch die Liebe durch das Blut vorherrschend: das liebt sich, in dessen Adern gemeinsames Blut ist. Aber das wird immer mehr verschwinden; die Menschen gehen immer mehr aus den engen Blutsverwandtschaften heraus und werden individuell.

Diese Urliebe, die entstanden ist mit dem Heruntersteigen der Seelen in die physischen Leiber, steht also abnehmend in dem Zeitenlauf vor uns; die floß in den Menschen in dem Moment ein, der in der Bibel mit den Worten geschildert wird: «Und Gott blies dem Menschen den Odem ein, und er ward eine lebendige Seele.» Damals aber entstand noch etwas anderes. Der Mensch war eine lebende Seele und damit ein Lungenatmer geworden. Die Luft, die er so einatmete, bewirkte sein rotes Blut, und in dem roten Blut drückt sich die Ich-Natur aus. Solange das Blut ein gemeinschaftliches ist, so lange ist das Ich ein gemeinsames, wie wir es im Judentum sehen, wo ein ganzes Volk von einer Gruppenseele beherrscht ist. Aber immer mehr reifen die Menschen dazu heran, unabhängig zu werden von dem Verwandtenblut. Als der Odem in den Menschen eingezogen ist, war dies die erste Anlage zur Blutbildung. Aber erst durch lange Zeiträume ist die Menschheit reif geworden, dieses Blut so zu durchwirken, daß anstelle der Urliebe die allgemeine Menschenliebe treten kann. Denken Sie sich den Fortgang der Menschheit, wie ich ihn eben geschildert habe: Die Urliebe würde allmählich sterben, die Verwandtenliebe – von Mutter zu Kind und so weiter – müßte abnehmen; das Blut wirkt nicht so weit, daß ein Band der Liebe die ganze Menschheit umfassen könnte, und die Gewalt des Ich, die Gewalt der Selbstsucht wird immer größer werden. Da mußte ein Ereignis eintreten, das an die Stelle der Urliebe eine andere Liebe, eine geistige Liebe ins Dasein gerufen hat: dieses Ereignis ist das Christentum. Mit dem Erscheinen des Christentums ist das hintangehalten worden, was sonst eingetreten wäre: das Auseinanderfallen der ganzen

Menschheit zu einzelnen Menschenatomen. Die Menschen müssen immer selbständiger werden, das liegt in der Entwickelung ihres Blutes; aber nun muß auf geistige Art wieder zusammengeführt werden, was auf natürliche Art auseinandergetrieben worden ist, durch die neue Kraft, die jetzt ohne Blutsliebe wirken kann: dies ist das Christentum. Das Mysterium von Golgatha bekommt damit eine fundamentale Bedeutung für die ganze Menschheitsentwickelung. Wenn wir das verstehen, verstehen wir die Bedeutung des Wortes: das Blut Christi. Nicht ist es etwas, was man nur äußerlich erfahren und erforschen kann, sondern etwas, was selbst als mystische Tatsache betrachtet werden muß. Mit vollem Bewußtsein ist daher mein Buch genannt – nicht die «Mystik des Christentums», sondern: «Das Christentum als mystische Tatsache.»

Um zu begreifen, was der Christus Jesus selbst auf der Erde war, um zu verstehen, daß das Christentum solch eine fundamentale Bedeutung hat, müssen wir auf die Vorbereitungen zum Christentum eingehen. Die waren in allen alten Zeiten schon vorhanden. Sie können wirklich erkennen, wie der alte Christ dies anschaute, wenn Sie eine Stelle bei *Augustinus* nehmen: Was man heute christliche Religion nennt, ist die wahre Religion immer gewesen, nur daß, was früher die wahre Religion war, heute die christliche Religion genannt wird. – Augustinus wußte in seiner Zeit noch, daß das Christentum eine Voraussetzung hat: das, was in den alten Mysterien getrieben worden ist. Und gerade dies soll durch die theosophische Bewegung den Menschen enthüllt werden. Ich möchte das durch ein paar Worte charakterisieren.

Da gab es Schulen, die zu gleicher Zeit Kirchen und auch Kunststätten waren; an der Spitze dieser Schulen standen die Leiter der Menschheit, die am meisten in der Entwickelung Vorangeschrittenen. Jene Menschen, die man für geistig geeignet hielt, selber eine Anschauung gewinnen zu können von dem, was um uns herum ist als geistige Welt, wurden dort aufgenommen. Sie wurden sorgfältig vorbereitet, indem sie zuerst die Tatsachen der geistigen Welt theoretisch kennenlernen mußten, ungefähr so, wie wir heute in der Geisteswissenschaft lernen. Dann kamen immer höhere Stufen. Das Lernen änderte sich in Leben um, das Exoterische in das Esoterische. In allem wurden sie lebendig unterrichtet. Es war strenge Vorschrift, wie der Schüler sein

Leben einzurichten hatte, damit er langsam aufsteigen konnte zu dem Anschauen der geistigen Welt. Es hatte der Schüler zuerst die Tatsachen und Gesetze der geistigen Welt gelernt, und hatte sich dann durch Übungen, die ihm vorgeschrieben waren, die Organe geschaffen, um hineinschauen zu können in diese geistige Welt.

Und nun will ich Ihnen den Schlußakt davon erzählen. Sie müssen sich erinnern, daß der Schlaf des Menschen darin besteht, daß der Astralleib aus dem Äther- und physischen Leibe heraus ist, und daß der Tod darin besteht, daß der physische Leib allein bleibt und der Äther- und Astralleib vereinigt sind. Nun war es so, daß der Führer der Mysterien, der Hierophant, durch die entsprechenden Methoden, die man anwenden konnte, den Menschen so behandelte, daß der physische Leib durch dreieinhalb Tage hindurch wie tot dalag, und der Ätherleib mit den übrigen Gliedern des Menschen außerhalb war. Das war weder ein Schlaf noch ein Tod, sondern ein drittes. Es war alles so vorbereitet, daß der Mensch während dieser dreieinhalb Tage die Wanderung durch die höheren Welten machen konnte; er lernte jetzt durch die Anleitung des Hierophanteninitiators die Dinge kennen, die wir auch in den vorhergehenden Vorträgen beschrieben haben. Das alles lernte er durch eigene Anschauung kennen. Ein zweimal geborener Mensch war er nach dreieinhalb Tagen. Wenn er jetzt wieder zurückkehrte, erinnerte er sich an alles, was er in den jenseitigen Welten erlebt hatte; er war jetzt ein lebendiger Zeuge dessen, daß es solche Welten gibt. Seine Worte waren jetzt anders, als sie früher erklungen waren. «Selig» war er geworden, und anwendbar war auf ihn das Wort: «Selig sind, die da schauen.»

Wenn er zurückkam, bekam er einen ganz neuen Namen; er legte seinen Namen ab und führte als ein Eingeweihter seinen neuen Namen weiter. Und eine eigentümliche Erscheinung trat ein, wenn er herunterkam und seinen physischen Leib wieder bezog, wenn er wieder in der physischen Welt leben konnte. Dann entrang sich allen – das war Gesetz – ein einziger Ausspruch, der in deutscher Sprache lauten würde: «Mein Gott, mein Gott, wie hast du mich verherrlicht!» Dies empfand ein solcher Mensch, der so weit gekommen war; er sagte von sich: Alles, was von der Urliebe noch da war, was dem Menschen durch das Blut eingepflanzt werden mußte, muß bei mir ersetzt werden durch eine

Liebe, die keinen Unterschied kennt zwischen Mutter, Bruder, Schwester und den andern Menschen. – Er hatte geistig verlassen Eltern, Weib und Kind, Bruder und Schwester, und war ein Nachfolger des Geistes geworden. In ihm, sagte man, war der Christus lebendig geworden.

Das alles hatte sich in der Verborgenheit der Mysterien vollzogen. Solche Menschen waren die Zeugen für die geistige Welt. Solche Menschen waren auch Propheten, denn sie deuteten auf ein kommendes Ereignis, und dies ist kein anderes als das Mysterium von Golgatha. Was für den einzelnen Menschen in den Mysterienschulen geschah, vollzog sich für die ganze Welt einmal in der physischen Welt in Palästina. Wenn Sie heute die Vorschriften für die alten Eingeweihten nehmen könnten, würden Sie sehen, daß jene Vorschriften mit diesen dreieinhalb Tagen ihren Abschluß bekamen: niemals hatte sich das früher auf dem physischen Plane abgespielt. Es begann damit eine neue Epoche. So daß Sie sagen können: Alle die Einweihungen waren prophetische Vorherverkündigungen dessen, was sich in dem Mysterium von Golgatha vollzogen hat; und nur dadurch konnte es sich abspielen, daß eine so umfassende Individualität, wie es der Regent der Sonnengeister war, eingekörpert war in den Leib des Jesus von Nazareth. Kein solches menschliches Ich, wie wir es in uns haben, hätte jemals das durchführen können, was sich da auf Golgatha abgespielt hat. Dazu gehörte ein solches Ich, das schon auf der Sonne damals so weit vorgeschritten war.

In dieser Weise begreifen wir die Gottmenschheit des Christus Jesus, die in der modernen Zeit so leicht geleugnet wird, weil man nicht mehr vermag, in die Tiefen der geistigen Welt sich einzuleben. Und so sehen wir, wenn wir die Sache im richtigen Lichte betrachten, auf Golgatha etwas sich abspielen, was eine Bedeutung hat, die weit über alles andere Geschehen hinausreicht.

Unter den neueren Geistern hat allein *Richard Wagner* wiederum etwas geahnt von der Bedeutung des Blutes. Ich habe Ihnen erklärt, wie das Drüsenleben des Menschen der Ausdruck des Ätherleibes ist, das Nervenleben der Ausdruck des Astralleibes, und wie der Ausdruck des Ich das Blutleben ist. Ich habe Ihnen gezeigt, wie in der Entwickelung des Blutes, wenn der Christus nicht gekommen wäre, eine Hinentwickelung zu einer größeren Selbstsucht eingetreten wäre; das Ich hätte die

Selbstsucht, die Ich-Sucht immer mehr vergrößert. Es mußte dasjenige Blut abfließen, hingeopfert werden, das in der Menschheit überschüssig war, damit sie nicht ganz aufgehe in Selbstsucht. Der wahre Mystiker sieht in dem Blut, das aus den Wunden des Erlösers fließt, das abfließende überschüssige Blut, das fließen mußte, damit die Menschheit nicht in Selbstsucht verfällt, damit eine geistig-seelische Bruderliebe die ganze Menschheit erfassen konnte. So sieht der Geisteswissenschafter das vom Kreuze strömende Blut an, das von der Menschheit genommen werden mußte, damit diese sich erheben konnte vom Materiellen. Damit ist an Stelle der Liebe, die durch das Blut zusammengehalten wurde, eine Zukunftsliebe aufgerichtet, die von Mensch zu Mensch geht. Und nur so kann verstanden werden das Wort des Christus Jesus: «Wer nicht verläßt Vater und Mutter, Bruder und Schwester, Weib und Kind, der kann nicht mein Jünger sein.» Das darf nicht anders als so aufgefaßt werden, daß durch die Tat von Golgatha alles überwunden wird, was vorher durch das verwandte Blut, durch die Verwandtenliebe gefestigt werden mußte. Derjenige, der an diese Stelle die neue, die geistig-seelische Liebe setzte, durfte sagen, daß die alte Liebe verlassen werden muß. So ist der Zusammenhang.

Die Erscheinung des Christus Jesus selbst ist eine tiefe mystische Tatsache und kann nur dann verstanden werden, wenn man nicht den Maßstab der Naturwissenschaft darauf anwendet. Wer das täte, würde dem gleichen, der eine Träne ansieht und sie nur nach dem Gesetz der Schwerkraft beurteilt, nicht als einen Ausdruck der Seele sehen will.

Solche Dinge sind eben nur mit der Geisteswissenschaft zu erfassen. Deshalb unterscheidet sich das Erscheinen des Christus Jesus auf Erden von dem aller andern Religionsstifter. Was die andern gegeben haben, ist eine Lehre. Bei dem Christus Jesus kann man wirklich sagen: Fast jedes Wort, das er gesprochen hat, ist schon einmal in irgendeinem Zusammenhange gesagt worden. Bei dem Hermes und Buddha kommt es an auf das, was sie gesagt haben: bei dem Christus Jesus kommt es darauf an, daß er da war, daß er gelebt hat, und daß sich das Mysterium von Golgatha vollzogen hat.

Wer daher ein Christ im richtigen geisteswissenschaftlichen Sinne sein will, ist es dadurch, daß er an die Gottheit des Christus Jesus selbst glaubt. Die ersten Jünger sagten nicht nur: Wir sind hinausgeschickt, daß wir die Worte verkünden sollen –, sondern sie sollten von seinem Dasein Zeugnis ablegen: «Wir haben die Worte selbst gehört und haben unsere Hände in seine Wunden gelegt.» Auf das Dasein kommt es an. Denken Sie sich bei den andern Religionen die Religionsstifter weg, Sie würden nichts dabei verlieren. Denken Sie sich den Christus Jesus weg – und das Christentum wäre nicht da! Das ist der Unterschied. Deshalb mögen die Menschen, wie *Darwin, Strauß, Drews* und so weiter noch so viel verkünden, daß man alle andern Religionslehren im Christentum wiederfinden könne, darauf kommt es nicht an; sondern darauf, daß Er da war, und daß Er das, was in den Propheten vorherverkündet war, als eine Tatsache darstellte. So ist das Christentum nicht Lehre, sondern Kraft. Wenn Sie sich auf einen andern Planeten von hier erheben könnten, würden Sie nicht nur die Erde, sondern auch den Äther- und Astralleib der Erde sehen, die geistige Erde außer der physischen; und könnten Sie auf diesem Stern durch Jahrtausende weilen, schon von der Zeit an vor dem Erscheinen des Christus Jesus, dann würden Sie gesehen haben, wie in dem Geist der Erde selber sich die Farbe des Astralleibes verändert hat dadurch, daß der Christus Jesus da war. Die Erde ist wirklich verändert; und die Menschen, die nach der Erscheinung des Christus Jesus leben, leben auf einer veränderten Erde und sind deshalb fähig geworden, den tiefsten Herabstieg des Geistes zu überwinden. Früher mußte man in die Geisteswelt erhoben werden, wenn man davon etwas wissen wollte; im Christentum ist das Mysterium selbst herabgestiegen. Für physische Augen war es da als historisches Ereignis. Die Gottheit mußte herabsteigen, um die Menschheit aus der physischen Welt wieder in die geistige hinaufzuführen.

So finden Sie das Christentum geschildert in dem reinsten Evangelium, dem Johannes-Evangelium. Es ist nicht nur eine Dichtung, sondern ein Lebensbuch. Der allein weiß, was das Johannes-Evangelium ist, der es erlebt hat; und wenn man es erlebt, kann man alles, was heute gesagt worden ist, als eigene Wahrheit verkünden.

Ich möchte nun noch kurz zeigen, wie der Mensch zu den Erkenntnissen des Christentums kommen kann.

Unter vielen Büchern ist das Johannes-Evangelium dasjenige, das die Methoden angibt, mit deren Hilfe man die Tiefen des Christentums ergründen kann. Selbst als das Christentum noch nicht in der heutigen Form da war, wurde es schon in den Schulen gelehrt; so bei *Dionysius dem Areopagiten,* einem Schüler des Apostels Paulus. In den alten Zeiten war es üblich, durch die Jahrhunderte hindurch den eigentlichen Träger der Mysterien mit demselben Namen zu belegen, so daß der, welcher die Geheimnisse überkommen und sie aufgeschrieben hat, auch so genannt wurde.

Wer vom Standpunkt der Esoterik aus sich in die ersten Worte des Johannes-Evangeliums hinein vertieft, erlebt es, daß sie eine weckende Kraft in seinem Inneren sind. Dann muß man allerdings das Johannes-Evangelium so anwenden, wie es ursprünglich angewendet worden ist, und man muß die Geduld haben, immer wieder die ersten Sätze des Johannes-Evangeliums als seinen Meditationsstoff zu nehmen und sie jeden Morgen an seiner Seele vorüberziehen lassen. Dann ist das eine Kraft, die tief in unserer Seele verborgene Kräfte herausholt. Allerdings muß man eine richtige Übersetzung dafür haben. Sie müssen ungefähr an deutschen Wortcharakteren ausdrücken, was wirklich im Urtext dastand. In einer möglichst richtigen Übersetzung möchte ich Ihnen anführen, daß charakteristisch in den Worten das eigentliche Geistesleben des Johannes-Evangeliums angegeben wird:

> «Im Urbeginne war das Wort, und das Wort war bei Gott, und ein Gott war das Wort.
> Dieses war im Urbeginne bei Gott.
> Alles ist durch dasselbe geworden, und außer durch dieses ist nichts von dem Entstandenen geworden.
> In diesem war das Leben, und das Leben war das Licht der Menschen.
> Und das Licht schien in die Finsternis, aber die Finsternis hat es nicht begriffen.
> Es ward ein Mensch, gesandt war er von Gott, mit seinem Namen Johannes.
> Dieser kam zum Zeugnis, auf daß er Zeugnis ablege von dem Lichte, auf daß durch ihn alle glauben sollten.
> Er war nicht das Licht, sondern ein Zeuge des Lichtes. Denn das

wahre Licht, das alle Menschen erleuchtet, sollte in die Welt kommen.
Es war in der Welt, und die Welt ist durch es geworden, aber die Welt hat es nicht erkannt.
Zu den einzelnen Menschen kam es, bis zu den Ich-Menschen kam es, aber die einzelnen Menschen, die Ich-Menschen, nahmen es nicht auf.
Die es aber aufnahmen, die konnten sich durch es als Gotteskinder offenbaren.
Die seinem Namen vertrauten, sind nicht aus Blut, nicht aus dem Willen des Fleisches und nicht aus menschlichem Willen, sondern aus Gott geworden.
Und das Wort ist Fleisch geworden und hat unter uns gewohnet, und wir haben seine Lehre gehöret, die Lehre von dem einigen Sohne des Vaters, erfüllt von Hingabe und Wahrheit.»

Ich könnte Ihnen nun viel erzählen, wie Sie sich hineinleben müßten in die einzelnen Kapitel des Johannes-Evangeliums. Ich will Ihnen nur eine Probe geben, wie Sie die Kapitel vom dreizehnten ab benutzen müßten, wenn Sie ein wirklicher Zögling der christlichen Einweihung wären. Was ich Ihnen in Worten sage, hat sich an Tatsachen abgespielt. Ich will es zum Verständnis in eine Dialogform kleiden, die Ihnen eine Vorstellung geben könnte, was sich zwischen Lehrer und Schüler abgespielt hat.

Da sagte der Lehrer zum Schüler: Du mußt ein Gefühl in dir entwickeln, dir folgendes denken: Du mußt dich versetzen in die Pflanze. Könnte sie Bewußtsein haben wie du, und könnte sie durch dieses Bewußtsein herunterblicken zu den Steinen, so würde sie sagen: Du toter Stein, du bist in der Reihe der Wesen ein niedrigeres Wesen als ich selber; ich bin höher. Aber könnte ich heute so als Pflanze da sein, wenn nicht du jetzt als Stein da wärest? Ich hole meine Nahrungssäfte aus dir heraus. Ich könnte nicht sein ohne das, was niedriger ist als ich. – Und könnte die Pflanze fühlen, dann würde sie sagen: Zwar bin ich höher als der Stein, aber ich neige in Demut mich zu ihm herunter, da mir der Stein das Dasein möglich gemacht hat. – Ebenso müßte sich das Tier zur Pflanze neigen und sagen: Ohne daß du, Pflanze, da bist, könnte ich nicht sein, obwohl ich höher bin als du. Ich verdanke dir niedrigerem Wesen mein Dasein. In Demut neige ich mich vor dir.

Gehen Sie jetzt hinauf zum Menschen, zu den verschiedensten, den niederen und höheren, was müßte ein jeder sagen, der auf der Entwickelungsstufenleiter etwas höher steht als die andern? Wie die Pflanze zum Mineral, wie das Tier zur Pflanze, so müßte ein jeder Mensch, der höher steht, sich herunterneigen zu dem niedereren und sagen: Zwar bist du niedriger, aber dir verdanke ich, daß ich da sein kann!

Nun denken Sie sich dies bis zu dem Höchsten, bis zu dem Christus Jesus ausgeführt, und Sie haben das Verhältnis des Christus Jesus zu den Aposteln, mit denen er zusammen war und zu denen er sich herunterneigte, wie die Pflanze zum Mineral, und ihnen die Füße wusch: «Aus euch bin ich hervorgegangen, ich neige mich zu euch herunter.»

Solche Gefühle durch alle Stufen hindurch mußte der Schüler durch lange Zeiträume durchmachen. Und immer lebendiger werden mußte dieses Gefühl; dann erwachte er auf der ersten Stufe der christlichen Einweihung. Durch ein äußeres und durch ein inneres Symptom kann man das fühlen: das äußere ist das, daß der Schüler wirklich eine Zeitlang so empfindet, als ob seine Füße umflossen wären vom wässerigen Element. Und das innere Symptom ist, daß er das dreizehnte Kapitel des Johannes-Evangeliums als eine innere Vision selbst erlebt auf dem Astralplan.

Dann schritten sie weiter. Der Lehrer sagte dem Schüler: Du mußt noch weiteres erleben; du mußt nunmehr dir vorstellen, daß von allen Seiten körperliche und seelische Leiden und Schmerzen auf dich einstürmen würden. Du mußt dich gegen alles stark machen, so daß du sagen könntest: Was auch für Schmerzen und Leiden auf mich einstürmen, ich stehe aufrecht und lasse mich nicht zu Boden werfen. – Dieses nennt man die «Geißelung». Das äußere Symptom dafür ist, daß man etwas spürt wie Schmerzen in seiner Haut, die ein Kennzeichen dafür sind, daß die Seele so weit ist. Und das innere Symptom ist so, daß man sich selbst auf dem Astralplan als gegeißelt sieht. Das Wesentliche aber ist das, was die Seele errungen hat an innerem Erleben.

Das dritte, was der Schüler von dem Lehrer hört, ist folgendes: Jetzt mußt du ein Gefühl entwickeln, daß du nicht nur standhältst gegen alle

Schmerzen, die auf dich einstürmen, sondern du mußt standhaft bleiben, wenn auch das Heiligste in dir in den Staub gezerrt würde. So stark mußt du bleiben, daß alle Leute dir sagen könnten: Das ist nichts wert. – Selbst wenn die Leute es dir zertreten, du mußt wissen, was es wert ist, und mußt gegen eine ganze Welt standhalten können. – Hatte der Schüler das erlangt, dann sagte man: er hat die «Dornenkrönung» erlebt. Das äußere Symptom ist ein Gefühl wie von einem gewissen Schmerz im Kopf, und das innere Symptom ist, daß man sich in der Situation des dornengekrönten Erlösers sieht.

Das vierte ist dann dieses: Der Lehrer sagt dem Schüler: Du mußt ein ganz neues Verhältnis zu deinem Leibe gewinnen. Du wohnst in deinem Leibe; jetzt aber mußt du ihn als etwas ganz Fremdes betrachten, wie der äußere Tisch dir ein fremdes Ding ist, und mußt sogar verstehen lernen zu sagen: Ich trage meinen Leib durch die Welt. – Er muß etwas sein, was dir so fern steht wie andere äußere Gegenstände. – Dann sagte man, man hat die «Kreuzigung» erlebt. Wie der Erlöser das Kreuz trug, so trug man den eigenen Leib wie etwa ein Stück Holz. Das äußere Symptom für die Kreuzigung selbst sind die Stigmata. Der Schüler ist imstande, in der Meditation willkürlich die Blutmale an sich hervorzurufen, an den Händen, an den Füßen und an der rechten Seite der Brust; da treten die roten Flecken auf, die an die Kreuzeswunden erinnern. Diese «Blutsprobe» ist ein äußeres Symptom dafür, daß man das innere Wesen des Christentums kennengelernt hat. Und das innere Erleben ist: man sieht sich selbst am Kreuze hängen in einer astralen Vision.

Die fünfte Stufe ist das, was man den «mystischen Tod» nennt. Das kann man nur mehr annähernd beschreiben. Der mystische Tod besteht darin, daß er tatsächlich für den Menschen einmal so auftritt, als ob die ganze Welt für ihn in finsterste Finsternis getaucht wäre und es wie eine schwarze Wand vor ihm stünde. Die ganze Sinneswelt ist wie ausgelöscht und versunken; das kann man erleben. In diesem Augenblick lernt man kennen – was man eigentlich nur durch dieses Ereignis kennenlernen kann – alles, was an Bösem und Schlechtem, an Üblem in der Welt vorhanden sein kann. Um das Leben kennenzulernen, muß man dies auch durchmachen. Man nennt es das «Hinabsteigen in die Hölle».

Dann folgt ein eigenartiges Ereignis: Sie sehen es, wie vor den Augen ausgebreitet. Jene Wand geht auseinander: es ist das «Zerreißen des Tempelvorhanges», und dann blickt man hinauf in die geistige Welt. Das nennt man den «mystischen Tod und das Zerreißen des Vorhangs».

Die sechste Stufe ist die «Grablegung und Auferstehung», wo der Mensch sich zu den früheren Gefühlen noch jenes aneignet, daß die andern äußeren Gegenstände ihm noch etwas werden, was wie zu seinem Körper gehört, wo die ganze Erde noch zu ihm gehört. Wie der Finger sagen könnte: Ich bin nur ein Finger dadurch, daß ich am Organismus der Hand bin –, so ist der Mensch nur auf der Erde dadurch, daß er der Erde angehört. Die Menschen können auf der Erde herumwandeln, und daher halten sie sich für selbständig. Wenn man sich mit diesem Gefühl durchdringt, daß alles zu uns gehört, dann tritt das ein, was man nennt die «Grablegung»: man ruht geistig-seelisch in der Erde drinnen, und erst danach ist man gleichsam auf geistige Weise wieder auferstanden. Man versteht dann erst die Tat des Christus Jesus, der sich durch den Tod mit der Erde verbunden hat und so, wie er dereinst Regent der Sonne war, nun Geist der Erde geworden ist. Und wörtlich sind die Worte im Johannes-Evangelium zu nehmen: «Wer mein Brot isset, der tritt mich mit Füßen»! Verstehen Sie den Christus Jesus als den höchsten planetarischen Geist der Erde und die Erde als seinen Leib, dann begreifen Sie auch, daß Sie den Leib des Christus Jesus buchstäblich mit Füßen treten. Und mit ihm werden Sie vereinigt, wenn Sie die Grablegung dieser sechsten Stufe erleben.

Dann kommt die siebente Stufe, die «Himmelfahrt», die man mit Recht nicht beschreiben kann, weil nur der sie verstehen könnte, der denken könnte, ohne sich des Gehirnes zu bedienen.

Ich habe Ihnen geschildert, wie durchgemacht wurde die christliche Einweihung. Dadurch erwarb sich der Schüler das, was man das «Christus-Auge» nennt. Wenn Sie kein Auge hätten, wäre alles um Sie her finster; ebensowenig wie Sie ohne Auge eine Sonne sehen könnten, ebensowenig könnten Sie ohne das Christus-Organ den Christus wahrnehmen. Das Auge ist von dem Lichte für das Licht geboren. Das Licht ist die Ursache des Sehens. Die Sonne muß außen vorhanden sein als die reale Sonne, und diese reale Sonne selbst erleben Sie in Ihrem Auge.

Genau so ist es mit dem geistigen Auge. Es ist nur ein leeres Gerede, wenn man bloß von dem «innerlichen» Christus spricht; das wäre dasselbe, wie wenn man vom Auge spräche, ohne daß eine Sonne bestünde. Der Mensch kann sich die Fähigkeit, den Christus zu schauen, durch die Übungen erwerben, die jetzt angeführt sind; aber daß er die Kraft dazu haben kann, das kommt wiederum von dem historischen Christus selbst her. Wie die Sonne zum Auge, so verhält sich der Christus zur Heranbildung des Christus-Organs im Menschen.

Nicht eine Anleitung sollte hier gegeben werden, sondern Tatsachen sollten hier angeführt werden. Kennenlernen soll man aber, was es in der Welt gibt. Und dazu sind diese Vorträge da, daß man erkennen lernt, aus welchen Tiefen heraus der wirkliche christliche Geist schöpft, und wie das Johannes-Evangelium selbst die Methoden der christlichen Einweihung enthält, durch die der Mensch das Auge erhält, das den Christus selbst schauen kann. Die ihn aber verkünden wollen, die müssen in einer gewissen Weise mit ihm zusammengelebt haben, wirklich, nicht in einem bloßen Glauben.

Um das zu schildern, was es in der Welt gibt, betrachten Sie den heutigen Vortrag; daß es in der geistigen Welt so ist, wie es *Goethe* wunderbar charakterisiert hat. Er sprach ja die schönen Worte, die für alle Naturwissenschaft und für alle Geisteswissenschaft gelten:

> Wär' nicht das Auge sonnenhaft,
> Wie könnten wir das Licht erblicken?
> Lebt' nicht in uns des Gottes eigne Kraft,
> Wie könnt' uns Göttliches entzücken?

Draußen in der Welt müssen die Dinge und Wesenheiten sein; sie schafft die Organe und Fähigkeiten. – Ohne die Sonne kein Auge, aber auch keine Fähigkeit, die Sonne zu schauen. Ohne den Christus Jesus kein Organ, den Christus zu schauen, aber auch keine Möglichkeit, das Organ zu entwickeln!

DREIZEHNTER VORTRAG

Kassel, 28. Juni 1907

Heute und morgen wird es meine Aufgabe sein, Ihnen den für die Gegenwart besonders geeigneten Weg zu den höheren Welten zu zeigen, der insbesondere seit dem 14. und 15. Jahrhundert innerhalb der sogenannten Geheimschulung gepflegt wird und der für den gegenwärtigen Menschen am geeignetsten ist. Wir werden das, worum es sich dabei handelt, besser verstehen, wenn wir zuerst einen Blick werfen auf die zukünftige Entwickelung des Menschen.

Wir haben über die Entwickelung des Menschen durch den Saturn-, Sonnen-, Mond- und Erdenzustand hindurch gesprochen. Nun ist es für den, der nur im Sinne der Gegenwart denkt, schwierig, sich vorzustellen, wie man etwas über die Zukunft wissen kann. Aber Sie müssen sich klar sein, daß gewisse große Gesetze ebenso in der Zukunft wirken, wie sie in der Gegenwart wirken. Wer mit diesen Gesetzen bekannt ist, kann einen Blick in die Zukunft hinein tun. Auf dem Felde der materiellen Wirklichkeit wird auch kein Mensch mehr zweifeln, daß man etwas prophetisch vorhersagen kann, zum Beispiel Sonnen- und Mondfinsternisse und andere Sternkonstellationen weit hinein in die Zukunft berechnen kann. Auf dem Felde der materiellen Wirklichkeit wird kein Mensch mehr daran zweifeln. Jeder weiß auch, wenn man ihm mitteilt, es würden diese und jene Substanzen in der Retorte gemischt, daß der Wissenschafter sagen kann, was geschehen wird, wenn man sie mischt. Das ist eine Prophetie, die sich auf die äußeren sinnlichen Tatsachen bezieht; ausüben kann man die Prophetie, weil man die Gesetze kennt, nach denen die Substanzen wirken. Ebenso lernt man in der Geisteswissenschaft die Gesetze kennen, nach denen das Menschenleben abläuft, und man kann daher etwas vorauswissen, was in der Zukunft geschieht.

Freilich erhebt sich da ein Einwand, der sich bei den Philosophen aller Zeiten erhoben hat: Ja, wenn man voraussehen kann, was in der Zukunft geschieht, dann könnte ja von einer menschlichen Freiheit keine Rede sein. – Da verwechseln aber die Menschen das Hineinschauen in eine Zukunft mit einem Vorbestimmtsein. Daher finden Sie in allen Philosophien die sonderbarsten Behauptungen darüber aufgestellt; denn alle Philosophen haben diesen Unterschied nicht machen können. Eigentlich nur *Jakob Böhme*! Ich möchte, um Ihnen das klarzumachen, zu einem Beispiel greifen.

Ich möchte die Zeit vergleichen mit dem Raume. Denken Sie sich, Sie stehen hier, und draußen auf der Straße stehen zwei Menschen. Sie sehen in der Entfernung, was diese tun. Sind Sie deshalb derjenige, der auch bestimmt, was diese tun? Nein, Sie sehen es; die beiden andern aber handeln in völliger Freiheit. Durch Ihr Anschauen ist nichts bestimmt, was die beiden tun. Denken Sie sich nun, der Hellseher sieht, was in der Zukunft geschieht. Das *sieht* er aber auch nur; dadurch sind doch nicht die Ereignisse bestimmt. Wenn diese Ereignisse durch die Zukunft bestimmt, also gleichsam in der Gegenwart schon bestimmt wären, so wäre das kein Hineinschauen. Man bekommt diesen Unterschied erst klar, wenn man lange nachdenkt über den Unterschied zwischen Vorherbestimmtsein und Vorhersehen.

Heute möchte ich Ihnen nicht so sehr schildern, wie es auf der Erde aussehen wird, wenn die Jupiter- und Venuszeit erreicht sein wird. Ich möchte Ihnen etwas anderes sagen, woraus Sie ein Bild bekommen für die Entwickelung des Menschen in die Zukunft hinein; ich möchte Ihnen etwas vorführen, was aus den ältesten christlichen Mysterien stammt, aus derselben christlichen Schule des echten Dionysius, als eine Lehre, die immer in den christlichen esoterischen Schulen vorgetragen worden ist. Man ging dabei aus von folgendem Vergleich: Ich spreche hier zu Ihnen. Sie hören meine Worte, meine Gedanken hören Sie, die zunächst in meiner Seele sind, die ich Ihnen auch verbergen könnte, wenn ich sie nicht in Worte umsetzen würde. Ich setze sie in Töne um; wäre nicht zwischen Ihnen und mir die Luft ausgebreitet, so könnten Sie die Worte nicht hören. Wenn ich hier irgendein Wort ausspreche, so ist in diesem Augenblick die Luft in dem Raume bewegt; jedesmal versetze ich den ganzen Luftraum mit meinen Worten in einen gewissen Schwingungszustand; der ganze Luftkörper vibriert in der Weise, wie meine Worte ausgesprochen werden. Gehen wir nun etwas weiter. Denken Sie, Sie könnten die Luft flüssig machen und dann fest. Man kann ja auch heute schon unsere Luft fest machen; Sie wissen, daß

Wasser dampfförmig existieren kann, daß es sich abkühlen kann und dann flüssig wird, und daß es im Eis fest werden kann. Denken Sie jetzt, ich spreche das Wort «Gott» durch den Luftraum. Könnten Sie in dem Augenblick, wo die Schallwellen hier wären, die Luft erstarrt machen, dann würde eine Form – wie beispielsweise eine Muschelform – herunterfallen. Bei dem Worte «Welt» würde eine andere Welle herunterfallen. Sie könnten meine Worte auffangen, und jedem Worte würde eine kristallisierte Luftform entsprechen.

Dieses Beispiel gab es in der Tat in den christlichen Schulen. Erst ist etwas ein gesprochenes Wort, dann wird es fest, wird eine feste Form; früher noch, bevor es festgeworden war, war es ein im Inneren verborgener Gedanke. Nun stellte sich der Christ vor: So wie das Schaffen hier im Raume, ist das Schaffen in der großen Welt. Ausgegangen ist das Schaffen von dem Gedanken der Dinge; dann hat die Gottheit den Gedanken hinausgesprochen in den Raum. Was Sie draußen sehen in Pflanzen, Mineralien, sind solche festgewordenen Gottesworte. Alles könnten Sie sich aufgelöst denken in Tonschwingungen des göttlichen Weltenwortes. Alles, was ich sehe, sehe ich als ein festgewordenes Gotteswort –, sagte sich der Christ. Und da unterschied er in gewisser Beziehung den «Vater im Verborgenen», der noch nicht sich geäußert hat, das «Wort» oder den «Sohn», das durch den Raum tönt, und dann das festgewordene Wort, die «Offenbarung». So verstehen Sie in einem tieferen Sinne den Anfang des Johannes-Evangeliums: «Im Urbeginne war das Wort, und das Wort war bei Gott, und ein Gott war das Wort. Dieses war im Urbeginne bei Gott. Alles ist durch dasselbe geworden, und außer durch dieses ist nichts von dem Entstandenen geworden.» Alles, was entstanden ist, ist aus dem Wort entstanden. Wir müssen die Sachen möglichst wörtlich nehmen, dann erkennen wir auch leicht das Schöpferische des Wortes oder Logos. Im christlichen Sinne ist das, was an zweiter Stelle steht, das Wort, oder der Logos. Es darf «Logos» nicht anders übersetzt werden als mit «Wort»; denn es ist so gemeint, daß allem, was draußen an Schöpfung da ist, das ungesprochene schöpferische Wort zugrunde liegt, daß es hinaustönte als Wort, und daß darin der Ursprung alles Seienden liegt. Würden wir weit genug zurückgehen in der Zeitenwende, dann würden wir alle Gegenstände, die wir als

Tiere, Pflanzen, Mineralien, Menschen kennen, als «Wort» durch den Weltenraum tönen hören, wie Sie heute meine Worte hören, weil die Luft damals noch nicht soweit abgekühlt war, daß sie als Gestalten herunterfallen konnten.

Wenn Sie sich das vorhalten, können Sie sich sagen: Das Wort war einst schöpferisch. Der Mensch ist heute ein Anfänger in dem, was einstmals seine Vorfahren taten, die Götter, die über ihm standen. Einstmals sprachen die Götter die Welt in den Raum hinaus, und dann verwandelte sich dieses Schaffen in das Geschaffene, was wir um uns haben. Was wir heute im Pflanzlichen, Tierischen und Menschlichen im Geschlechtlichen hervorbringen können, ist nur eine umgewandelte Form aus dem einstmaligen göttlichen Schöpferwort heraus. Der Mensch trägt auch noch eine höhere und eine niedere Natur in sich. Das am meisten Fertige ist das, was das Geschlecht in sich hat; und den Anfang eines neuen Produzierens hat der Mensch im Kehlkopf. Wenn er das Wort hinaussendet, ist das ein Anfang von dem, was er einst später erreichen wird. Was einst die Götter vollzogen haben, darin ist heute der Mensch im Anfang. – An Stelle des alten Produzierens wird ein anderes treten. Und wie der Mensch heute Worte hervorbringt mit seinem Kehlkopf, so wird sein Kehlkopf später ein Produktionsorgan sein; immer höhere und höhere, dichtere und dichtere Schöpfungen wird er hervorbringen. Was heute nur Luft ist, wird in Zukunft Wesenheit sein. Wenn sich die Erde in den Jupiter verwandelt haben wird, wird das Wort schöpferisch sein im Mineralreich; im Venuszustand wird der Kehlkopf Pflanzen hervorbringen; und so wird es weitergehen, bis er seinesgleichen hervorzubringen vermag. Er entstand erst in der Form, wie er heute ist, als er die Luft durch die Lungen im Ton nach außen senden konnte. Was wir uns heute bloß sagen können, werden wir in zukünftigen Entwickelungszuständen der Erde so produzieren können, daß es bleibt. Und zuletzt wird der Kehlkopf das Organ sein, durch das der Mensch seinesgleichen in Reinheit hervorbringen wird, ohne Geschlechtlichkeit. Umgestaltet wird er seinen Kehlkopf haben zu einem Fortpflanzungsorgan.

Da sehen wir hinein, wie der Mensch der Zukunft sein wird, wozu sein Kehlkopf veranlagt ist. Eine rätselvolle Erscheinung kann Sie darauf hinweisen, wie tatsächlich das Leben des Kehlkopfes zusammenhängt mit gewissen Entwickelungszuständen: im Männlichen wird mit der Geschlechtsreife die Stimmveränderung hervorgerufen, der Jüngling «mutiert». Der Kehlkopf ist an seinem Anfang, die Geschlechtlichkeit an ihrem Ende. So fein hängen die Dinge in der Natur zusammen. Was wir in dem Geschlechtsleben haben, ist ein Absterbendes; was wir im Kehlkopf haben, im Wort, wird in der Zukunft ein Produktionsorgan unser selbst sein.

So könnten wir vieles anführen, wie der Mensch diejenigen Organe allmählich ausbilden wird, die heute erst in der Anlage vorhanden sind, die er sich zu seinem Atmungssystem auf der Erde angeeignet hat, was aber zum System des Herzens gehört.

Nun werden wir sehen, wie man durch die Schulung, die seit dem 14. Jahrhundert in Europa eingeführt ist, tatsächlich vorausnehmen kann zukünftige Zustände der Menschheit, wie man auch seine innere Entwickelung schneller gestalten kann als dann, wenn man sich einfach dem Laufe der Welt überläßt. Die Schulung, die man die Rosenkreuzerschulung nennt, ist für den gegenwärtigen Menschen die am besten geeignete. Rosenkreuzertum ist etwas, was eigentlich einen schlechten Klang hat für die, welche nur einmal etwas davon gehört haben. Und wenn es stimmen würde, was die Bücher darüber schreiben und die Gelehrten wissen, dann wäre das Rosenkreuzertum nichts anderes als jener Schwindel, für den es eben angesehen wird. Aber die Wahrheit ist, daß diejenigen, die über das Rosenkreuzertum so richten, eben dann nur den Schwindel kennen. Wir aber wollen heute das wahre Rosenkreuzertum betrachten, das entstand durch die Individualität, die sich verbirgt unter dem Namen *Christian Rosenkreutz,* und die im Jahre 1459 den Anstoß gegeben hat zu der Rosenkreuzerbewegung.

Ich bemerke ausdrücklich, daß dasjenige, was ich sage, herausgegriffen ist als ein Beispiel, geradeso wie das, was ich Ihnen gestern bei der christlichen Schulung sagte. Ich werde Ihnen daher gleich die hauptsächlichsten sieben Punkte der Rosenkreuzerschulung anführen, die ja auch nicht jeder in derselben Reihenfolge durchmacht, aber wir werden diese Stufen zunächst anführen, die für jeden im Sinne des Rosenkreuzertums in Betracht kommen.

Das erste ist das, was man «Studium» nennt. «Aneignung der imaginativen Erkenntnis» ist das zweite. Das dritte «Aneignung der okkulten oder geheimen Schrift». Das vierte «die Bereitung des Steins der Weisen». Das fünfte ist das, was man nennt «Entsprechung der kleinen Welt – des Mikrokosmos – und der großen Welt – des Makrokosmos». Das sechste ist das «Hineinleben in den Makrokosmos», und das siebente ist das, was man die «Gottseligkeit» nennt.

Der Rosenkreuzerweg ist derjenige Weg, der am sichersten und am tiefsten zur Erkenntnis des Christentums führt; nur ist der christliche Weg mehr für den geeignet, der im Glauben beharren kann und im Inneren die Gefühle rege zu machen vermag, die ich Ihnen gestern geschildert habe. Der Rosenkreuzerweg ist aber für denjenigen Menschen da, der die christlichen Wahrheiten verbinden kann mit den Wahrheiten der äußeren Welt. Gerade dann wird das Christentum gegen jeden Angriff von außen verteidigt werden können. Das Christentum ist eine solche Weltanschauung, daß man niemals weise genug sein kann, um es genügend zu verstehen. Es gibt keinen Grad, der hoch genug wäre, um ganz zu verstehen, wie das Christentum für die Weisesten der Weisen da ist. Doch ist der Rosenkreuzerweg der geeignetste Weg für den Gegenwartsmenschen.

Studium im Sinne des Rosenkreuzertums betreiben wir, wenn wir solche Gedanken haben, die gar nichts mehr zu tun haben mit unserer Sinneswelt. Eigentlich kennt die abendländische Welt nur in der Geometrie das, was man «Denken in freien Gedanken» nennt; daher hatten die christlich-gnostischen Schulen auch den Namen «Mathesis» für das, was auf die höheren Wahrheiten, auf Gott und die höheren Welten Bezug hatte, weil man das einsehen muß unabhängig von aller Sinnlichkeit, wie man ja auch die Mathematik unabhängig von aller Sinnlichkeit einsehen muß. Ein Kreis, mit Kreide gezogen, ist höchst unvollkommen; den einzig wirklichen Kreis können Sie sich nur denken, und alles, was Sie lernen können über den Kreis, können Sie nur in Gedanken haben. Gerade in der Mathematik lernt man denken in einer sinnlichen Unabhängigkeit, an dem Kreis, den man sich in Gedanken konstruiert, an dem Dreieck, das man sich im Geist konstruiert, dessen Winkel zusammen hundertachtzig Grad betragen. Es ist einigermaßen unbequem, denken zu lernen ohne die äußeren sinnlichen Dinge, und es gibt für die meisten Menschen kein anderes Gebiet des Studiums dafür als die Theosophie. Ich habe Ihnen gleich in der ersten Stunde gesagt: Logisch ist ihr Wissensgut absolut begreiflich. Wenn aber jemand die Wahrheiten selbst auffinden will, dann braucht er dazu das Hellsehen. Zum Einsehen reicht die Logik aus.

Nur unsere materialistische Zeit konnte die Rechenmaschinen aussinnen, wo man lernt, nicht sinnlichkeitsfrei zu denken. Das muß gerade das Kind lernen, daß es die Dinge frei von der Sinnlichkeit erfaßt. Da wird es gerade für die Erziehungskunst ungeheuer wertvoll sein, wie die Erziehung durch die Geisteserkenntnis beeinflußt wird. Geisteswissenschaft ist auch eine gute Schulung in sinnlichkeitsfreiem Denken. Denn alles, was ich über Saturn, Sonne, über die Wesensglieder des Menschen erzählt habe, können Sie nicht sehen; das müssen Sie im sinnlichkeitsfreien Denken erfassen, und es darf niemand glauben, daß er sich gut schulen kann, ohne die Dinge zuerst theoretisch zu erfassen. Das ist gerade das Gute, daß es diese Dinge für die Sinnlichkeit nicht gibt; dadurch eben eignet man sich ein Denken an, das die Sinnlichkeit überschreitet. Daher genügt es für manchen, daß er sich zunächst einfach einläßt auf das, was die Theosophie erzählt über die Dinge, die man nicht mit den Sinnen erfassen kann. Das waren auch immer im Grunde die Gedanken, die man in den Rosenkreuzerschulen den Leuten vortrug, und man hat sie diese Gedanken sich gehörig einprägen lassen.

Wenn man weitergehen will, findet man ein gutes Mittel zur Schulung im reinen Denken an meinen Büchern «Wahrheit und Wissenschaft» und der «Philosophie der Freiheit». Diese Bücher sind lediglich ein Turnen des Denkens, das sinnlichkeitsfrei ist. Bei andern Büchern können Sie in der Regel nicht viel verändern, wenn Sie einen Gedanken an eine andere Stelle rücken. Bei diesen Büchern können die Gedanken nicht an eine andere Stelle gebracht werden. Diese Bücher sind so entstanden, daß meine Persönlichkeit nur die Gelegenheit gegeben hat, daß diese Gedankengebäude in die Sinnlichkeit getreten sind. Man mußte sich einfach hingeben, auf daß diese Gedanken sich selbst erzeugten, sich selbst fortspannen. Wer sich tiefer einlassen will und einmal ein halbes Jahr darauf verwendet – es ist nicht leicht, aber diese

Anstrengung ist das Allerbeste, was man dabei erreichen kann –, und wer es zu Ende lesen kann, der hat sich aus sich selbst eine Kraft heraufgeholt, die in ihm verborgen lag.

Das zweite ist die Imagination, die bildhafte Erkenntnis, die ganz unter dem Eindruck des schönen *Goethe*-Wortes steht: «Alles Vergängliche ist nur ein Gleichnis.» Eigentlich sollte nur derjenige, der in seinem Denken Sicherheit gewonnen hat, sich darauf einlassen. Wer das nicht hat, könnte leicht in Phantastik verfallen. Die Voraussetzung daher ist, daß man zuerst ein klarer Kopf geworden ist; nichts hindert mehr, auf Abwege zu geraten, als ein klares Denken. Und nichts verleitet mehr dazu als ein unklares Denken, als Unlogik.

Imagination könnte man im weitesten Sinne so bezeichnen, daß man alles um sich her ansieht, wie man einen Menschen ansieht. Betrachten Sie das Gesicht eines Menschen: Sie sehen Falten sich bilden und wieder vergehen; Sie beschreiben sie nicht bloß, Sie nennen sie Lächeln oder Traurigkeit. Das Lächeln des Menschen verrät Ihnen eine heitere Seelenstimmung seines Inneren. Sie schließen nicht nur von einem Äußeren auf das Innere, sondern es ist Ihnen direkt ein Zeichen für ein Inneres. Oder Sie sehen die Träne perlen: Sie sind nicht bloß ein Physiker, der eine Träne nur nach dem Gesetz der Schwere beurteilt, sondern Sie wissen, daß die Tränenperle ein Ausdruck für die innere Traurigkeit der Seele ist. Und so ist Ihnen alles Äußere ein Ausdruck für die innere Stimmung der Seele. Und der Rosenkreuzerzögling kommt in die Stimmung, daß alles, was er draußen sieht, ihm ebenso zum Ausdruck wird, sagen wir, des Erdgeistes: eine gewisse Pflanze, die Herbstzeitlose, wird ihm in Wirklichkeit der Ausdruck des trauernden Erdendaseins werden, andere Pflanzen der Ausdruck des heiteren Erdendaseins. Ebenso wie ihm die lächelnde Miene der Ausdruck für die heitere Stimmung der Seele ist, werden ihm die Blumen ein Ausdruck für die heitere oder traurige Stimmung der Erde. Und Goethe hat es nicht bloß als ein äußeres Bild gemeint, wenn er im «Faust» vom Erdgeist spricht:

In Lebensfluten, im Tatensturm
Wall ich auf und ab,
Webe hin und her!

Geburt und Grab,
Ein ewiges Meer,
Ein wechselnd Weben,
Ein glühend Leben:
So schaff ich am sausenden Webstuhl der Zeit
Und wirke der Gottheit lebendiges Kleid.

Der Erdgeist wird ihm allmählich etwas, was in der Erde lebt, und er bekommt ein geistig-seelisches Verhältnis zu der ganzen, um ihn herumliegenden Natur. *Eine* Stimmung innerhalb dieser Natur möchte ich Ihnen ganz besonders klarmachen.

Der Rosenkreuzerzögling geht über die Fluren und sieht, wie die kleinen Tauperlen über allen Pflanzen hängen. Da muß er sich erinnern an das alte Nebelheim, wo die Luft angefüllt war von Taunebel, und wo die Menschen in ganz anderer Weise mit der Natur im Zusammenhang standen. Geht nun der Rosenkreuzerschüler über die Fluren und sieht die Tauperlen, dann sagt er sich: das ist das, was aufgelöst war im alten Nebelheim in der atmosphärischen Luft. – Und eine tiefe Erinnerung steigt da in ihm auf von der atlantischen Zeit.

Besonders hoch geschult war die Imagination bei den Zöglingen der mittelalterlichen Rosenkreuzerschulen; auch bei denen, die Schüler des Heiligen Gral waren. Ich will Ihnen etwas, was Lehre war – weil ich das nicht anders formulieren kann –, in einen Dialog hineinformen.

Der Lehrer sagte dem Schüler: Sieh dir die Pflanze an, wie sie hervorsprießt aus dem Boden, wie sie nach oben den Kelch mit den Befruchtungsorganen öffnet, und wie die Sonnenstrahlen herunterkommen, die Blüte zum Aufbrechen bringen und die Frucht reifen lassen. – Dieses Bild, diese Vorstellung mußte sich der Rosenkreuzerschüler und auch der Zögling des Heiligen Gral vor die Seele rufen. Nun gibt es selbst in der materialistischen Wissenschaft etwas, was tief bezeichnend ist: es wird die Pflanze mit dem Menschen verglichen. Dann müßten Sie aber die Wurzel mit dem Haupt vergleichen und die Blüte mit dem, was bei dem Menschen die Befruchtungsorgane sind, und was er schamvoll verbirgt; die Wurzel ist bei der Pflanze das Haupt. Der Mensch ist die umgekehrte Pflanze, das Tier ist erst die halb umgekehrte Pflanze.

Daher sagten die Rosenkreuzer: Sieh dir die Pflanze an, die Wurzel im Boden, die Befruchtungsorgane keusch dem Sonnenstrahl entgegengestreckt. Sieh dir das Tier an: das Rückgrat horizontal, und dann den Menschen: vollständig umgewandelt. Pflanze, Tier und Mensch im Werdegang symbolisiert durch das Kreuz! Das Kreuz ist Pflanze, Tier und Mensch. – Und nun werden wir das Wort Platos verstehen: Die Weltenseele ist gespannt an das Weltenkreuz. – Die Weltenseele, die alles durchdringt, ist an Pflanze, Tier und Mensch gespannt.

Nun wurde dem Rosenkreuzerschüler eingeschärft: Sieh dir die Pflanze an. In ihrer Art ist sie niedriger als du, sie hat noch nicht Bewußtsein und Denken; aber ihre Materie ist rein und keusch; sie streckt ihren Kelch der Sonne entgegen, ohne Begierde und Lust streckt sie das Fortpflanzungsorgan dem Sonnenstrahl, der heiligen Liebeslanze entgegen. Nun wird aber die Materie durchdrungen von dem, was die Begierde ist. Und du bilde dir das Zukunftsideal, daß die Materie wieder gereinigt wird, daß sie produziert in reiner Keuschheit. – Und man wies ihn hin auf den Kehlkopf, wo der Mensch in Reinheit die Keuschheit des Pflanzenkelches sich wieder erworben haben wird. Stelle dir vor den Kelch der Pflanze, der noch begierdelos ist. Er entwickelt sich durch die Begierde hindurch, aber er wird wieder rein werden und wieder in Keuschheit hervorbringen, indem er sich befruchten lassen wird von dem ins Geistige umgesetzten Sonnenstrahl, von der heiligen Liebeslanze. – Und eine Vorbedeutung dieser heiligen Liebeslanze ist die Lanze, mit der das Herz des Christus Jesus am Kreuz durchstochen worden ist.

Wir haben gestern gesehen, wie dieses Blut aus der Wunde des Erlösers den Egoismus von der Erde hinwegbannte. So ist diese Lanze eine Vorbedeutung für die höhere Lanze, die der ins Geistige umgesetzte Sonnenstrahl ist. Und der Heilige Gral weist hin auf den Kelch der Menschheit, der sich entwickelt aus dem Kehlkopf heraus, der gerade das gereinigte Reproduktionsorgan der Zukunft sein wird, wie es heute bei der Pflanze der Fall ist.

Das ist der tiefere Begriff vom Heiligen Gral, und so wurde es auf der imaginativen Stufe dem Rosenkreuzerschüler und dem Zögling des Heiligen Gral klargemacht. Vergleichen Sie, was Sie jetzt in diesen

Bildern überschauen: Pflanzenkelch, Geschlecht in Begierde getaucht, Heiliger Gral, begierdenfreier Kelch – vergleichen Sie dies mit dem trockenen, nüchternen Verstandesbegriff, den Ihnen die heutige Wissenschaft gibt, dann haben Sie den Unterschied von Imagination und bloßem verstandesmäßigem Denken, die ganzen Weltvorgänge ins Bild gefaßt! Das ist wichtig, weil die bloßen Verstandesbegriffe, so wie sie der Mensch heute hat, nicht schaffend sind; bei dem, der diese Begriffe zum Bilde fügt, sind diese Bilder wirklich schaffend. Das hat man in alten Zeiten gefühlt, und das ist sogar bei der Erziehung des Kindes zu beachten. Ich möchte da eine aktuelle Frage besprechen.

Man sagt heute so leicht: Was haben unsere Altvordern uns Kinder doch für dummes Zeug gelehrt mit dem Märchen vom Storch! Wir müssen heute den Kindern die Wahrheit sagen. – Wenn unsere Nachkommen uns so behandeln werden, wie wir unsere Vorfahren, dann werden sie auch über uns lachen, und werden dann sagen: Unsere Vorfahren haben gedacht, daß der Mensch durch materielles Zusammenwirken zustande kommt! – Und sie werden auf jene Zeit hinblicken, wo die Menschen den Kindern im Geiste diesen Vorgang klargemacht haben. Die Alten haben in den Zeiten, wo das Storchenmärchen aufgekommen ist, selbst daran geglaubt, weil sie ganz gut gewußt haben, daß, wenn ein Mensch geboren wird, die Seele aus der geistigen Welt herunterkommt; sie haben das immer in Beziehung gebracht zu etwas Geflügeltem. Und Sie können das auch noch in Kinderliedern wiederfinden, zum Beispiel in dem Liedchen:

Flieg, Käfer, flieg!
Dein Vater ist im Krieg!
Deine Mutter ist im Pommerland.
Pommerland ist abgebrannt!
Flieg, Käfer, flieg!

Dieses «flieg», das ist als ein Bild gemeint für die Menschenseele, weil man eine Ahnung hatte von dem astralen Raum, von den dort fliegenden Körpern, die von da hereinkommen in die physische Welt. Und was ist «Pommerland»? «Pommer», oder was dasselbe ist: «Pummerle», ist nichts anderes als der Name für ein kleines Kind; und Pommerland, Pummerleland ist das Kinderland, woher die Mutter das kleine Kind holt. Man muß das nur ganz aus der geistigen Welt heraus erklären. Wenn Sie sich dann erinnern, daß tatsächlich dieses Bild vom Storch, der die Kinder bringt, ein Bild ist für einen geistigen Vorgang, die Reinkarnation, dann werden Sie einsehen, wie unendlich wichtig es ist, daß der Mensch zuerst im Bilde etwas aufnimmt, weil sein Gemütszustand ein ganz anderer ist, wenn man dem Kinde zuerst das Bild für den geistigen Vorgang beibringt, so daß es in heiliger Ehrfurcht auch den physischen Vorgang hören kann.

Nun werden Sie wiederum selbst an den Storch glauben können, wenn Sie dieses wissen: dieser Storch ist Ihnen das Bild für die herabfliegende Seele! Ihre Unterweisung wird die Phantasie des Kindes beflügeln, und wenn Sie die Wahrheit einsehen, wird ein geheimnisvolles Fluidum davon ausgehen, und das überträgt sich auf das Kind. So ist es mit allen Imaginationen. Man kann alles den Kindern beibringen.

Haben Sie die Frage vorliegen: Wie ist es mit dem Leben nach dem Tode? – dann führen Sie das Kind zu einer Schmetterlingspuppe: wie der Schmetterling aus der Puppe, so fliegt die Seele aus dem Körper heraus, nur daß man es nicht sehen kann. Aber nur der wird es mit Überzeugung dem Kinde beibringen, der selbst daran glaubt, und für den das Herauskommen des Schmetterlings aus der Puppe auf niederer Stufe dasselbe ist wie das, was auf höherer Stufe mit der Seele vorgeht. Wenn die Geisteswissenschaft wiederum die Menschen in das Verstehen der geistigen Welt taucht, so daß in den Herzen der Menschen Bilder leben werden, dann werden die Menschen auch wiederum in ganz anderer Weise erziehen können und nicht dem Kinde die trockenen Verstandeswahrheiten geben, die das Gemüt roh machen. Man muß sie nur nicht ins Groteske und Komische ziehen, sondern sich klarmachen, was für wichtige Lebensdinge dahinterstehen.

Das dritte, was der Mensch sich erwerben muß, wodurch er sich den Pfad ebnet, ist das «Aneignen der okkulten Schrift». Es besteht darin, daß man nicht eine Schrift lernt wie im gewöhnlichen Leben. Zwar gehen unsere Schriftzeichen vielfach auf okkulte Bilder zurück, aber sie sind lange nicht das, was die okkulte Schrift ist. Da haben wir es zu tun mit einem Sich-Hineinfinden in die wirklichen großen Weltenkräfte, die draußen in der Welt spielen. Und alles, was wir da aufzeichnen, muß so sein, daß ein Entwickelungsvorgang in den andern hinüberspringt. Nehmen Sie eine Pflanze: sie trägt Samen; im Samen haben Sie den Ausgangspunkt für eine neue Pflanze. Aber wenn Sie den Verlauf wirklich prüfen könnten, würden Sie sehen, daß nichts von der alten Pflanze in die neue übergeht. In Wahrheit geht der Materie nach die ganze alte Pflanze zugrunde; die neue Pflanze baut sich ganz neu auf, es geht nur eine Art Bewegungsvorgang in die neue Pflanze über. Sie haben hier Siegellack und da ein Petschaft; Sie drücken das Petschaft in den Siegellack ab, und doch ist nichts von dem Petschaft in den Siegellack übergegangen; nur die Form geht über. – So ist es bei jedem Entwickelungsvorgang. Die alte Materie in ihrem Ersterben gibt nur Gelegenheit, daß die neue Form im Sinne der alten wieder ersteht. Das bezeichnet man mit zwei sich ineinander schlingenden Spiralen, die gar nicht zusammenkommen. Solch ein Übergang war nach der atlantischen Kultur vorhanden; sie schwindet als Kulturstufe, und eine neue geht in der indischen auf: so daß man auch dies bezeichnen müßte mit zwei Spiralen. Ich habe Ihnen gesagt, daß die Sonne im Jahre 800 etwa aufging im Sternbilde des Widders, vorher im Stier, noch vorher in den Zwillingen, noch weiter zurück im Krebs. Es fällt zusammen die griechisch-lateinische Kultur, welche die unsere im Aufgange enthielt, mit der Zeit, wo die Sonne im Widder aufging; die vorhergehende Kultur, die chaldäisch-assyrisch-babylonisch-ägyptische, sie fiel in die Zeit, wo die Sonne im Sternbild des Stieres stand; vorher haben Sie die persische Kultur, die in die Zeit hineinfällt, wo die Sonne in den Zwillingen aufging, und die alte indische Kultur entwickelte sich, als die Sonne im Krebs war: und da ist auch das Krebszeichen, die beiden ineinandergeschlungenen Spiralen, zuerst geschrieben worden.

So könnte ich Ihnen ein jedes Zeichen für den Tierkreis aus seiner wahren Bedeutung heraus erklären. Aus der Natur heraus sind die Schriftzeichen geschaffen, welche ein Ausdruck sind für die in der Natur draußen waltenden Kräfte und Gesetze. Lernt man die okkulten Schriftzeichen kennen, so fängt man an, aus sich herauszugehen; man dringt dann ein in die geheimen Untergründe der Natur.

So sehen Sie ein wenig angedeutet die drei ersten Stufen des Rosenkreuzerweges: das «Studium», die «imaginative Erkenntnis», und das dritte: die «Aneignung der okkulten Schrift».

Morgen werden wir die andern Stufen besprechen und dabei beginnen mit der «Bereitung des Steins der Weisen».

VIERZEHNTER VORTRAG

Kassel, 29. Juni 1907

Gestern habe ich Ihnen das, was man die Rosenkreuzereinweihung nennt, bis zur dritten Stufe, der «Erkenntnis der okkulten Schrift», ausgeführt. Wir haben also kennengelernt, was man im rosenkreuzerischen Sinne nennt das «Studium», dann die «Erringung der imaginativen Erkenntnis», und sodann das, was man nennt «das Sich-Hineinleben in die okkulte Schrift», in jene Schrift, die aus den Naturgesetzen selber genommen ist. Nunmehr obliegt es uns, zu der vierten Stufe der Rosenkreuzereinweihung zu schreiten, zu dem, was man nennt die «Bereitung des Steins der Weisen». Ich bitte Sie, dabei von alledem abzusehen, was Sie in irgendwelchen Büchern lesen können über die «Bereitung des Steins der Weisen» und sich klar zu sein, daß man erst in unserer gegenwärtigen Zeit etwas darüber berichten kann, was der Rosenkreuzer eigentlich meint mit der «Bereitung des Steins der Weisen».

Unter diesem Namen waren gewisse Vorschriften vorhanden für das Hinaufgelangen in die höheren Welten, seitdem der bekannte Begründer der Rosenkreuzerei 1459 diese Strömung gestiftet hat. Sie müssen sich klar sein, daß diese Strömung immer außerordentlich vorsichtig behandelt worden ist und immer geheimgehalten wurde. Es war so gegen das Ende des 18. Jahrhunderts und zu Beginn des 19. Jahrhunderts, als auf einem unrechten Wege, durch eine Art Verrat, gewisse Geheimnisse der Rosenkreuzerei in die Öffentlichkeit gekommen sind. Damals wurde Verschiedenes darüber gedruckt; man konnte daraus entnehmen, daß die Betreffenden etwas haben läuten hören, aber es nicht verstanden haben. Doch haben sie wenigstens richtige Worte gehört, sozusagen aufgeschnappt, auch über «den Stein der Weisen». Damals erschien sogar in dem damaligen «Reichs-Anzeiger» eine Reihe von Mitteilungen über eine Gesellschaft, die sich die «Bereitung des Steins der Weisen» zur Aufgabe gemacht hatte; und unter diesen Mitteilungen findet sich auch eine, die nur ein solcher verstehen konnte, der da wußte, worum es sich handelt. Da heißt es: «Ja, den Stein der Weisen gibt es; ihn kennen eigentlich die meisten der Menschen; die meisten haben ihn sogar schon in der Hand gehabt, er ist gar nicht so schwer zu finden, nur wissen das die meisten nicht!»

Nun verband man mit diesem Begriff des «Steins der Weisen» den Sinn, daß er einen nach und nach kennen lehrt den unsterblichen Teil des Menschen, der nicht dem Tode verfallen kann, daß er einen in die höheren Welten hinaufführt. Wenn der Mensch sich klar wird, daß dieser unsterbliche Teil nicht dem Tode verfallen kann, dann erwirbt er sich durch den Besitz des «Steins der Weisen» ein ewiges Leben; er überwindet dadurch den Tod. Das hatte man sich nun so ausgedeutet, daß man niemals sterben würde. Gemeint ist aber, daß der Mensch dadurch die Welt kennenlernt, in der er nach dem Tode lebt. Außerdem sah man noch in dem «Stein der Weisen» ein Lebenselixier. Das alles machte den «Stein der Weisen» außerordentlich begehrenswert. Wer da weiß, um was es sich handelt, mußte diese Worte in merkwürdiger Weise richtig finden, denn wahr sind sie sogar; nur kann der, der das Geheimnis nicht kennt, nicht viel daraus machen.

Nun will ich Ihnen kurz zeigen, was darunter gemeint ist. Wenn Sie das verstehen wollen, müssen Sie mir in die Betrachtung einer ganz einfachen naturwissenschaftlichen Tatsache folgen: Sie müssen sich klar sein, welches Verhältnis zwischen dem Menschen und der Pflanzenwelt besteht. Es ist der Tatbestand ein solcher, daß alles, was so atmet wie der Mensch, niemals existieren könnte, wenn es keine Pflanzen gäbe. Da müssen Sie sich einmal bekanntmachen mit dem Vorgang, der sich zwischen Ihnen und den Pflanzen abspielt.

Sie atmen die Luft ein; Sie brauchen davon den Sauerstoff. Gäbe es keinen Sauerstoff, könnten Sie niemals leben. Wenn Sie die Luft in sich aufnehmen und den Sauerstoff in Ihrem Organismus verarbeiten, so atmen Sie die Kohlensäure wiederum aus, eine Verbindung von Kohlenstoff mit dem Sauerstoff. Sie müssen sich also sagen: Der Mensch nimmt fortwährend Sauerstoff auf und erhält dadurch seinen Leib, und er atmet die Kohlensäure aus: er schafft also fortwährend selbst ein Gift, an dem er zugrunde gehen würde. Fortwährend füllen Sie so Ihre Umgebung mit einem Gifte an. – Was tut die Pflanze? Sie tut in gewisser Beziehung genau das Gegenteil. Sie nimmt die Kohlensäure auf, behält den Kohlenstoff zurück und gibt den für sie unbrauchbaren Sauerstoff wieder ab. So daß Sie der Pflanze geben, was sie braucht, und die Pflanze Ihnen dafür den Sauerstoff zurückgibt. Dieser Prozeß von Kohlensäureatmung und Abgabe von Sauerstoff überwiegt weitaus die Aufnahme von Sauerstoff seitens der Pflanze. Was tut nun die Pflanze mit dem Kohlenstoff, den sie zurückbehält? Daraus baut sich zu einem gewissen Teil die Pflanze ihren eigenen Leib auf. So geben Sie gewissermaßen der Pflanze die Gelegenheit, in der ihr entsprechenden Weise aus dem Kohlenstoff ihren Leib sich aufzubauen. Wenn Sie nach Jahrtausenden die Pflanze als Steinkohle herausgraben aus der Erde, haben Sie darin denselben Stoff.

Die Pflanze gibt Ihnen den Sauerstoff, Sie nehmen ihn auf. Sie geben ihr die Kohlensäure, sie behält davon den Kohlenstoff zurück, bildet sich selbst daraus den Leib, und gibt Ihnen den Sauerstoff zurück. Das ist ein wunderbarer Wechselprozeß, der da stattfindet. So ist es heute. Nun ist aber der Mensch in Entwickelung begriffen, und in Zukunft wird der Menschenleib so sein, daß er in sich selbst jenes Organ haben wird, welches die Kohlensäure in den Sauerstoff umwandelt, und den Kohlenstoff wird er selbst in sich zurückbehalten.

Da deute ich heute hin – in anderer Weise als gestern bei der Rosenkreuzerschulung – auf einen Zukunftszustand des Menschen. In der Zukunft wird der Mensch einen begierdefreien Leib höherer Ordnung tragen, den Sie auf niederer Stufe bei der Pflanze haben: er wird sich einen Leib aufbauen können, der auf höherer Stufe pflanzenartig sein wird. In dem Organ, das heute sein Herz ist, wird er dann einen Apparat haben, der das tun wird, was heute die Pflanze tut. Heute gehören Pflanze und Mensch zusammen; eines könnte ohne das andere nicht leben. Gäbe es keine Pflanzen, so müßten alle Sauerstoffatmer in kurzer Zeit aussterben, weil ja die Pflanze es ist, die uns den Sauerstoff gibt; wir können uns gar nicht denken ohne die Pflanze. Und was heute die Pflanze außerhalb von uns macht, das wird in Zukunft jenes Organ tun, zu dem sich das Herz herausgestalten wird in uns, wenn es ein willkürlicher Muskel sein wird. Wir breiten unser Bewußtsein über die Pflanzen aus, wir wachsen zusammen mit der Pflanzenwelt, so daß, was heute außerhalb von uns die Pflanze macht, später in uns selbst geschieht; dann behalten wir auch den Kohlenstoff, den wir heute abgeben, in uns zurück und bauen uns unseren eigenen Leib daraus auf. Wir werden pflanzenartig auf einer höheren Bewußtseinsstufe.

Das alles kleidet der Okkultismus seit uralter Zeit in eine wunderbare Legende; denn in Bildern und Legenden wurden durch Jahrtausende die Wahrheiten aufbewahrt. Es ist die Goldene Legende. Und was ich Ihnen heute erzählt habe, das brachte man darin im Bilde dem Geheimschüler bei. Sie lautete ungefähr:

Als Seth, der Sohn, den Gott dem Adam und der Eva anstelle des ermordeten Abel gegeben hat, einstmals ins Paradies hineinging, fand er miteinander verwachsen die beiden Bäume, den Baum der Erkenntnis und den Baum des Lebens; sie schlangen ihre Äste ineinander. Und von diesem Baum nahm Seth drei Samenkörner auf Geheiß des ihn führenden Engels. Er bewahrte sie auf, und als Adam starb, legte er ihm die drei Samenkörner in den Mund. Und aus dem Grabe des Adam wuchs ein Baum heraus; dieser Baum zeigte für den, der hinzuschauen verstand, eine Schrift in Flammenbuchstaben; es waren die Worte: «Ehjeh asher ehjeh – Ich bin, der da war, der da ist, der da sein wird.» Nun nahm Seth Holz von diesem Baume, der aus dem Grabe des Adam herauswuchs, und von diesem Holz wurden mancherlei Dinge geformt: unter andern jener Stab, der Moses' Zauberstab war. Und weiter wurde es fortgepflanzt; geformt wurde daraus die Pforte zum Tempel Salomos, und später, nachdem es verschiedene andere Schicksale erlebt hatte, das Kreuz, an dem der Erlöser gehangen hat.

So bringt die Legende zusammen das Holz des Kreuzes von Golgatha mit dem Baume, der aus den Samenkörnern des Paradiesesbaumes aus dem Grabe des Adam herauswuchs.

In dieser Legende verbirgt sich dasselbe Geheimnis, das ich Ihnen heute andeutete. Man wollte damit sagen: In Urzeiten war das Menschengeschlecht so, daß es noch nicht heruntergesunken war zu dem von der Begierde erfüllten Fleische, sondern keusch und rein war es, wie die Pflanze, die der Sonne den Blütenkelch entgegenstreckt. Dann kamen die Menschen durch den Sündenfall herunter: ihr Fleisch wurde mit Begierde erfüllt. Aber alles, was der Mensch einst in einem unschuldsvollen Zustand gehabt hat, soll er wieder haben, wenn er sich durch den Erkenntnispfad den begierdelosen Leib erschaffen haben wird, den Leib, wie er einstmals war, bevor der Mensch in die Erkenntnis eingetreten ist; erinnern Sie sich, woher das Ich stammt. Daß er jenen Leib nicht mehr hat, hängt damit zusammen, daß der Mensch ein Lungenatmer geworden ist, daß er sein rotes Blut hat bilden können. So hängt zusammen mit Atmung und Blutkreislauf die heutige Gestalt des Menschen, und daß er ein Erkenntnisträger in der heutigen Art werden konnte.

Versetzen Sie sich nun in den heutigen Leib. Da können Sie sich ein Bild davon machen, wie der Sauerstoff hineinströmt, wie er das rote Blut erregt, wie das rote Blut gleich einem sich verästelnden Baum durch den ganzen Leib läuft, wie das blaue Blut dann zurückläuft, mit Kohlensäure angefüllt.

Zwei Bäume haben Sie in sich: den roten und den blauen Blutbaum. Ohne diese beiden könnte es den Menschen nicht als einen Ich-Träger geben. Dazu muß das rote Blut aufgenommen werden; das ist der Weg, wie unsere heutige Erkenntnis hervorgerufen wird. Aber es war verknüpft damit der Tod; denn Sie wandeln ja das rote Blut um in das blaue, kohlensäureerfüllte Blut. Daher sagte der alttestamentliche Geheimlehrer: Sieh dich an, du hast in dir den roten Blutbaum; hättest du diesen Baum nicht bekommen, du wärest nie ein erkennender Mensch geworden. Du hast genossen von dem Baume der Erkenntnis; aber damit ist dir zu gleicher Zeit die Möglichkeit genommen worden, aus dir selbst dir das Leben zu geben.

Aus dem, was früher ein Lebensbaum war, ist ein tötender Baum geworden; daher ist der blaue Blutbaum in uns der Baum des Todes. Das ist der gegenwärtige Zustand. Für den Eingeweihten stellt sich aber ein Zukunftszustand vor die Seele, wo der Mensch die Pflanzennatur in sich hat, wo er durch den Herzapparat in sich das blaue Blut zurückverwandeln wird in rotes Blut. Dann wird er den Baum des Todes verwandelt haben in einen Baum des Lebens. Der Mensch ist dann ein unsterbliches Wesen geworden; was er auf einer untergeordneten Stufe war, wird er auf einer höheren wieder sein. Den Apparat, der heute in der Pflanze ist, wird er dann in sich selber haben. – So daß man in dem Paradies einen Endzustand der Menschheit hat. Und Seths Sendung wurde so aufgefaßt, daß er das sieht, was am Ende der Zeiten ist: das

Sich-Ausgleichen der beiden Prinzipien im Menschen selber. So verschlingen sich der Baum des Lebens und der Baum der Erkenntnis im Paradies; im Menschen können sie sich nur finden, wenn der Mensch zur Pflanze seine Zuflucht nimmt. Aber wie erlangt der Mensch nun die Fähigkeit, daß die beiden Bäume sich in ihm verschlingen? Indem er in sich entwickelt die drei höheren Glieder der Menschennatur.

Wir haben kennengelernt den Menschen, zusammengesetzt aus dem physischen Leib, dem Ätherleib, dem Astralleib und dem Ich; und wir haben gesehen, wie das Ich, wenn es an dem Astralleibe arbeitet, das erste höhere Wesensglied erringt, wenn es an dem Ätherleib arbeitet, das zweite, und durch die Arbeit am physischen Leibe das dritte. So daß also der zukünftige Mensch der siebengliedrige sein wird, der noch haben wird Geistselbst, Lebensgeist und Geistesmensch. Hat der Mensch seine niedrige Natur so umgestaltet, dann wird er in sich selbst den Baum der Erkenntnis und den Baum des Lebens haben. Es ist also dem Menschen gegeben worden im Ausgangspunkt seiner Entwickelung die Voraussetzung zu seinen drei höheren Wesensgliedern in der Anlage zu seinem Ich.

Drei Samenkörner nimmt Seth, und der erste Ich-Mensch, Adam, läßt diese drei Samenkörner zu einem Baume hervorwachsen. In diesem Baum ist das vorhanden, was durch alle Ihre Verkörperungen hindurchgeht. Ihr Ich war auf einer ganz niedrigen Stufe in der ersten Verkörperung, und von Verkörperung zu Verkörperung erreicht es immer höhere Stufen. Was da hervorwächst, ist das Symbolum für das Ewige im Menschen, das seine höchste Vollendung am Ende des Erdenzustandes finden wird. Aber nur dann kann es der Mensch erringen, wenn er sich verbindet mit all dem Höchsten, was ihm auf dem Geistespfad entgegengetreten ist. Alles, was die Menschheit den Pfad hinaufgeleitet hat – der Stab des Moses, der Tempel des Salomo, und endlich das Kreuz von Golgatha –, alles das hilft dem Menschen, die höhere Dreiheit voll zum Ausdruck zu bringen. Und das Kreuz von Golgatha war das, was den Weg zu der höchsten Menschenvollendung andeutete. Es war zu Beginn dem Adam als Keim, aus dem jener Baum hervorgewachsen ist, in den Mund gelegt worden – nicht schöner könnte man es ausdrücken, als wie es hier geschehen ist – und hervorgegangen aus dem Holz, das

Seth auf diese Weise gewonnen hatte. Da haben Sie den Weg des Menschen dargestellt, wie er durch die Zeitenläufe geht, den Weg des Menschen durch die Zeit. Was der Mensch in der Zukunft erringen muß: die Umwandlung seiner Wesenheit, die Fähigkeit, aus eigener Kraft in sich selbst den Kohlenstoff zu erzeugen, das ist es, was die Pflanze heute tun kann. Und diese Alchimie der Pflanze, sie wird der Mensch in der Zukunft beherrschen können.

Die alchimistische Zubereitung dessen, was ich eben geschildert habe, wird dadurch erreicht, daß dem Rosenkreuzerschüler gewisse Anweisungen gegeben werden, wie er seinen Atmungsprozeß regulieren soll. Das ist etwas, was man auch nur verstehen kann nach dem Grundsatze: Steter Tropfen höhlt den Stein. Aber der Rosenkreuzerschüler arbeitet daran. So wie der Tropfen als ein Kleines, Winziges, nach langer Zeit erst die Höhlung im Stein bewirkt, so wird der Fortschritt der Menschenleiber bewirkt durch diesen Atmungsregulierungsprozeß. Diese Anweisungen, die der Rosenkreuzerschüler auszuüben hat, sind solche, daß sie ihn auf den Weg bringen, schon heute die Vorbereitung zu treffen, daß sein Ich die Fähigkeit erwirbt, sich die nächsten Leiber auf eine andere Weise aufzubauen. Damit ist allerdings verknüpft, daß Sie das, was Sie später in physischer Umgebung haben werden, schon jetzt in der geistigen Welt haben. Jene Rosenkreuzerberatung besteht darin, daß man im langsamen Prozeß einen Zukunftszustand vorbereitet und sich die Fähigkeit erwirbt, schon jetzt in den höheren Welten diesen Zustand zu schauen. Zweierlei tut also der Rosenkreuzerschüler: Erstens arbeitet er vor für die Zukunft der Menschheit, und zweitens erwirbt er sich selbst das Schauen in der geistigen Welt; er sieht das, was dann später heruntersteigt in die physische Wirklichkeit.

Jetzt verstehen Sie auch die Anweisungen, die der merkwürdige Mann hat drucken lassen, aber nicht verstanden hat. Der «Stein der Weisen» ist die gewöhnliche schwarze Kohle; aber Sie müssen den Prozeß lernen, der Sie durch innere Kraft den Kohlenstoff verarbeiten lehrt: so ist der Fortschritt der Menschheit. In der heutigen Kohle haben Sie ein Vorbild dessen, was einst der wichtigste Stoff für den Menschen sein wird, wenn sie auch ganz anders ausschauen wird. Erinnern Sie sich an den hellen Diamant: der ist ja auch nur Kohlenstoff! – Das also nennt man die «Bereitung des Steins der Weisen» in der Rosenkreuzerweltanschauung. Es verbirgt sich dahinter ein menschlicher Umwandlungsprozeß und eine Aufforderung, zu arbeiten an den Zukunftszuständen der Menschheit. Alle, die so arbeiten, sie arbeiten vor für die Menschenleiber der Zukunft, für die Leiber, welche die Seelen später brauchen werden.

Es gibt ein Wort, welches dieses Arbeiten an der Zukunft sehr schön ausdrückt, und das wir verstehen werden, wenn wir den Unterschied zwischen Seelen- und Rassenentwickelung uns klarmachen. Sie alle waren früher Atlantier, und diese atlantischen Leiber haben ganz anders ausgesehen, wie ich es Ihnen bereits beschrieben habe. Dieselbe Seele, die irgendwo in einem atlantischen Leib war, ist heute in Ihrem Leibe. Aber nicht alle Leiber sind, wie heute die Ihrigen, durch wenige Kolonisten – jene, die damals von Westen nach Osten zogen – so vorbereitet worden. Die Zurückgebliebenen, die sich, wie man sagt, mit der Rasse verbunden haben, die sind verkommen, während die Fortgeschrittenen neue Kulturen begründet haben. Die letzten Nachzügler auf dem Wege nach Osten, die Mongolen, haben noch etwas von der Kultur der Atlantier behalten. Ebenso werden die Leiber derjenigen Menschen, die sich nicht fortschrittlich weiterentwickeln werden, über die nächste Zeitenwende hinüberwachsen und die Chinesen der Zukunft bilden. Es wird wieder in Dekadenz befindliche Völkerschaften geben. Es leben ja auch in den Chinesenkörpern Seelen, die, weil sie eine zu große Anziehungskraft zur Rasse gehabt haben, noch einmal in solchen Rassen werden verkörpert sein müssen. Die Seelen, die heute in Ihnen sind, sie werden später verkörpert sein in Leibern, die von denen kommen, welche heute in der angedeuteten Weise arbeiten, und welche die Leiber der Zukunft erzeugen, so wie es früher die ersten Kolonisten der Atlantier getan haben. Und diejenigen, die so recht am Alltäglichen haften, die sich nicht verbinden wollen mit dem, was der Zukunft entgegengeht, werden mit der Rasse verschmelzen. Es gibt solche Menschen, die bei dem bleiben wollen, was althergebracht ist, die nichts wissen wollen von dem, was weiterschreiten heißt; die nicht hören wollen auf solche, die über die Rasse hinüberführen zu immer neuen Gestaltungen der Menschheit.

Die Mythe hat in wunderbarer Weise diese Tendenz erhalten. Nicht besser könnte sie das darstellen, als indem sie auf einen der Größten hinweist, der das Wort ausgesprochen hat: «Wer nicht verläßt Vater und Mutter, Weib und Kind, Bruder und Schwester, der kann nicht mein Jünger sein», und dagegen das Traurige in einem Menschen darstellt, der da sagt: Ich will nichts von einem solchen Führer wissen! – und ihn zurückstößt. Wie könnte man das klarer ausdrücken als in dem Bilde dessen, der den Führer von sich weist, und der nicht aufzusteigen vermag! Das ist die Sage von Ahasver, dem Ewigen Juden, der da saß und den größten Führer, den Christus Jesus, von sich stieß, nichts wissen wollte von der Entwickelung, und der deshalb bei seiner Rasse bleiben muß, immer wiederkehren muß in seiner Rasse. Das sind solche Mythen, die der Menschheit zum ewigen Gedächtnis gegeben sind, damit sie weiß um was es sich handelt.

So ist diese vierte Stufe der Rosenkreuzerschulung aufzufassen als etwas ungeheuer Tiefes, und so gliedert sich in die Entwickelung der Menschheit die «Bereitung des Steins der Weisen» herein.

Das fünfte ist die «Entsprechung von Mikrokosmos und Makrokosmos». Der ganze komplizierte Menschenleib ist, so wie er heute ist, in einer bestimmten Weise entstanden. Ich habe Sie geführt durch den Saturn-, Sonnen-, Monden- und Erdenzustand. Von alledem, was heute in Ihrem Leibe ist, waren auf dem Saturn nur die ersten Anlagen zu Ihren Sinnesapparaten vorhanden, eingebettet in die Saturnmasse wie die Kristalle heute in die Gebirgsmasse; Ihr Auge war wie ein Quarzkristall im Gebirge. Auf der Sonne waren Ihre höchsten Organe, alle Drüsen, so, daß sie deren Oberfläche bedeckten. Auf dem Monde waren die Organe, die heute Ihr Nervensystem zusammensetzen, ausgebreitet über die Oberfläche des Mondes. Der Mond hatte ein Nervensystem, und die einzelnen Menschentiere, die da waren, wurden zum ersten Mal auf dem Monde des Nervensystems teilhaftig. Auf der Erde bekam der Mensch sein Knochensystem, denn ein Mineralreich war ja auf dem Monde überhaupt noch nicht da.

So sehen Sie, wie kunstvoll sich der Mensch zusammengesetzt hat. Das, was heute als Auge in uns ist, war als Auge über den ganzen Saturn ausgebreitet; in uns hineingezogen ist das, was in der großen Welt war.

Von jedem einzelnen Organ kann Ihnen nun die Geheimlehre sagen, wie es im Zusammenhang steht mit der großen Welt draußen: von Leber, Milz, Herz und so weiter, mit dem, was ihnen in der Außenwelt entspricht und was in der Außenwelt geschehen mußte, damit sie sich bilden konnten. Es gibt Mittel in der rosenkreuzerischen Erkenntnislehre, durch die wir in uns selbst uns unter dem Anhaltspunkt unserer Sinnesorgane vertiefen, uns innerlich versenken in die Augen, die Ohren, und dadurch einen hellseherischen Einblick in die Bildung dieser Organe bekommen.

Ich habe Sie geführt zu dem Zeitpunkt in der atlantischen Entwickelung, wo der Ätherleib noch so weit draußen war, daß er sich nicht verbinden konnte mit dem Punkt, der hier im Kopfe über der Nasenwurzel ist. Wir haben gesehen, wie der Ätherleib dann hineinrückte in den physischen Leib, wie dann der physische Leib die heutige Gestaltung bekommen hat. Es gibt nun eine Methode der Versenkung mit einer ganz bestimmten Formel, die nur von Mensch zu Mensch mitgeteilt wird. Wenn Sie sich dadurch in die Stelle hineinversenken, wo der Kopf mit jener Stelle des Ätherkopfes zusammenhängt, von der wir sprachen, dann geht Ihnen die Erkenntnis auf von jenem Zeitpunkte der Erde, von der Art, wie damals die Erde ausgeschaut hat, als dieser Teil des Ätherkopfes in den physischen Kopf hineinrückte. So können Sie sich in jedes Glied Ihres Mikrokosmos vertiefen und dadurch Kräfte des Makrokosmos kennenlernen, das, was die Baumeister der Welt in Ihnen zusammengebaut haben. Nach Anleitung des Okkultismus können Sie daher den Makrokosmos kennenlernen; für alle Dinge in der Welt, draußen im Makrokosmos, gibt es ein Organ im Mikrokosmos. Der Mensch ist das komplizierteste Wesen. Wie Sie beim Telegramm von der zugesandten Mitteilung auf den Absender schließen, so können Sie beim Menschenleib durch die Versenkung in das Organ dessen Erzeuger erkennen lernen.

Damit haben wir schon die sechste Stufe berührt, das, was man nennt die «Versenkung in den Makrokosmos». Wer so in sich kennengelernt hat das Verhältnis des Mikrokosmos zum Makrokosmos, hat sich erweitert zur Erkenntnis der ganzen Welt. Das verbirgt sich hinter dem alten Spruch: Erkenne dich selbst! – Es ist viel Unheil angerichtet worden damit, daß die Theosophen sagten: In dir ist schon der ganze Gott, in dir ist schon das Höchste vorhanden. Du brauchst nur in dich hineinzuschauen, dann erkennst du die ganze Welt!

Dieses Brüten in sich selber ist das törichteste Zeug, was es geben kann; dadurch lernt man nur sein niederes Ich kennen, das man schon hat. Keiner lernt dadurch mehr, als er schon hat. Wirkliche Selbsterkenntnis kommt nur auf die geschilderte komplizierte Weise zustande, und sie ist zugleich Welterkenntnis. Die wirkliche Theosophie ist nicht in der Lage, es den Menschen so bequem zu machen; sie muß sagen: In ruhiger, ernster Vertiefung müßt Ihr kennenlernen auch das komplizierteste Wesen, das es gibt. Ihr könnt den Gott nicht anders kennenlernen, als daß Ihr ihn Stück für Stück in der Welt kennenlernt. – Geduld und Ausdauer gehören dazu. Im ruhigen, langsamen Fortschreiten erkennt man die Welt. Keine Formel, die allheilbringend ist, um die ganze Erkenntnis zu haben, kann Ihnen die Theosophie geben, sondern sie kann Sie nur auf den Weg verweisen, wodurch Sie zur Selbsterkenntnis und damit auch zur Welterkenntnis kommen. Dann wird dem Menschen auch die Gotteserkenntnis.

Diese Erkenntnis, die dem Menschen auf der sechsten Stufe kommt, ist keine trockene Verstandeserkenntnis; diese Erkenntnis ist eine solche, die uns intim mit der Welt zusammenführt. Wer sie erlangt hat, der hat zu allen Dingen der Welt ein intimes Verhältnis, wie es der Gegenwartsmensch nur kennt in dem mysteriösen Verhältnis der Liebe zwischen Mann und Weib, was auf einer geheimen Erkenntnis des Wesens des andern Menschen beruht. Ein solches Verhältnis, wodurch Sie nicht nur begreifen, sondern verbunden sich fühlen mit allen Wesen, so wie sich heute der Liebende mit der Geliebten verbunden fühlt, das kommt Ihnen bei dem Anschauen des Makrokosmos. Sie haben dann eine intime Beziehung, eine Art Liebesverhältnis zur Pflanze, zu jedem Stein, zu allen Wesen der Welt. Es spezialisiert sich Ihre Liebe zu allen Wesen; sie sagen Ihnen etwas, was sie Ihnen sonst nur sagen, wenn Sie noch nicht heruntergestiegen sind zur Erkenntnis. Das Tier frißt das, was ihm taugt, und läßt stehen, was ihm nicht taugt; es hat ein sympathisches Verhältnis zu dem einen, ein antipathisches Verhältnis zu dem andern. Der Mensch mußte, um die heutige Erkenntnis zu erringen, das unmittelbare Verhältnis zu den Dingen verlieren; aber er wird es auf einer höheren Stufe wieder erringen. Wodurch weiß heute der Okkultist, daß die Pflanze mit der Blüte anders auf den Menschen wirkt als die Wurzel? Wodurch weiß er, daß die gewöhnliche Wurzel anders wirkt als eine Möhre? Weil die Dinge wieder so zu ihm sprechen, wie es bei den Tieren der Fall ist. Dies intime Verhältnis ist auf den niederen Stufen unter Ausschluß des Verstandesbewußtseins da; auf den höchsten Stufen wird es der Mensch bewußt wiederum haben.

Wenn man so weit ist, dann ist die siebente Stufe etwas, was sich von selbst ergibt. Aus allem haben Sie schon entnehmen können, daß es hier um eine Erkenntnis geht von Gemütseindrücken und Gefühlen. Es gibt hier nichts für den Menschen, was nicht in der lebendigsten Weise sein Herz bewegen würde; deshalb dürfen Sie dabei nicht unterscheiden zwischen einer ideellen und intellektuellen und spirituellen Erkenntnis. Sie zu rühren, Ihnen allerlei schöne Dinge zu sagen, das ist nicht im Sinne des Okkultisten. Der Okkultist erzählt Ihnen die Tatsachen der geistigen Welt; er würde es als schamlos empfinden, wenn er direkt an Ihr Gefühl rühren wollte. Aber er weiß, daß die Tatsachen, wenn man sie erzählt, selbst sprechen; diese selbst sollen die Gefühle erzeugen. Daher kommt für den Rosenkreuzer niemals die Person des Lehrers in Betracht. Die Lehre hat mit der Person nichts zu tun. Der Lehrer ist nur da als die Gelegenheit, damit die Tatsachen zu den Menschen sprechen. Und er wird um so richtiger sprechen, je mehr er sich zum Ausdrucksmittel für die Anschauung der höheren Welten macht. Wer noch glaubt und meint und Anschauungen hat, die ihm eigen sind, ist nicht zum okkulten Lehrer geeignet. Denn wenn nicht die Objektivität, sondern das Gefühl entscheiden würde, dann würden Sie vielleicht sagen: zwei mal zwei ist fünf!

So sehen Sie, wie der Rosenkreuzer durch die verschiedenen Dinge, die er in sich auszubilden hat, allmählich sich hinauflebt in die Erkenntnis der höheren Welten. Dazu ist allerdings eine Anleitung notwendig, die aber jeder zur rechten Zeit findet, wenn er sie ernsthaft sucht.

Sie dürfen nicht sagen, daß man bei einer persönlichen Anleitung diese sieben Stufen eine nach der andern absolviert, sondern der Lehrer greift heraus, was sich für den einen oder andern besonders eignet. Ich habe Ihnen auch die Vorstufen anführen wollen. Aus denen will ich jetzt nur zwei Dinge herausgreifen, um Ihnen zu zeigen, daß man noch anderes entwickeln muß, bevor man zu den strengeren Übungen schreitet. Da ist eines, was man von Anfang an üben muß: Konzentration, Konzentration des Gedankenlebens. Bedenken Sie einmal, wie die Gedanken in Ihnen irrlichtelieren vom Morgen bis zum Abend! Da und dorther kommen Ihnen Gedanken und ziehen Sie mit sich fort. Nun müssen Sie sich als Rosenkreuzerschüler eine Zeit aussondern, wo Sie Herr der Gedanken sind, wo Sie sich einen möglichst uninteressanten Gegenstand nehmen und darüber nachdenken. Davon werden Sie eine ungeheuer wohltuende Wirkung für sich haben. Die Zeit spielt keine Rolle; Energie, Geduld und Ausdauer sind dabei notwendig.

Das andere ist das, was man nennt «Positivität», die darin besteht, daß man im Leben aufsucht, was am besten durch eine persische Legende über den Christus Jesus charakterisiert wird: Als der Christus Jesus einmal mit seinen Jüngern einen Weg machte, fanden sie am Wegesrand einen krepierten Hund liegen, der schon stark in Verwesung übergegangen war. Die Jünger, die noch nicht so weit waren wie der Christus Jesus, wandten sich von dem häßlichen Anblick ab, nur der Christus Jesus blieb stehen, betrachtete sinnig das Tier und sagte: «Was für wunderschöne Zähne hat doch das Tier!»

Was auch immer Häßliches in der Welt ist, es gibt immer noch ein Schönes im Häßlichen, in jedem Unwahren ein Körnchen Wahres, in jedem Bösen ein Gutes. Sie brauchen gar nicht kritiklos zu werden! Man faßt das oft nur so auf, daß man nichts mehr schlecht finden dürfe und so weiter; es ist aber so gemeint, daß in jedem Häßlichen immer noch ein Körnchen Schönes ist und in jedem Bösen etwas Gutes liegt. Das treibt die höheren Kräfte der Seele herauf. Das gehört alles schon zur Vorbereitung.

Ich hatte Ihnen zunächst eine Vorstellung geben wollen von dem Geiste, in dem die christlich-gnostische Schulung verläuft. In der Rosenkreuzerschulung finden Sie das tiefste, echteste Christentum, Sie können Christ sein im wahrsten Sinne des Wortes, trotz allem modernen Leben. Man konnte Christ im alten Stil sein, so lange es mehr Möglichkeiten gab, sich von der Welt zurückzuziehen, und so lange noch nicht die Gedankenformen in uns eingezogen waren, die uns heute so schwer machen, es zu sein. Diese aus der naturwissenschaftlichen Denkweise heraus gebildeten Vorstellungen machen es aber dem Menschen schwer, das Christentum in der ursprünglichen Form in sich aufzunehmen. Gerade die edelsten Geister sind es, die sagen: Ich kann mit dem Christentum heute nichts mehr vereinigen. – Wohl lebt die geistige Welt in unserer Umgebung, aber auch das, was die materialistische Zeit an Gedankenformen hervorbringt, lebt in uns. Wir sind immerfort umgeben von den so geprägten Gedankenformen des materiellen Lebens. So daß, wer gewissenhaft ist, sich sagen muß: Es braucht unsere Zeit ein Mittel, das sich inmitten dieser in uns einströmenden Vorstellungen bewähren kann, um uns aufrechtzuerhalten gegenüber allem, was von der Welt her in uns einfließt. – Durch die Geisteswissenschaft wird es uns gereicht. Weist man dieses Mittel zurück, will man es sich nicht aneignen, so ist man ein Egoist. Geisteswissenschaft fühlt sich als die Testamentsvollstreckerin dessen, was auch die mittelalterliche Theosophie schon gewollt hat. Sie kann aber von jedem, auch von dem verstanden werden, der mit all den berechtigten Einwänden der Naturwissenschaft bekannt ist. Jeder wird heute in der rosenkreuzerisch orientierten Theosophie das finden können, was ihn zu einer Erkenntnis der Welt führt und auch zu einem Frieden der Seele, zur Sicherheit im Leben. Keine solche Erkenntnis, die bloß Theorie ist und über die man mit bloßen Gründen streiten kann, ist die Theosophie des Rosenkreuzers, sondern eine Erkenntnis, die einfließen muß in unsere ganze Kultur. Der im rosenkreuzerischen Sinne geschulte Theosoph weiß selbst alles, was sich an Einwänden erheben läßt; alle die Gegenargumente kennt er selbst. Wenn man mit Gründen dagegen streiten würde, würde es so gehen, wie es einmal *Eduard von Hartmann* mit seiner «Philosophie des Unbewußten» ergangen ist. Eduard von Hartmann veröffentlichte seine «Philosophie des Unbewußten». Er hatte darin über den Darwinismus und so weiter Sachen gesagt, die sich wie ein höherer Standpunkt gegenüber dem materialistischen Standpunkte der naturwissenschaftlichen Forschung ausnahmen. Da standen die Gelehrten alle gegen ihn auf, und es erschien eine Flut von Kritiken gegen diese «Philosophie des Unbewußten». Der größte Dilettant wurde

Eduard von Hartmann genannt! – Unter diesen vielen Broschüren erschien auch eine von einem Anonymus; es wurde darin die «Philosophie des Unbewußten» glänzend widerlegt mit allem, was man nur anführen konnte, wenn man das Wissen unserer Zeit beherrscht. Diese Broschüre fand überall großen Beifall. Und es sagte zum Beispiel *Oscar Schmidt*, der berühmte Zoologe: Schade, daß wir nicht wissen, wer diese Gegenschrift geschrieben hat, denn das ist ein Mensch, der auf der naturwissenschaftlichen Höhe seiner Zeit steht! – Und *Ernst Haeckel* sagte: Er nenne sich, und wir zählen ihn zu den unsrigen! – In der Tat machte diese Broschüre ein großes Aufsehen. Und es erschien eine zweite Auflage mit dem Namen des Verfassers, Eduard von Hartmann! Die Naturforscher fingen jetzt an zu schweigen, und die Sache ist auch nicht sehr bekanntgeworden. Aber sie war denn doch einmal dagewesen.

Sie sehen, wer einen höheren Gesichtspunkt beherrscht, kann schon selbst die Gegengründe anführen; er braucht sich nur auf einen andern Standpunkt herunterzuschrauben. Und auch wir hätten, wenn wir Zeit dazu gehabt hätten, einige solcher Gegengründe anführen können. Aber es war wichtig, wegen der Kürze der Zeit, daß wir das mitgeteilt erhielten, was die Geistesforschung schon heute zu verkünden vermag über die Tatsachen der höheren Welt. Worauf es ankommt, ist, daß die Sachen heilsam auf den Menschen wirken können, und daß die Geisteswissenschaft zu zeigen vermag, wie sie sich immer mehr und mehr in alle Zweige des menschlichen Lebens eingliedern und sie befruchten kann. Und wenn sie befruchtend und gesundend wirken wird, dann wird sie durch eine solche Tatsache den besten Beweis für ihre Berechtigung gebracht haben. Dies soll auch der Beweis sein, den die Geisteswissenschaft sucht. Deshalb bleibt der Theosoph ziemlich unerschrokken, wenn die Leute heute noch sagen: Alles das ist nur Phantastik! – Es ist ja immer alles das, was zum Segen der Menschheit geworden ist, einst als Phantastik angesehen worden. Ein Beispiel dafür aus den letzten vierziger Jahren des 19. Jahrhunderts: Da gab es noch nicht unsere gewöhnliche Postmarke. Die Postmarke ist ja erst Ende der vierziger Jahre von einem gewissen *Hill* – eigentlich von einem Dilettanten – erfunden worden. Derjenige nun, der sie im Parlament zu vertreten hatte, hat eine merkwürdige Rede gehalten. Erstens, sagte er, kann das gar nicht sein, daß der Verkehr in einer solchen Weise zunimmt, wie dieser Mensch das ausrechnet, und wenn das der Fall wäre, dann würde man ja das Gebäude größer machen müssen! – Was heute als ganz selbstverständlich erscheint: daß man auch das Gebäude vergrößert, wenn der Verkehr zunimmt, ist so abgespeist worden. Ein anderes: Als die erste Eisenbahn gebaut werden sollte, hat man in Bayern das Medizinalkollegium darüber befragt. Da haben die Herren gesagt, man sollte keine Eisenbahn bauen, denn das würde für die Menschen, die da fahren, die furchtbarsten Folgen für ihr Nervensystem haben. Wenn man aber schon eine Eisenbahn baue, dann müsse man hohe Bretterwände herumbauen, damit die andern keine Gehirnerschütterung davon bekämen!

Man hat alles als etwas Phantastisches angesehen, als es zum ersten Male auftrat. Aber Geisteswissenschaft muß, wenn sie Lebenstatsache werden will, unmittelbar eindringen in das, was uns täglich umgibt. Wenn sie eine Kraft werden wird, die unser ganzes Leben beflügelt, die in unser alltäglichstes Tun und Wirken eindringt, dann erst hat sie sich als Tatsache bewährt. Von diesem Gesichtspunkt geht die Rosenkreuzertheosophie aus, und von diesem Gesichtspunkte aus bitte ich Sie alles das aufzufassen, was in diesen Vorträgen gesagt worden ist. In der Zukunft wird sie sich zu etwas ausgestalten können, was auf die schöpferischen Kräfte des Menschen wirkt und ihm neue Impulse geben wird auf den Gebieten der Heilkunde und Erziehung, der Kunst und des höheren Wissens, was auf alle Zweige des Lebens beseelend und belebend einströmen wird.

Von diesem Gesichtspunkte aus werden solche Vorträge gehalten, und von diesem Gesichtspunkte aus bitte ich Sie, sie aufzunehmen.

DAS JOHANNES-EVANGELIUM

ERSTER VORTRAG

Basel, 16. November 1907

Wer das moderne Geistesleben aufmerksam betrachtet, der wird finden, daß ein tiefer Zwiespalt in vielen Seelen vorhanden ist. Sie bekommen schon in frühester Jugend statt einer einheitlichen Weltanschauung deren zwei: eine durch den Religionsunterricht und eine andere durch die Naturwissenschaft, wodurch sich bei ihnen von Anfang an Zweifel an der Richtigkeit der religiösen Überlieferungen einstellen.

Man könnte glauben, daß die Theosophie ein neues Religionsbekenntnis zu den bereits bestehenden alten hinzubringen will. Dies ist aber nicht der Fall. Theosophie ist keine neue Religion, keine neue Sekte, sie ist mehr als Religion.

Es wird die Aufgabe dieser Vorträge sein, mit Hilfe der Theosophie zu zeigen, welche Bedeutung eine religiöse Urkunde wie das Johannes-Evangelium besitzt. Gerade bei der Betrachtung dieses Evangeliums wird sich das Verhältnis der Theosophie zu den Religionsurkunden im allgemeinen zeigen. Sie dient zum Verständnis der in der Welt bestehenden religiösen Strömungen. Derjenige, welcher die Theosophie kennt, nimmt das Christentum wie es ist, als eine Tatsache, welche für das gesamte Geistesleben der Menschheit von höchster Bedeutung ist. Nur das moderne Geistesleben ist in die Unmöglichkeit versetzt, die Tiefe des Christentums verstehen zu können. Theosophie ist dasjenige Instrument und Mittel, ohne welches nichts auszurichten ist. Wenn wir dieses Instrument benutzen, können wir tief hineindringen in die Weisheiten der religiösen Urkunden. Man könnte die Theosophie mit der Philologie vergleichen. Auch die Philologie erlaubt uns, die christlichen Urkunden zu studieren. Die Theosophie jedoch führt uns in den Geist dieser Urkunden ein. Nicht derjenige ist der richtige Ausleger der Euklidischen Geometrie, der nur die griechische Sprache versteht, sondern derjenige, welcher die Kenntnis der geometrischen Tatsachen besitzt.

Theosophie soll dem modernen Menschen nicht eine neue Religion sein, sondern das Mittel, welches ihm das Christentum in seinem wahren Gehalte wieder näher bringt. Das Christentum ist der Gipfel aller Religionen. Alle andern Religionen weisen nur auf das Christentum hin. Das Christentum ist die Religion aller Zukunft und wird von keiner andern abgelöst. Der in ihm sprudelnde Quell der Wahrheit ist unversieglich. Es ist so stark, daß es mit der fortschreitenden Entwickelung der Menschheit immer neue Seiten seines Wesens offenbaren wird. Die Theosophie soll uns das Christentum von einer neuen Seite zeigen.

Gegenüber den Religionsurkunden können vier verschiedene Standpunkte eingenommen werden: Erstens der Standpunkt des naiven Glaubens, wobei der Mensch sich nur an die Worte hält, die ihm gegeben werden. Viele können diesen Standpunkt nicht mit ihrem modernen Denken vereinbaren, und sie nehmen dann den zweiten Standpunkt ein: den des Kritisierens, des Zweifelns, des Verwerfens. Dies ist der Standpunkt der gescheiten, aufgeklärten Menschen. Religionswahrheiten sind ihnen ein überwundener Standpunkt. Viele von diesen aufgeklärten Menschen forschen weiter und finden, daß doch merkwürdig viel in diesen Religionsurkunden enthalten ist. Sie ringen sich durch zum dritten Standpunkt: dem der Symboliker. Diese Leute deuten viel oder wenig in die Religionsurkunden hinein, je nach ihrem Geist und Wissen. Viele ehemalige Freidenker in Deutschland haben sich zu diesem Standpunkt durchgerungen. Durch die Theosophie endlich wird der vierte Standpunkt ermöglicht. Man lernt die Religionsurkunden wieder wörtlich nehmen. Merkwürdige Beispiele dafür finden wir bei der Betrachtung des Johannes-Evangeliums.

Unter den vier Evangelien nimmt das Johannes-Evangelium einen ganz besonderen Platz ein. Während die drei Evangelien des Matthäus, Markus und Lukas uns ein geschichtliches Bild des Jesus von Nazareth geben, wird das Johannes-Evangelium als Apotheose, als ein wundervolles Gedicht angesehen. Es zeigt mehrfache Widersprüche gegenüber den Angaben der drei andern Evangelien; aber diese Widersprüche sind so offenbar zutage liegend, daß nicht angenommen werden kann, die alten Verteidiger des Johannes-Evangeliums hätten dieselben nicht wahrgenommen.

Gegenwärtig wird das Johannes-Evangelium am wenigsten als glaubwürdig angesehen. Der Grund dazu liegt in der materialistischen Gesinnung unseres Zeitalters. Im 19. Jahrhundert ist die Menschheit materialistisch im Fühlen geworden und als Folge davon auch im Denken; denn wie der Mensch fühlt, so urteilt er. Materialismus ist nicht allein diejenige Weltanschauung, die in den Büchern von *Büchner, Moleschott* und *Vogt* zum Ausdruck kommt, sondern sogar diejenigen, die als Erklärer der religiösen Urkunden sich auf einen gewissen geistigen Standpunkt stellen wollen, tun dies in völlig materialistischer Weise. Als Beispiel könnte man anführen den Streit zwischen Karl Vogt und dem Göttinger Professor *Wagner*. Dieser Streit ist seinerzeit in der «Augsburger Zeitung» ausgefochten worden und völlig zugunsten des Karl Vogt ausgefallen. Dabei vertrat Wagner die Existenz der Seele, tat dies aber auch in völlig materialistischer Weise.

Dadurch, daß unsere Theologen ebenfalls materialistisch fühlen, entsprechen ihnen die drei Evangelien der Synoptiker besser, weil bei denselben eine materialistische Auslegung eher zulässig ist. Dem materialistischen Denken widerstrebt es, ein Wesen anzunehmen, welches alle Menschen überragt. Mehr sagt es ihnen zu, in Jesus von Nazareth nur einen edlen Menschen, den «schlichten Mann» von Nazareth, zu sehen. Beim Johannes-Evangelium ist der Standpunkt ganz unzulässig, in Jesus nur das zu sehen, was in jedem andern Menschen auch lebt. Die Seele des Christus in dem Leibe Jesu ist etwas ganz anderes. Das Johannes-Evangelium zeigt uns Christus nicht nur als überragendes menschliches Wesen, sondern als solches, das die ganze Erde umfaßt.

Wenn man das Johannes-Evangelium nicht dem Wortlaute, sondern dem Geiste nach übersetzt, so lauten die ersten vierzehn Verse folgendermaßen:

> «Im Urbeginne war das Wort, und das Wort war bei Gott, und ein Gott war das Wort.
> Dieses war im Urbeginne bei Gott.
> Alles ist durch dasselbe geworden, und außer durch dieses ist nichts von dem Entstandenen geworden.
> In diesem war das Leben, und das Leben war das Licht der Menschen.
> Und das Licht schien in die Finsternis, aber die Finsternis hat es nicht begriffen.

Es ward ein Mensch, gesandt war er von Gott, mit seinem Namen Johannes.
Dieser kam zum Zeugnis, auf daß er Zeugnis ablege von dem Lichte, auf daß durch ihn alle glauben sollten.
Er war nicht das Licht, sondern ein Zeuge des Lichtes.
Denn das wahre Licht, das alle Menschen erleuchtet, sollte in die Welt kommen.
Es war in der Welt, und die Welt ist durch es geworden, aber die Welt hat es nicht erkannt.
Zu den einzelnen Menschen kam es, bis zu den Ich-Menschen kam es; aber die einzelnen Menschen, die Ich-Menschen, nahmen es nicht auf.
Die es aber aufnahmen, die konnten sich durch es als Gottes Kinder offenbaren.
Die seinem Namen vertrauten, sind nicht aus Blut, nicht aus dem Willen des Fleisches und nicht aus menschlichem Willen, sondern aus Gott geworden.
Und das Wort ist Fleisch geworden und hat unter uns gewohnet, und wir haben seine Lehre gehört, die Lehre von dem einigen Sohne des Vaters, erfüllt von Hingabe und Wahrheit.»

Bei Johannes ist Wahrheit – *ἀλήϑεια* aletheia – Manas, Hingabe – *χάρις* charis – Buddhi und Weisheit – *σοφία* sophia – Atma.

Schon das erste Wort wird von einem modernen Menschen in einem abstrakten Sinn genommen. Man denkt sich den Urbeginn als einen abstrakten Anfang. Um aber die richtige Bedeutung dieses Wortes zu erfassen, muß man sich vergegenwärtigen, was in der christlichen Geheimschule des *Dionysius Areopagita* darüber gelehrt wurde: Mineral, Pflanze, Tier und Mensch bilden die Entwickelungsreihe derjenigen Wesenheiten, welche den physischen Körper benötigen; darüber stehen Wesenheiten, die ohne einen solchen existieren. Dies sind die Engel, Erzengel, die Uranfänge oder Urbeginne, die Mächte, Gewalten, Herrschaften, Throne, Cherubim und Seraphim und immer höher hinauf.

Die Urbeginne sind also wirkliche Wesenheiten. Man bezeichnete mit diesem Namen diejenigen Wesenheiten, die im Anfang unserer

Weltentwickelung so weit waren, wie die Menschheit in ihrer Entwickelung in der Vulkanphase sein wird. Betrachtet man im Lichte dieser Anschauung den ersten Vers: «Im Urbeginne war das Wort – Logos ...», so könnte man sich den Sachverhalt durch folgendes Gleichnis bildlich darstellen: Bevor man das Wort ausspricht, lebt dieses Wort in uns als Gedanke. Wird das Wort ausgesprochen, so wird die uns umgebende Luft in Schwingungen versetzt. Denken wir uns diese Schwingungen durch irgendeinen Vorgang zum Erstarren gebracht, so würden wir die Worte als Formen und Gestalten zu Boden fallen sehen. Wir würden die schöpferische Macht des Wortes mit unseren Augen wahrnehmen. Wirkt das Wort also bereits jetzt schöpferisch, so wird dies in Zukunft noch in viel stärkerem Maße der Fall sein. Der heutige Mensch besitzt Organe, die erst in der Zukunft zu ihrer vollen Bedeutung gelangen werden, und auch solche, die sich bereits in Dekadenz befinden. Zu den letzteren gehören die Fortpflanzungsorgane, zu den ersteren das Herz und der Kehlkopf, die beide erst im Anfange ihrer Entwickelung stehen. Das Herz ist gegenwärtig ein unwillkürlicher Muskel, obwohl es quergestreift ist wie alle willkürlichen Muskeln. Diese Querstreifung ist bereits ein Fingerzeig, daß sich das Herz im Übergang aus einem unwillkürlichen in ein willkürliches Organ befindet. Der Kehlkopf ist bestimmt, in einer fernen Zukunft das Fortpflanzungsorgan des Menschen zu werden, so paradox das auch klingen mag. So wie der Mensch durch die Sprache jetzt schon seine Gedanken in Luftschwingungen umsetzen kann, wird er dereinst sein eigenes Ebenbild durch das Wort schaffen können.

Die Urbeginne besaßen diese schöpferische Kraft bereits zu Beginn unserer jetzigen Weltentwickelung und können daher mit Recht als göttliche Wesenheiten angesehen werden. Zu Beginn der Erdenentwickelung wurde ein göttliches Wort ausgesprochen, und dies ist zu Mineral, Pflanze, Tier und Mensch geworden.

ZWEITER VORTRAG

Basel, 17. November 1907

Der Mensch, wie er vor uns steht, wird von der Geisteswissenschaft in sieben Teile zerlegt. Der unseren Sinnesorganen wahrnehmbare physische Körper ist nur ein Teil der menschlichen Wesenheit. Diesen physischen Leib hat der Mensch gemeinschaftlich mit der ganzen uns umgebenden mineralischen Natur. Die in unserem physischen Körper wirkenden Kräfte sind die gleichen wie in der scheinbar unbelebten Natur.

Dieser physische Körper ist aber noch durchdrungen von höheren Kräften, ähnlich wie ein Schwamm von Wasser durchdrungen sein kann. Der Unterschied zwischen unbelebten und belebten Körpern ist folgender: Im unbelebten Körper folgen die ihn bildenden Stoffe lediglich den physischen, chemischen Gesetzen. Im belebten Körper dagegen sind die Stoffe in sehr komplizierter Weise miteinander verkettet, und nur unter Einwirkung des Ätherleibes können sie sich in dieser ihnen unnatürlichen, aufgedrungenen Gruppierung halten. In jedem Moment will der physische Stoff sich seiner Natur gemäß gruppieren, was einen Zerfall des lebendigen Körpers bedeutet, und in jedem Moment kämpft der Ätherleib gegen diesen Zerfall an. Wenn sich der Ätherkörper aus dem physischen Körper entfernt, so gruppieren sich die Stoffe des physischen Körpers in der für sie natürlichen Weise, und der Körper zerfällt, wird ein Leichnam. Der Ätherleib ist also der fortwährende Kämpfer gegen den Zerfall des physischen Leibes.

Jedes Organ hat diesen Ätherleib zu seiner Grundkraft. Der Mensch hat ein Ätherherz, ein Äthergehirn und so weiter zum Zusammenhalten der betreffenden physischen Organe. Man ist leicht versucht, sich den Ätherleib in materieller Weise vorzustellen, etwa als einen ganz feinen Nebel. In Wahrheit ist der Ätherleib eine Summe von Kraftströmungen. Für den Hellseher erscheinen im Ätherleib des Menschen gewisse Strömungen, die von sehr großer Wichtigkeit sind. Es steigt zum Beispiel ein Strom vom linken Fuße nach der Stirne, an eine Stelle, die zwischen den Augen, etwa ein Zentimeter tief im Gehirn liegt, kehrt dann in den andern Fuß hinunter, von dort in die entgegengesetzte Hand, von dort durch das Herz in die andere Hand und von dort an ihren Ausgangspunkt zurück. Es bildet sich in dieser Weise ein Pentagramm von Kraftströmungen.

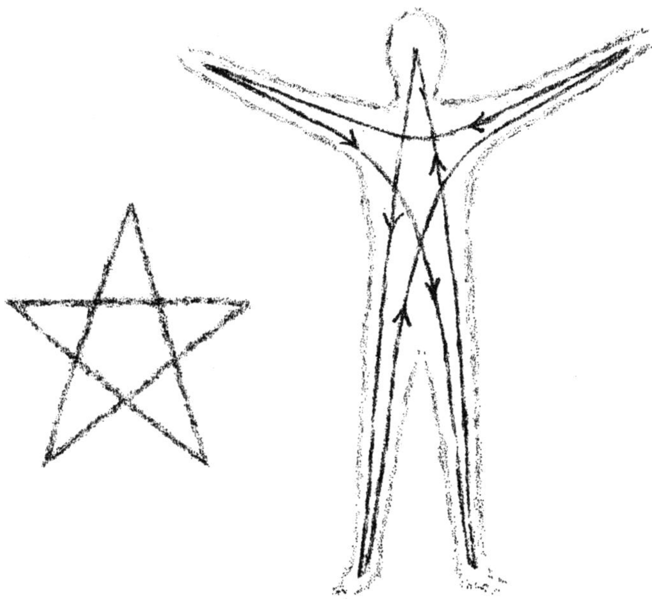

Diese Kraftströmung ist nicht etwa die einzige im Ätherleibe, sondern es gibt deren noch sehr viele. Speziell dieser Kraftströmung verdankt der Mensch seine aufrechte Stellung. Das Tier ist mit seinen vorderen Gliedmaßen an die Erde gebunden, und im Tiere sehen wir eine solche Strömung nicht. In bezug auf Gestalt und Form und Größe des menschlichen Ätherleibes kann man sagen, daß derselbe in seinen oberen Partien ein vollständiges Ebenbild des physischen Leibes ist. Anders ist es mit seinen unteren Partien, welche nicht mit dem physischen Körper übereinstimmen. Dem Verhältnis von Ätherleib und physischem Leibe liegt ein großes Geheimnis zugrunde, das tief hineinleuchtet in die Menschennatur: der Ätherleib des Mannes ist weiblich, derjenige des Weibes ist männlich. Dadurch wird die Tatsache erklärt, daß wir in jeder Mannesnatur viel Weibliches, und in jeder Frauennatur viel Männliches finden. Bei den Tieren ist der Ätherleib größer als der physische Leib. So sieht der Hellseher zum Beispiel beim Pferd über dem Kopf den Ätherkopf in Form einer Kappe herausragen.

Es gibt etwas im Menschen, was ihm viel nähersteht als Blut, Muskeln, Nerven und so weiter. Dies sind die Empfindungen von Lust und Leid, Freude und Schmerz, kurz alles das, was der Mensch sein Inneres nennt. Dies wird in der Geheimwissenschaft der Astralleib genannt, den der Mensch nur mit dem Tier gemein hat.

So wie ein Blindgeborener die ihn umgebende Welt nur unvollständig kennt und die Welt der Farben und des Lichtes für ihn nicht existiert, so ist der durchschnittliche Mensch in der gleichen Lage der Astralwelt gegenüber. Sie ist ebenso vorhanden, durchdringt und umgibt die physische Welt, wird aber von ihm nicht wahrgenommen. Wenn der astralische Sinn bei einem Menschen eröffnet wird, so wird ihm die Astralwelt sichtbar. Die Bedeutung und Wichtigkeit dieses Momentes der menschlichen Entwickelung ist aber noch viel größer, als wenn ein Blindgeborener durch eine Operation das Augenlicht erlangt. Aber ein jeder von uns kennt diese astrale Welt, wenn auch unvollkommen, denn jede Nacht wird unser Astralleib in diese Welt versetzt. Wir ruhen in der Astralwelt, um die Harmonie des Astralleibes wiederherzustellen, denn die Ermüdung ist vom geisteswissenschaftlichen Standpunkt aus betrachtet nur eine Disharmonie im physischen und Astralleibe. Ein Gleichnis könnte das Verhältnis des physischen zum Astralleibe beleuchten. Nehmen wir einen Schwamm, zerschneiden ihn in tausend Stücke und lassen den Inhalt von einem Glas Wasser von diesen kleinen Stücken aufsaugen, so haben wir ein Gleichnis für den wachenden Durchschnittsmenschen. Pressen wir die Schwämmchen aus und sammeln wir das Wasser wieder in seinen Behälter, so schließt es sich zu einer gleichmäßigen Masse zusammen. So treten die menschlichen Astralkörper, die tagsüber wie die aufgesogenen Wassertropfen individualisiert waren, in die gemeinsame Astralsubstanz ein und stärken und kräftigen sich in derselben. Dies erkennt man am Morgen daran, daß die Ermüdung beseitigt ist. Solange der Mensch kein Seher ist, vermischt sich sein im Schlafe herausgetretener Astralleib mit den übrigen Astralleibern. Beim Seher liegen die Verhältnisse jedoch anders.

Die einzelnen Pflanzen haben keinen eigenen Astralleib, sondern die ganze Pflanzenwelt besitzt einen gemeinsamen Astralleib, denjenigen der Erde. Die Erde ist ein lebendes Wesen, die Pflanzen sind ihre Glieder.

Das vierte Glied des Menschen ist das Ich. Das Wort «Ich» kann der Mensch nur zu sich selber sprechen. Niemals kann dieses Wort von außen an unser Ohr klingen, um uns damit zu bezeichnen. Wenn dieses Ich in einem Wesen erklingt, dann spricht sich der Gott in ihm aus. Die Tierwelt, die Pflanzen- und Mineralwelt sind in bezug auf das Ich in einer andern Lage. Ein Tier zum Beispiel kann zu sich ebensowenig «Ich» sagen, wie ein Finger unserer Hand zu sich «Ich» sagen kann. Der Finger müßte, wenn er sein Ich bezeichnen wollte, auf das Ich des Menschen hinweisen; ebenso müßte das Tier auf ein Ich hinweisen, das einer in der Astralwelt lebenden Wesenheit angehört. Alle Löwen, alle Elefanten und so weiter haben ein gemeinschaftliches Gruppen-Ich, also ein Löwen-Ich, ein Elefanten-Ich und so weiter.

Wollte die Pflanze auf ihr Ich zeigen, so müßte sie hinweisen auf ein gemeinschaftliches Ich im Mittelpunkt der Erde, in der Mentalwelt. Es ist bekannt, daß wenn man ein Tier sticht, dieses Tier Schmerz empfindet. Bei der Pflanze ist es anders, und der Seher kann uns berichten, daß das Pflücken der Blumen oder das Schneiden des Kornes für die Erde dasselbe wohlige Gefühl bedeutet wie für die Kuh die Entnahme der Milch beim Säugen. Wird aber die Pflanze mit der Wurzel ausgerissen, so ist es so, wie wenn man einem Tier ein Stück seines Fleisches herausschneiden würde. Dieses Ausreißen wird in der Astralwelt als Schmerz empfunden.

Wenn man fragen wollte: Wo ist das Ich der Gesteinswelt? – so würde man nicht mehr imstande sein, ein solches einen Mittelpunkt bildendes Wesen in der Geisteswelt zu finden. Als Kraft des ganzen Kosmos überall verbreitet, ist das Ich der Mineralien in der übergeistigen Welt, theosophisch höhere Devachanwelt genannt, zu finden.

In der christlichen Geheimlehre bezeichnet man die Welt, in welcher sich das Ich der Tiere befindet, die Astralwelt, als die Welt des Heiligen

Geistes; die Welt, in der das Ich der Pflanzen ist, die geistige oder devachanische Welt, als die Welt des Sohnes. Wenn der Seher anfängt, in dieser Welt zu fühlen, so spricht zu ihm das «Wort», der Logos. Die Welt des mineralischen Ich, die übergeistige Welt, wird in der Geheimlehre die Welt des Vatergeistes genannt.

Der Mensch ist ein in fortwährender Entwickelung begriffenes Wesen; wir haben nun alle vier Glieder seiner Natur kennengelernt. Sie sind das, was Pythagoras in seiner Schule als die niedere Vierheit bezeichnet. Der Wilde, der Zivilisierte, der Idealist, der Heilige: alle haben diese vier Teile. Der Wilde aber ist der Sklave seiner Leidenschaften; der Zivilisierte folgt nicht mehr wahllos seinen Trieben und Begierden; der Idealist tut dies noch weniger, und der Heilige ist völlig Herr über dieselben geworden.

Das Ich arbeitet am Astralleib und gliedert einen Teil aus ihm heraus. Dieser Teil wird im Laufe der menschlichen Entwickelung immer größer, während der ererbte Teil immer kleiner wird. In einem *Franz von Assisi* ist der gesamte Astralleib vom Ich aus durchgearbeitet und umgewandelt worden. Dieser vom Ich umgewandelte Astralleib bildet das fünfte Glied der menschlichen Natur: das Geistselbst oder Manas.

Das Ich kann aber auch Herr werden über den Ätherleib oder Lebensleib. Der vom Ich umgewandelte Teil des Ätherleibes heißt Lebensgeist oder Buddhi. Umwandelnd auf den Ätherleib wirken die Impulse der Kunst und der Religion, letztere in ganz besonders starkem Maße, weil sie sich täglich wiederholen; und Wiederholung ist die Zauberkraft, welche den Ätherleib umwandelt. Am stärksten wirkt in diesem Sinne die bewußte Arbeit in der Geheimschulung, und Meditation und Konzentration sind die Mittel, welche hier angewandt werden. Die Geschwindigkeit der Umwandlung des Ätherleibes und des Astralleibes zeigen ein ähnliches Verhältnis wie bei der Uhr der Gang des Stundenzeigers zum Gang des Minutenzeigers. Wenn es gelungen ist, im Temperament, welches von den Verhältnissen des Ätherleibes abhängig ist, das Geringste zu ändern, so ist dies mehr wert als das Aneignen von noch so vielen geistreichen Theorien.

Die stärkste Kraft ist notwendig, um den physischen Leib bewußt umzuändern. Die Mittel dazu werden nur in der Geheimschule gegeben.

Angedeutet kann nur werden, daß die Regelung des Atmens den Beginn dieser Umwandlung bildet. Den vom Ich in bewußter Weise umgestalteten physischen Leib nennt man Geistesmensch oder Atma. Die Kraft zur Umgestaltung des Astralleibes flutet uns zu aus der Welt des Heiligen Geistes. Die Kraft zur Umgestaltung des Ätherleibes flutet uns zu aus der Welt des Sohnes oder des Wortes. Die Kraft zur Umgestaltung des physischen Leibes flutet uns zu aus der Welt des Vatergeistes oder des göttlichen Vaters.

DRITTER VORTRAG

Basel, 18. November 1907

Die einzelnen Begriffe des Johannes-Evangeliums sind von solcher Tiefe, daß wir erst dann diese Urkunde richtig und in allen Teilen verstehen, wenn wir uns durch die Kenntnis der Entwickelung unseres Planeten eine genügende Grundlage hierzu geschaffen haben.

Es besteht eine merkwürdige Übereinstimmung zwischen dem Anfange des Johannes-Evangeliums und dem der Bibel. In der Bibel heißt es: «Im Urbeginne schuf die Gottheit Himmel und Erde» und im Johannes-Evangelium lautet der Anfang: «Im Urbeginne war das Wort.» Diese ersten Worte bilden den Grundton des ganzen Johannes-Evangeliums. Die Entwickelung der Erde kann nur dann richtig verstanden werden, wenn wir uns vergegenwärtigen, daß bei derselben die gleichen Gesetze zur Geltung kommen wie bei der Entwickelung des einzelnen Menschen. Der uns sichtbare Planet ist für die geisteswissenschaftliche Betrachtung nur der Leib des in ihm wohnenden Geistes. Diese geistige Wesenheit macht ebenso wiederholte Verkörperungen durch wie der Mensch. Für die Geistesforschung sind drei Verkörperungen erkennbar, bis die Erde in den heutigen Zustand gekommen ist. Damit soll nicht gesagt sein, daß sie vorher nicht schon andere Verkörperungen durchgemacht hat; aber für den höchsten Hellseher sind nur drei Verkörperungen, die vorhergegangen sind, und drei, die nachfolgen, erkennbar. Dies macht mit der jetzigen Verkörperung zusammen sieben. In dieser Zahl Sieben liegt kein Aberglaube. Wenn ich auf einem fernen Felde stehe, so sehe ich nach allen Richtungen gleich weit. Ähnlich ist es beim Hellseher, auch er sieht zeitlich nach vorwärts und rückwärts gleich weit. Diese sieben Verkörperungen der Erde heißen in der Geheimwissenschaft: Saturn, Sonne, Mond, Erde, Jupiter, Venus und Vulkan. Diese Namen bezeichnen nur Zustände einer und derselben Wesenheit.

Der Saturn ist ein in urferner Vergangenheit liegender Zustand unserer Erde. Der jetzige Planet Saturn verhält sich zur jetzigen Erde wie ein Kind zum Greis. Die Erde war einmal im Saturnzustand, wie der Greis einmal ein Kind war. Auch die folgende Verkörperung ist nicht so aufzufassen, als ob die Menschheit je einmal auf dem Jupiter wandeln würde, sondern die Erde erreicht in ihrer nächsten Verkörperung denjenigen Zustand, in dem sich der jetzige Planet Jupiter gegenwärtig befindet.

Zwischen zwei planetarischen Verkörperungen liegt eine Art von himmlischem oder geistigem Devachan, ein Pralaya. Die Zeit zwischen zwei planetarischen Zuständen ist, ebenso wie beim Menschen die Zeit zwischen zwei Erdenleben, keine Zeit der Ruhe, sondern eine Zeit geistiger Tätigkeit und Vorbereitung für die nächste Zukunft, für das nächste Leben. Nach außen erscheint dieser Zustand als ein dämmerhafter. Als die Erde aus dem Pralaya hervortrat, um in den Saturnzustand überzugehen, war sie nicht so beschaffen wie heute. Wenn man alles das, was Erde, Sonne und Mond an Substanz und Wesenheit ausmachen, durcheinandermischen und einen einzigen Körper daraus bilden könnte, würde man dasjenige erhalten, was die Erde ausmachte, als sie aus jenem dämmerhaften Dunkel in den Saturnzustand überging. Sie trat heraus nicht als ein von Wesen verlassener Körper. Auch die heutige Menschheit war bereits dort vorhanden, aber in einem Zustande, der demjenigen des Planeten angepaßt war. Auf dem Saturn wurde die erste Anlage zum physischen Leib gebildet. Eine Vorstellung von der damaligen physischen Beschaffenheit des Menschen erhalten wir, wenn wir uns den stofflichen Zustand des Planeten begreiflich zu machen versuchen. Auf dem Saturn gab es nicht solche Zustände der Körperlichkeit, wie wir sie heute antreffen. Es gab keine festen, flüssigen oder gasförmigen Stoffe; die Materie war vielmehr in einem Zustand, den der heutige Physiker gar nicht mehr als körperlich anerkennen würde.

Die Geheimwissenschaft kennt vier Zustände des Stoffes: Erde, Wasser, Luft und Feuer oder Wärme. Erde bedeutet alles, was fest ist; also auch gefrorenes Wasser oder Eis ist für die Geheimwissenschaft Erde. Wasser ist alles, was flüssig ist; also geschmolzenes Eisen oder Stein ist auch Wasser. Luft ist alles, was gasförmig ist, also auch Wasserdampf. Feuer oder Wärme ist nach der jetzigen Auffassung der Physiker nur eine Eigenschaft des Stoffes, und zwar ein äußerst rasches Schwingen seiner kleinsten Teilchen. Für die Geheimwissenschaft ist

Wärme aber ebenfalls ein Stoff, nur noch viel feiner als Luft. Wenn ein Körper erhitzt wird, so nimmt er nach der Geheimwissenschaft Wärmestoff auf; erkaltet er, so gibt er Wärmestoff ab. Der Wärmestoff kann sich zu Luft, diese zu Wasser, dieses zu Erde verdichten. Alle Stoffe waren einmal als bloßer Wärmestoff da. Als die Erde im Saturnzustand war, da gab es nur Wärmestoff.

Die erste Anlage des menschlichen Körpers war ebenfalls nur aus Wärmestoff gebildet, jedoch waren einige Organe bereits angedeutet. Aber nicht nur der Keim zum physischen Körper war vorhanden, sondern auch der Geist, das tiefste Innere des Menschen, Geistesmensch oder Atma. Dieser Geistesmensch ruhte im Schoße der Gottheit, welche die geistige Atmosphäre des Saturn bildete. Er war ebensowenig ein selbständiges Wesen, wie unser Finger ein solches ist. Erst am Ende der Vulkanperiode wird er selbständig sein.

In der nun folgenden Epoche, der Sonnenperiode, hatten sich die Stofflichkeit und auch die menschlichen Leiber aus dem Wärmezustand in den luftförmigen Zustand verdichtet. In der Folge bildete sich beim Menschen zu dem bestehenden physischen Körper noch der Ätherkörper, und auf der geistigen Seite steigt die Gottheit sozusagen um eine Stufe herunter und bildet den Lebensgeist oder Buddhi.

In der Mondperiode verdichtet sich die Stofflichkeit zum Flüssigen, und der dichteste Stoff könnte in bezug auf seine Konsistenz mit dem Wachs verglichen werden. Auch der Mensch entwickelte sich weiter, und es bildet sich einerseits der Astralleib aus, andererseits, von der geistigen Seite, das Geistselbst oder Manas. Der damalige Mensch besaß aber noch kein Ich; er war dem jetzigen Tiere zu vergleichen, nur im Aussehen von ihm verschieden.

Als nach der Ruhepause, welche der Mondphase folgte, die Erde zur jetzigen Entwickelungsperiode wieder hervortrat, barg sie in sich an Stoffen und Wesenheiten das, was die jetzige Sonne, die Erde und der Mond enthalten. Der Mensch war auf der Seite der Stofflichkeit so weit verfeinert, daß sein Astralleib fähig wurde, ein Ich aufzunehmen, indem sich dieser Astralleib zu einem Ich-Träger formte. Auf der andern Seite hatte sich der Geist so weit verdichtet, daß er, einem Wassertropfen vergleichbar, als Ich die niederen Leiber befruchten konnte.

Atma	Atma	Atma	Atma, Geistesmensch
	Buddhi	Buddhi	Buddhi, Lebensgeist
		Manas	Manas, Geistselbst
			Ich
Saturn	Sonne	Mond	Erde
			Ich-Träger
		Astralleib	Astralleib
	Ätherleib	Ätherleib	Ätherleib
Physischer Leib	Physischer Leib	Physischer Leib	Physischer Leib

Das erste bedeutende kosmische Ereignis ist die Abtrennung der Sonne von der Erde. Diese Abtrennung war notwendig, um den höheren geistigen Wesenheiten, welche bis jetzt mit der Menschheit verbunden und nun zu höherer Tätigkeit reif geworden waren, einen passenden Schauplatz zu verschaffen. Diese höheren Wesenheiten hatten das Ziel der Menschheitsentwickelung schon im Saturnzustand erreicht. Sie waren damals schon auf derjenigen Stufe der Entwickelung, welche der Mensch erst in der fernen Vulkanperiode der Erde erreichen wird. Wieder andere höhere Wesenheiten hatten im früheren Sonnenzustand der Erde den Entwickelungsgrad erreicht, den die Menschheit in der Venusperiode erreichen wird. Diese letzteren Wesenheiten sind es, die uns jetzt ihre Kraft mit dem physischen Sonnenlichte zusenden. Beide Arten von Wesenheiten trennten sich von der Erde und bildeten unter Mitnahme der feinsten Kräfte und Stoffe die jetzige Sonne.

Es war eine trübe Zeit, als die Sonne aus der Erde ausgeschieden, der Mond dagegen noch in ihr war. Den Menschen drohte ein Aufgehen in der bloßen Form, ein Ersterben alles Geistigen, aller Entwickelungsmöglichkeiten. Sonne und Erde, miteinander verbunden, hätten eine so rasche Entwickelung des Menschen nach dem Geistigen hin veranlaßt, daß die Menschen sich nicht hätten körperlich entwickeln können. Wären die Mondkräfte mit den Erdkräften in Verbindung geblieben, so wäre alles Leben in bloßer Form erstarrt. Zu Statuen wären die Menschen geworden, ein «kristallisiertes Menschenvolk», wie *Goethe* im «Faust» II sagt, wäre entstanden.

Durch das Abtrennen der Sonnen- und Mondkräfte von der Erde

ist jenes Gleichgewicht zwischen Leben und Form gegeben worden, das für die Menschheitsentwickelung notwendig war. Nur weil diese Kräfte nunmehr von außen auf den Menschen wirken, kann der Mensch sich richtig entwickeln. Die von der Sonne kommenden Kräfte schaffen und befruchten das Leben. Was dieses Leben in feste Formen gießt, kommt von dem Monde. Dem Monde verdanken wir die Entstehung des physischen Leibes, wie wir ihn heute haben, was sich aber hineinsenkt in diesen Leib, das Leben, kommt von der Sonne.

Diese beiden Strömungen von Sonne und Mond wirken deshalb immer in der richtigen Weise, weil eine der Sonnenwesenheiten sich mit dem Monde verbunden hat. Die Wesenheiten, die auf der Götterstufe standen, sind mit der Sonne ausgeschieden; eine dieser Wesenheiten hat sich jedoch abgegliedert und den heutigen Mond zum Wohnsitz genommen. Diesen mit dem Mond verbundenen Geist nennt man Jehova, den Gott der Form oder die Mondgottheit. Dieser Gott Jehova oder Jahve formte die drei Leiber des Menschen so, daß sie fähig wurden, den Ich-Tropfen aufzunehmen. Den Menschenleib formte Jehova zu seinem Bilde, «zum Bilde Gottes schuf er ihn» (1. Moses, 1, 27).

Diese Entwickelungslehre bildete das Wissen der Geheimschulen aller Zeiten. In der christlichen Geheimschule des Areopagiten *Dionysius* vernahm der Schüler dieses etwa in folgender Weise: Betrachtet die Reiche der Lebewesen auf der Erde. Ihr seht die Steine. Stumm sind sie. Sie drücken nichts aus von ihrem Leid und ihrer Freude. Sehet die Pflanzen. Noch sind sie stumm, auch sie drücken nichts aus von Leid und Freude. Die Tiere haben sich über die Stummheit erhoben. Wenn ihr mit geistig geschärftem Blick die Entwickelung verfolgen würdet, so würdet ihr sehen, daß in den Tönen der Tiere einer urfernen Vergangenheit das gleiche zum Ausdruck kommt, was den Kosmos durchtönt. Je mehr ihr zum Menschen hinaufsteigt, desto mehr werdet ihr finden, wie der Ton Ausdruck von eigenem Schmerz und eigener Lust wird. Erst dem Menschen ist es gegeben, in den Ton das hineinzulegen, was vom individuellen Geiste ausgeht. Das Tier brüllt hinaus, was in der Natur vorgeht; aber der Ton wurde zum Worte, als Jahve die Menschenleiber so geformt hatte, daß die geistigen Wesenheiten der Sonne sich hineinversenken konnten. Wenn der Ton zum Worte wird, tönt der Geist in den astralischen Leib. Sinn und Bedeutung schlug ein in den Ton, als die höheren Sonnenmächte hineindrangen in die Formen, die von Jahve gebildet waren. Als das erste Wort im Menschen erklang, da war sein eigentlicher geistiger Anfang.

Hier sind wir nun an dem Punkte, den der Evangelist im 1. Kapitel, 1. Vers berührt: «Im Urbeginne war das Wort ...» Der oberste Geist, der mit der Sonne verbunden ist und die Iche nach der Erde sandte, heißt in der Geheimlehre Christus. Die Iche als Glieder des Sonnenlogos strömten aber nur allmählich in die Formen ein. Das Licht strömte vom Sonnenlogos aus, aber wenige nahmen es in jenen alten Zeiten auf; diejenigen aber, die es aufnahmen, die wurden anders als ihre Mitmenschen. Man nannte sie Gottes Kinder oder Gottes Söhne (Kap. 1, Vers 12). Sie bestanden aus vier Gliedern: physischem Leib, Ätherleib, Astralleib und Ich, wenn auch das vierte, das jüngste Glied, noch schwach und dunkel war. Das Licht soll aber zu allen Menschen kommen; es braucht jedoch Zeit dazu. In Vers acht bis vierzehn wird darauf hingewiesen. Es waren aber einzelne Menschen, die bereits das Licht in hohem Grade aufgenommen hatten, so daß sie davon wußten und Zeugnis ablegen konnten. Sie belehrten andere. Diejenigen, welche aus eigener Erfahrung und nicht von andern belehrt vom Lichte Zeugnis abgelegt und darauf hingewiesen haben, daß einer kommen werde, welcher zum ersten Male an alle das Licht heranbringt, diese heißen in der Geheimlehre Johannes (Kap. 6 und 7). Der Schreiber des Johannes-Evangeliums ist ein solcher «Johannes». Im 1. Kapitel, Vers 18 heißt es: «Niemand hat Gott je gesehen ...», das heißt niemand vor Johannes, denn erst mit Christus Jesus wurde er personifiziert. Das größte Ereignis für die Entwickelung des Kosmos und der Menschen ist das Ereignis von Golgatha.

VIERTER VORTRAG

Basel, 19. November 1907

An den Ausgangspunkt unserer heutigen Betrachtung müssen wir ein wichtiges geisteswissenschaftliches Wort stellen. In der christlichen Geheimwissenschaft nennt man den Mond den Kosmos der Weisheit und die Erde den Kosmos der Liebe. Unter Mond ist die Mondphase der Erde zu verstehen. Die Bezeichnung des Mondes als Kosmos der Weisheit hat darin ihre Begründung, daß alles, was damals ausgebildet worden ist, von Weisheit durchdrungen wurde. Die Ablösung der Mondphase durch die Erdphase bedeutet die Ablösung des Kosmos der Weisheit durch den Kosmos der Liebe. Als die Erde aus dem Dämmerzustand, Pralaya, wieder hervortrat, gingen die Keime auf, die auf dem Monde gezüchtet worden waren, darunter auch die Keime des physischen, des Ätherleibes und Astralleibes des Menschen. In diese drei Leiber und ihre gegenseitigen Beziehungen ist auf dem Mond Weisheit hineingelegt worden. Daher findet sich auch im Bau dieser drei Leiber die Weisheit. Die größte Weisheit liegt im Bau des physischen Leibes, weniger im Bau des Ätherleibes, und noch weniger in dem des Astralleibes. Wer nicht nur mit dem Verstande, sondern mit sinnender Seele die Leiblichkeit des Menschen betrachtet, der wird diese Weisheit in jedem Organ, in jedem Gliede des Körpers entdecken. Betrachtet man zum Beispiel den menschlichen Oberschenkelknochen, so findet man darin ein wahres Netz von kreuz und quer laufenden Balken, scheinbar regellos; aber kein Ingenieur wäre heute imstande, diese zwei Säulen herzustellen, die mit dem kleinsten Ausmaß von Kraft und Stoff den menschlichen Oberkörper tragen. Solange noch die göttlichen Geister an den Menschenleibern aufbauten, wurde nur Weisheit hineingelegt. Man sieht in der Regel den physischen Leib des Menschen als den niedrigsten an, aber mit Unrecht, denn gerade in seinem Leibe tritt die größte Weisheit zutage. Nur durch diese Weisheit ist es möglich, daß der physische Körper die Attacken, welche der Astralleib stets auf ihn unternimmt, aushält, ohne vor der Zeit zusammenzubrechen. Die Leidenschaften, die sich im physischen Leibe betätigen, das Trinken von

Kaffee, Tee und so weiter, alles dies sind Attacken des Astralleibes auf den physischen Leib, und ganz besonders auf das Herz. Daher mußte dies so weise ausgebaut sein, daß die Angriffe jahrzehntelang nicht imstande sind, es zu zerstören. Natürlich mußte durch mannigfaltige Umgestaltung erst die passende Form des Herzens herausgefunden werden.

Nur weil die Weisheit dem Aufbau der Welt zugrunde liegt, kann sie darin von unserem Verstande gesucht und gefunden werden. Aber die Weisheit ist nicht plötzlich in die Welt gekommen, das Hineingießen ist nur langsam und allmählich erfolgt, und ebenso langsam und allmählich wird das Durchdringen der Erde mit der Liebe stattfinden. Dieses Durchdringen der Erde mit der Liebe ist der Sinn der Erdenentwickelung. Die Liebe hat auf der Erde im kleinsten Ausmaß begonnen, sie verbreitet sich aber immer mehr und mehr, und am Ende der Erdphase wird alles ebenso von Liebe durchtränkt sein, wie es am Ende des Mondenzustandes von Weisheit durchtränkt war.

Als der Mond aus der Erde heraustrat, war die Kraft der Liebe erst im Keim vorhanden. Es liebten sich zuerst nur die Blutsverwandten untereinander. Dies hat eine lange Zeit gedauert, allmählich erweiterte sich der Wirkungskreis der Liebe. Zum Empfinden und Betätigen der Liebe ist eine gewisse Selbständigkeit der Wesen notwendig. In der menschlichen Entwickelung waren von vornherein zweierlei Kräfte tätig gewesen: eine zusammenführende und eine trennende Kraft, Sonnen- und Mondenkraft. Unter der Einwirkung dieser Kräfte wurde der Mensch so weit ausgebildet, daß sich seine drei Leiber mit dem Ich-Träger dem Geistselbst, dem Lebensgeist und Geistesmenschen entgegenneigten. Eine endgültige Vereinigung konnte aber noch nicht stattfinden, ohne das Hinzutreten einer neuen kosmischen Kraft. Diese Kraft, welche nach der Abtrennung des Mondes ganz besonders starken Einfluß ausübte, kam von einem andern Planeten, der in ein merkwürdiges Verhältnis zur Erde trat. Dieser Planet, der Mars, machte eine Art Durchgang durch die Erdmasse, als die Erde ihre Entwickelung begann. Ein Metall hatte bisher auf der Erde gefehlt, das Eisen. Durch sein Auftreten auf der Erde wurde ihr Entwickelungsgang mit einem Schlage geändert. Der Planet Mars ist es, welcher der Erde das Eisen gebracht hat. Von da ab war die Möglichkeit geboten, daß der

Mensch sich ein warmes, eisenhaltiges Blut bilden konnte. Auch der Astralleib erhielt durch den Mars ein neues Glied: die Empfindungsseele, die mutartige Seele. Mit Eintritt des Mars entwickelte sich in der Seele das Aggressive. Man hat jetzt also beim Menschen zu unterscheiden: physischen Leib, Ätherleib, Astralleib und Empfindungsseele. Die Wirkung der Empfindungsseele auf den physischen Leib war das Entstehen des roten, warmen Blutes. Nun konnte sich nach und nach das befruchtende Ich eingliedern.

«Blut ist ein ganz besonderer Saft», sagt *Goethe* im «Faust». Der Gott der Form, Jahve, spielt dabei eine ganz besonders wichtige Rolle. Er bemächtigte sich vor allen Dingen des neugebildeten Organes, des Blutes, durchtränkte es mit seinen Kräften, verwandelte die aggressiven Eigenschaften der Mutseele in die Kräfte der Liebe und machte das Blut zum physischen Träger des Ich.

Nicht jedes menschliche Individuum hatte anfänglich sein eigenes Ich. Bei allen Blutsverwandten, welche durch die Nahehe, Familienehe, das gleiche Blut bewahrten, wirkte die gleiche Jahvekraft, die Ich-Kraft des gleichen Ich. Also eine solche kleine Gruppe hatte ein gemeinschaftliches Ich. Der einzelne verhielt sich zur ganzen Familie wie ein Finger zum ganzen Körper. Im Anfang gab es Gruppenseelen. Der einzelne empfand sich nur als Teil des Stammes. Man empfand das gleiche Ich nicht nur in den gleichzeitig Lebenden; auch in den verschiedenen Generationen lebte es weiter, solange das Blut unvermischt blieb, solange die Stammesgenossen nur in der Nahehe heirateten. Also man empfand das Ich nicht als etwas Persönliches, sondern als etwas allen Stammesgenossen Gemeinsames. Wie der Mensch sich an das erinnert, was er von seiner Geburt an erlebt hat, so erinnerten sich die Menschen der damaligen Zeit an das, was die Vorfahren derselben Blutsgemeinschaft getan hatten, und zwar so, als ob sie dies selbst erlebt hätten. Enkel und Urenkel fühlten in sich dasselbe Ich wie Großvater und Urgroßvater. So wird uns das Geheimnis des hohen Alters der Patriarchen begreiflich. «Adam» zum Beispiel war nicht die Bezeichnung für ein einzelnes Individuum, sondern für das gemeinsame Ich, das durch die Generationen floß. Es ist oben gesagt worden, daß Jahve das Blut zum physischen Träger des Ich machte. Er tat dies, indem er die Bildung des

Blutes bewirkte. Er brachte seine Kraft zum Ausdruck in der Art des Atmens. Dadurch wurde der Mensch zum Jahvemenschen, daß Jahve ihm den Atem gab. Wörtlich ist es zu nehmen, daß der nun mit den Vorbedingungen ausgestattete Mensch eingehaucht bekam den lebendigen Odem. «Jahve blies dem Menschen den Odem ein und er wurde eine lebendige Seele» (1. Moses, 2, 7). Dieses Einhauchen der Seele geschah aber nicht plötzlich, sondern ist als ein sehr lange dauernder Vorgang aufzufassen. Dadurch wurde der Mensch zum Luftatmer.

Auf dem Monde hat etwas anderes dem Atmungsprozeß entsprochen. Während der jetzige Mensch Luft ein- und ausatmet und dadurch eine Wärmequelle in sich selbst hat, atmeten seine aus physischem Leib, Äther- und Astralleib bestehenden Vorfahren auf dem Monde Wärmestoff oder Feuer ein und aus. Feueratmer waren die Menschenvorgänger auf dem Monde. Die Geheimwissenschaft nennt diese Wesen Feuerwesen, die Menschen auf der Erde dagegen Luftwesen. In aller Materie sieht die Geheimwissenschaft nur den Ausdruck des Geistes. Wir atmen nicht nur Luft ein und aus, sondern damit auch den Geist. Luft ist der Körper des Jahve, wie Fleisch derjenige des Menschen. Die Erinnerung daran wird in der germanischen Sage von Wotan, der im Winde reitet, zum Ausdruck gebracht. Auch was auf dem Monde ein- und ausgeatmet wurde, war der Geist.

Auf dem Monde waren dieselben geistigen Wesenheiten wie auf der Erde. Dort lebten sie im Feuer, auf der Erde sind sie zu Luftgeistern geworden. In der kosmischen Entwickelung blieben einzelne Wesen zurück, wie in der Schule einzelne Schüler sitzenbleiben. Diejenigen Wesenheiten, die sich die Sonne zu ihrem Wohnsitz gemacht haben, hatten sich rascher entwickelt und den Übergang von Feuer- zu Luftgeistern gefunden, während eine große Schar von Wesenheiten diesen Übergang nicht gefunden hat. Die ersteren wirken nun als geistige Kräfte von außen, von der Sonne und vom Monde her auf den Menschen ein. Der Mensch nimmt sie durch den Atem in sich auf. Zwischen den Menschen und diesen hochentwickelten Sonnengeistern stehen diejenigen geistigen Wesenheiten, die zwar auf dem Monde auch viel weitergekommen sind als der Mensch, aber nicht so weit wie die Sonnengeister und der Jahvegott. Sie waren noch nicht imstande, den

Menschen durch seinen Atem zu beeinflussen, waren aber trotzdem bestrebt, auf ihn einzuwirken. Es waren die nicht fertig gewordenen Feuergeister. Ihr Element war die Wärme und diese war beim Menschen nur im Blute vorhanden. Von dieser Wärme mußten sie leben.

Der Mensch war also im Verlaufe seiner Entwickelung hineingestellt zwischen die Luftgeister, die in seinem Atem leben, die höchsten Geister, die ihn durchgeistigen, und die Feuergeister, welche die Elemente seines Blutes aufsuchten. Sie wirken in seinem Blute als Gegner des Jahvegottes. Jahve suchte die Menschen in kleinen Gruppen durch die Liebe zusammenzuhalten. Er wollte sie durchdringen mit dem Zusammengehörigkeitsgefühl. Wäre aber nur die Liebe vorhanden gewesen, so wären die Menschen nie selbständige Wesen geworden. Gleichsam zu Liebesautomaten hätten sie sich entwickeln müssen. Dagegen richteten nun die Feuergeister ihre Angriffe, mit dem Erfolg, daß der Mensch die persönliche Freiheit erlangte. Die kleinen Menschengruppen wurden auseinandergetrieben. Der Jahvegott hatte nur Interesse daran, die Menschen in Liebe zusammenzuführen. Im Blute wirkte er als der Gott der Blutsliebe. Anders war die Wirkung der Feuergeister; sie waren es, die dem Menschen Kunst und Wissenschaft brachten. Man nennt diese Geister auch die luziferischen Geister. Die weitere Menschheitsentwikkelung geht unter dem Einfluß des Luzifer vor sich, der dem Menschen Freiheit und Weisheit bringt. Unter der Führung des Jahvegottes sollten die Menschen durch das Prinzip der Blutsbrüderschaft zusammengeführt werden. Daß der Mensch ein freier Bürger der Erde geworden ist, das verdankt er dem Luzifer. Jahve versetzte die Menschen in das Paradies der Liebe. Da erscheint der Feuergeist, die Schlange, in der Gestalt, die der Mensch einmal gehabt hat, als er noch Feuer atmete, und öffnete den Menschen die Augen für das, was noch vom Mond übriggeblieben war. Diesen luziferischen Einfluß empfand man als Verführung. Die in Geheimschulen Auferzogenen sahen jedoch diese Aufklärung nicht als Verführung an. Die großen Eingeweihten haben die Schlange nicht erniedrigt, sondern erhöht wie Moses in der Wüste. (4. Moses, 21, 8–9.)

Was sich in der Menschheit offenbaren sollte, hat sich lange Zeit durch Jahve als Blutsliebe offenbart. Daneben wirkte der Geist der

Weisheit, ein Prinzip, das etwas anderes vorzubereiten hatte. Allmählich breitete sich die Liebe von kleineren zu größeren Menschengruppen aus, von Familien zu Volksstämmen. Ein charakteristisches Beispiel dafür ist das jüdische Volk, das sich als zusammengehörige Gruppe fühlte und alle andern als Galiläer bezeichnete, das heißt als solche, die nicht zum Blut gehörten. Der Menschheit sollte nicht bloß die Blutsliebe gegeben werden, sondern die geistige Liebe, welche die ganze Erde mit einem Bruderbunde umspannen wird. Die Zeit, in welcher die Menschheit nur durch die Verwandtenliebe zusammengehalten wurde, ist nur als Lehrzeit zu betrachten für das, was später kommen sollte. Auch die Wirkung des Luzifer, welche im Auseinandertreiben der einengenden Bande bestand, ist nur die Vorbereitung für die Wirkung eines Höheren, der kommen sollte. Diesen Höheren nannte man in der christlichen Geheimschule den wahren Lichtträger, den wahren Luzifer, den Christus.

Gehen wir nun zurück in die Zeit, in welcher die atlantische Menschheit auf Erden weilte. Die Erde hat damals ein ganz anderes Aussehen gehabt. Zwischen Europa und Amerika, da, wo jetzt ein großes Meer flutet, war Land, ein Erdteil, der jetzt auf dem Boden des Ozeans liegt. Auch die heutige Wissenschaft kommt nach und nach zu der Erkenntnis, daß ein Erdteil früher existierte, wo jetzt der Atlantische Ozean sich ausdehnt. Menschen von ganz anderer als der heutigen Art bewohnten Atlantis. Zwischen dem Äther- und physischen Leib bestand damals ein ganz anderes Verhältnis als heute. Ein Hellseher sieht beim heutigen Menschen im Kopf zwei Punkte, den einen im Äthergehirn, den andern im physischen Gehirn, zwischen den Augen, etwa einen Zentimeter tief. Diese beiden Punkte fallen beim jetzigen Menschen zusammen. Beim Atlantier war dies anders. Das Äthergehirn ragte beträchtlich über das physische Gehirn heraus, und die zwei Mittelpunkte der Gehirne deckten sich nicht. In Ausnahmefällen kann es auch beim Menschen der Gegenwart vorkommen, daß sich diese zwei Punkte nicht decken; eine Folge davon ist die Idiotie. Erst im letzten Drittel der atlantischen Zeit fand die Vereinigung der Mittelpunkte der beiden Gehirne statt, und erst dann lernte der Mensch bewußt zu sich «Ich» sagen. Auch rechnen, zählen, urteilen, logisch denken konnten die Atlantier vorher nicht. Dafür besaßen sie ein riesiges Gedächtnis, welches über Generationen reichte, und ein dumpfes Hellsehen. Die Umrisse der physischen Körper sahen sie nicht deutlich, dagegen nahmen sie die Seelenvorgänge wahr. Begegnete der Atlantier einem Tiere, so empfand er hellseherisch, wie sich das Tier zu ihm stellte. Sah er zum Beispiel eine rotbraune Farbe, so wich er aus; er wußte, daß ein feindlicher Einfluß sich geltend machte. Sah er aber eine rötlich-violette Farbe, so wußte er, daß ihm etwas Sympathisches begegnete. Auch die Nahrungsmittel wurden mit Hilfe dieses Hellsehens auf ihren Wert erkannt. Das heutige Tier, das dieses dumpfe Hellsehen bewahrt hat, unterscheidet auf der Weide in ähnlicher Weise die Pflanzen in bezug auf ihre Zuträglichkeit oder Schädlichkeit. Das Erleben, das der Mensch sich im Traume bewahrt hat, ist ein dekadentes Überbleibsel des Hellsehens der alten Atlantier. Beim Atlantier war keine so scharfe Trennung zwischen Schlaf- und Wachbewußtsein wie beim heutigen Menschen. Das Tagesbewußtsein war weniger klar als unser heutiges. Das Schlaf- und Traumbewußtsein war heller. In den ersten atlantischen Zeiten kamen auch Zustände von völliger Bewußtlosigkeit vor, die durchdrungen waren von mächtigen Traumbildern. Vom Fortpflanzungsakt wußte der Atlantier der ältesten Zeit nichts. Dieser ging in Zuständen völliger Bewußtlosigkeit vor sich. Wenn der Atlantier erwachte, wußte er nichts von der Fortpflanzung. Nur in Sinnbildern wurde ihm der Vorgang der Fortpflanzung gezeigt. Daran erinnert noch die griechische Sage von den zwei Menschen Deukalion und Pyrrha, die nach Griechenland zogen und Steine hinter sich warfen, aus denen dann Menschen wurden. Der Fortpflanzungsvorgang war so lange in Bewußtlosigkeit gehüllt, als die Ehen nur unter Blutsverwandten geschlossen wurden. Daß die Menschen zum Bewußtsein erwachten und bewußt den Akt der Fortpflanzung erkannten, ist auf die Tätigkeit der luziferischen Geister zurückzuführen, die dem Menschen «die Augen aufgetan» haben. Er lernte, Gut und Böse zu unterscheiden. Weil die Menschen nun um ihre Liebe wußten und nicht mehr nur nach der Blutsverwandtschaft fragten, wurden sie selbständig. Dann wurde Jahve durch Christus abgelöst, der eine höhere Liebe in die Welt brachte und die Menschen unabhängig machte von Stammesgenossen und Blutsverwandten. Diese universelle

Liebe ist erst in ihrem Anfangsstadium. Wenn aber die Erde einmal ihre Wesen an den Jupiter abgegeben haben wird, dann werden sie von dieser geistigen Liebe ganz durchdrungen sein. Auf diese universelle Liebe weist der Ausspruch Christi hin: «So jemand zu mir kommt und hasset nicht seinen Vater, Mutter, Weib, Kinder, Brüder, Schwestern, dazu auch sein eigen Leben, der kann nicht mein Jünger sein» (Lukas 14, Vers 26). Der Geist, der diese universelle Liebe mehr und mehr über die Erde ausgießt, ist der Christus-Geist. Die Erdenentwickelung ist durch das Erscheinen des Christus Jesus in zwei Teile geteilt. Jenes Blut, das auf Golgatha geflossen ist, bedeutet die Ablösung der Verwandtenliebe durch die geistige Liebe. Dies ist der Zusammenhang zwischen Jahve, Luzifer und Christus.

FÜNFTER VORTRAG

Basel, 20. November 1907

«Das Gesetz ist durch Moses gegeben, die Hingabe – Gnade – und Wahrheit ist durch Jesus Christus geworden» (Joh. 1, 17). Wenn wir diese Stelle vollständig verstehen, so erfassen wir auch jenen tief bedeutungsvollen Einschnitt in der Geschichte der Menschheit, der durch die Erscheinung des Christus stattgefunden hat. In den vorhergehenden Vorträgen wurde in groben Zügen die Entwickelung der Menschheit geschildert und gezeigt, in welcher Weise sich das Ich-Bewußtsein entwickelt hat. In den Zeiten urferner Vergangenheit haben ganze Gruppen und Generationen von Menschen sich als Ich empfunden. Das hohe Alter der Patriarchen wird in dieser Weise verständlich. Nach und nach schränkte sich dieses Ich-Gefühl immer mehr auf einzelne Persönlichkeiten ein. Auch wurde gezeigt, wie sich in dieser Entwickelung zwei geistige Strömungen geltend machten: die eine, die Blutsverwandtschaft, die auf natürliche Weise die Menschheit zusammenzuhalten bestrebt war; die andere, die luziferische, die den Menschen auf sich selbst stellte und ihn vorbereitete auf den kommenden, rein geistigen Bund.

In der ganzen Zeit des Alten Testamentes versteht man unter Gesetz etwas, was von außen Ordnung bringt in die menschliche Gesellschaft. Nachdem die Blutsverwandtschaft ihre bindende Kraft verloren hatte, mußten die Menschen durch äußere, gedankliche Ordnung miteinander in einen gewissen Zusammenhang gebracht werden. Das Gesetz wurde als etwas von außen Kommendes empfunden. Dies uns von außen gegebene Gesetz kommt so lange zur Geltung, bis die durch Christus uns gewordene Hingabe, Gnade, und Wahrheit in uns von innen heraus das Verständnis für die wahre Erkenntnis geschaffen hat. Hingabe und Wahrheit können sich nur nach und nach entwickeln. Das Christentum, welches die Hingabe anstelle des Gesetzes bringen will, steht noch heute am Anfange seines Werdens. Je mehr die Erde in ihrer Entwickelung fortschreitet, desto stärker wird auch der Einfluß des Christentums auf die Menschheit werden. Die Menschheit soll zu einer Stufe des Zusammenlebens sich erheben, wo ein jeder Mensch durch Antrieb in seinem

Inneren veranlaßt wird, zu seinem Nächsten in das Verhältnis von Bruder zu Bruder zu treten. Auf diese hohe Stufe der Entwickelung könnte die Menschheit sich aus eigener Kraft nicht erheben, und es ist die Aufgabe des Christentums, ihr dazu zu verhelfen. Dann braucht der Mensch kein äußeres Gesetz mehr, wenn er den inneren Impuls hat, sich so zu verhalten, daß Hingabe und Wahrheit die Richtschnur seines Handelns bilden.

Dies ist nicht so zu verstehen, daß die Menschheit jetzt schon kein Gesetz mehr nötig hätte; es ist aber ein Ideal, das erstrebt werden soll. Nach und nach kommt die Menschheit dazu, daß durch ihr freiwilliges Handeln die Harmonie der Welt hergestellt wird. Um dieses Ziel zu erreichen, mußte die Macht eingreifen, die im Sinne des Evangeliums der Christus ist. Von dem, der aus eigener innerer Kraft imstande ist, sich in ein solches Verhältnis zu allen seinen Mitmenschen zu erheben, daß er sich frei, ohne jeden Zwang in die Harmonie einfügt, wird in den Geheimschulen gesagt, «er trage den Christus in sich».

Zum Verständnis des folgenden ist es notwendig, sich die Zusammensetzung des Menschen noch einmal zu vergegenwärtigen:

	Ich	
Astralleib		Geistselbst
Ätherleib		Lebensgeist
Physischer Leib		Geistesmensch

Durch die Arbeit des Ich am Astralkörper wird derselbe zum Geistselbst umgewandelt. Dies geschieht aber stufenweise, indem sich zuerst die Empfindungsseele, dann die Verstandesseele, dann die Bewußtseinsseele herausbildet. In die gereifte, geläuterte Bewußtseinsseele ergießt sich das Geistselbst. Ebenso arbeitet das Ich am Ätherleib, und die Impulse, welche dort am meisten Wirksamkeit haben, sind diejenigen der Kunst, der Religion und der Geheimschulung.

Auch in der vorchristlichen Zeit gab es Geheimschulen, welche ihre Schüler so weit entwickeln konnten, daß sie imstande waren, in die höheren Welten zu blicken. Aber nur bei den wirklichen Schülern in den verborgensten Geheimschulen gab es dieses Schauen, und auch da nur beim eigentlichen Einweihungsakte, wenn der Ätherkörper vom physischen Körper getrennt war. Unter Einweihung versteht man das Hinaufheben eines Menschen, um ihn die geistige Welt schauen zu lassen. Bei allen Einweihungen der vorchristlichen Zeit mußte der, welcher eingeweiht werden sollte, in eine Art von Schlafzustand gebracht werden. Der Einweihungsschlaf unterscheidet sich von dem gewöhnlichen Schlaf dadurch, daß in letzterem der Ätherleib mit dem physischen Leib verbunden bleibt, während in ersterem für eine kurze Weile der Ätherleib vom physischen Leib getrennt wird. Während dieser Zeit mußte der Hierophant den Körper am Leben erhalten. Dadurch, daß man den Ätherleib herausnahm, war man imstande, ihn mit den übrigen Leibern in die höheren Welten zu führen, um ihn daselbst Erfahrungen machen zu lassen, die nachher dem physischen Gehirn übermittelt werden konnten. Nur solche Einweihungsmethoden gab es in der vorchristlichen Zeit.

Durch die Erscheinung des Christus Jesus tritt etwas ganz Neues auf in bezug auf die Einweihungsart. Denken Sie sich, der Mensch hätte den ganzen Astralleib umgewandelt in Geistselbst. Dann drückt sich dieses Geistselbst dem Ätherleib ein wie ein Siegel im Siegellack und gibt ihm sein Gepräge. Hierdurch wird der Ätherleib zum Lebensgeist umgewandelt. Wenn dies vollständig geschehen ist, drückt sich der Lebensgeist dem physischen Körper ein und macht ihn zum Geistesmenschen. Erst durch die Erscheinung des Christus Jesus wurde es möglich, das, was Lebensgeist war, direkt einzudrücken in den Lebensleib. Die Erfahrungen, die in den höheren Welten gemacht wurden, konnten jetzt dem physischen Gehirn einverleibt werden, ohne daß eine vorherige Abtrennung des Ätherleibes notwendig wurde. Der erste, der einen Ätherleib besaß, der ganz durchsetzt war vom Geistselbst, und einen physischen Leib, der ganz durchsetzt war vom Lebensgeist, war der Christus Jesus. Dadurch, daß der Christus Jesus auf die Erde gekommen war, ist es für die, welche mit ihm verbunden sind, möglich geworden, dieselbe Initiation durchzumachen, ohne den Ätherleib vom physischen Leib zu trennen. Also alle vorchristlichen Eingeweihten hatten die Erfahrungen der Einweihung außerhalb des physischen Leibes gemacht, waren wieder in den physischen Leib hineingestiegen und konnten nun als eigenes Erlebnis verkündigen, was in der geistigen Welt vorgegangen war.

Buddha, Moses und andere waren derartige Eingeweihte. In Jesus ist zum ersten Male ein Wesen auf die Erde gekommen, das, im physischen Leibe bleibend, das Leben der höheren Welten erschauen konnte. Die Lehren von Buddha, Moses und so weiter sind von der Persönlichkeit ihrer Meister durchaus unabhängig. Derjenige ist Buddhist oder Mosaist, der die Lehren von Buddha oder Moses beobachtet. Hierbei ist es gleichgültig, ob er Buddha oder Moses anerkennt, denn diese Stifter überlieferten nur dasjenige, was sie in den höheren Welten erfahren haben. Bei Christus ist es anders. Seine Lehre wird erst durch seine Persönlichkeit zum Christentum, und es ist nicht genug, nur die Lehre des Christentums zu befolgen, um ein Christ zu sein. Nur diejenigen sind wirklich Christen, die sich mit dem historischen Christus verbunden fühlen. Einzelne Lehrsätze des Christentums finden sich schon vorher. Darauf kommt es aber nicht an, sondern darauf, daß der Christ an den Christus Jesus glaubt, daß er ihn für die Erscheinung hält, die im Fleische wandelnd den vollkommenen Menschen darstellt.

In der alten Zeit kannte man noch den Ausdruck: Der Eingeweihte ist ein göttlicher Mensch. – Diesem lag zugrunde, daß während der Einweihungszeremonie der Eingeweihte oben in der geistigen Welt bei den geistigen oder Götterwesen war. Da war er der göttliche Mensch. Im physischen Leibe sehen konnte man aber erst «den göttlichen Menschen» durch Christus Jesus, nie vorher. Die Stelle Johannes 1, 18: «Niemand hat Gott je gesehen, der eingeborene Sohn, der in des Vaters Schoß ist, der hat es uns verkündigt», ist also wörtlich zu nehmen. Früher konnte nur derjenige die Gottheit wahrnehmen, der selber den Aufstieg gemacht hatte. In Christus war zum ersten Male die Gottheit sichtbar auf die Erde heruntergekommen. Dies ist im Johannes-Evangelium 1, 14 verkündigt und wurde in der dionysischen Schule auch gelehrt. Um den Menschen den Weg zu weisen, ist Christus dagewesen; die Menschen sollen seine Nachfolger werden, sollen sich vorbereiten, das, was im Ätherleib ist, einzudrücken in den physischen Leib, das heißt in sich das Christus-Prinzip entwickeln.

Das Johannes-Evangelium ist ein Lebensbuch. Keiner hat dieses Buch begriffen, der es mit dem Verstand erforscht hat, sondern nur der kennt es, der es erlebt hat. Wenn man eine Zeitlang Tag für Tag die ersten vierzehn Verse wiederholt, so entdeckt man, wozu diese Worte da sind. Sie bilden einen Meditationsstoff und wecken in der menschlichen Seele die Fähigkeit, die einzelnen Abschnitte des Evangeliums, wie die Hochzeit zu Kana im Kapitel 2, das Gespräch mit Nikodemus im Kapitel 3, als eigene Erlebnisse im großen astralen Tableau zu sehen. Hellsichtig wird der Mensch durch diese Übungen und kann selbst die Wahrheit dessen erfahren, was im Johannes-Evangelium niedergeschrieben ist. Hunderte haben dies durchgemacht. Der Schreiber des Johannes-Evangeliums war ein hoher, durch Christus selbst eingeweihter Seher.

Der Jünger Johannes wird im ganzen Johannes-Evangelium nirgends genannt. Von ihm heißt es nur: «Der Jünger, den der Herr lieb hatte», zum Beispiel im Kapitel 19, Vers 26. Dies ist ein technischer Ausdruck und bezeichnet denjenigen, der vom Meister selber eingeweiht wurde. Johannes beschreibt seine eigene Einweihung in der Auferweckung des Lazarus, Kapitel 11. Nur dadurch können die geheimsten Beziehungen des Christus zur Weltentwickelung offenbar werden, daß der Schreiber des Johannes-Evangeliums vom Herrn selber eingeweiht worden ist. Wie oben gesagt, dauerten die alten Einweihungen dreiundeinhalb Tage; daher die Auferweckung des Lazarus am vierten Tage. Auch von Lazarus heißt es, daß Christus ihn lieb hatte (Kapitel 11, 3, 35 und 36). Dies ist wieder der technische Ausdruck für den Lieblingsschüler. Während der Körper des Lazarus wie tot im Grabe lag, wurde sein Ätherleib herausgeholt, um die Einweihung durchzumachen und dieselbe Kraft zu empfangen, die in Christus ist. So wurde er ein Auferweckter, derselbe, den der Herr lieb hat, von dem das Johannes-Evangelium herrührt. Wenn man daraufhin das Johannes-Evangelium durchliest, wird man sehen, daß keine Zeile dieser Tatsache widerspricht, außer daß der Vorgang der Einweihung unter einem Schleier dargestellt ist.

Es soll ein anderes Bild des Johannes-Evangeliums betrachtet werden. Im Kapitel 19, 25 heißt es: «Es stand aber bei dem Kreuze Jesu seine Mutter und seiner Mutter Schwester, Maria, Kleophas Weib, und Maria Magdalena.» Zum Verständnis des Evangeliums ist es notwendig, zu wissen, wer diese drei Frauen sind. So wenig wie heute in einer Familie zwei Schwestern den gleichen Namen tragen, so wenig war dies früher der Fall. Somit ist die angeführte Stelle ein Beweis, daß im Sinne des Johannes-Evangeliums die Mutter Jesu nicht Maria hieß. Wenn man das Johannes-Evangelium daraufhin durchsucht, so findet man nirgends eine Angabe, daß die Mutter Jesu Maria hieß. Zum Beispiel in der Hochzeit zu Kana (Kap. 2) heißt es nur: «Die Mutter Jesu war da.» Mit diesen Worten ist etwas Wichtiges bezeichnet, was wir aber nur dann verstehen, wenn wir wissen, wie der Schreiber des Evangeliums seine Worte gebraucht. Was bedeutet der Ausdruck «Mutter Jesu»? Wie wir gesehen haben, besteht der Mensch aus physischem Leib, Ätherleib und Astralleib. Den Übergang vom Astralleib zum Geistselbst dürfen wir uns nicht so einfach vorstellen. Das Ich wandelt den Astralleib langsam und allmählich um in Empfindungsseele, Verstandesseele und Bewußtseinsseele. Das Ich arbeitet immer weiter, und erst wenn es den Astralleib zur Bewußtseinsseele gebracht hat, ist es imstande, denselben so zu reinigen, daß das Geistselbst in ihm entstehen kann.

Der Mensch ist zusammengesetzt aus:

Vater	7. Geistesmensch	ferne Zukunft
Sohn	6. Lebensgeist, umgewandelter Ätherleib	ferne Zukunft
Heiliger Geist	5. Geistselbst, Bewußtseinsseele	Jungfrau Sophia, gereinigte Bewußtseinsseele
	4. Verstandesseele, Astralseele	Maria, Kleophas Weib
	3. Empfindungsseele, Empfindungsleib	Maria Magdalena
	2. Ätherleib	
	1. Physischer Leib	

Der Geistesmensch wird sich erst in ferner Zukunft entwickeln. Der Lebensgeist ist ebenfalls bei den meisten Menschen erst in der Keimanlage vorhanden. Die Entwickelung des Geistselbst hat gegenwärtig begonnen. Es ist in unzertrennlicher Verbindung mit der Bewußtseinsseele, ähnlich wie ein Schwert in der Scheide. Die Empfindungsseele steckt wiederum im Empfindungsleib oder Astralleib. So finden wir in der menschlichen Persönlichkeit neun Glieder. Weil aber Geistselbst und Bewußtseinsseele sowie Empfindungsseele und Astralleib in unzertrennlicher Verbindung stehen, spricht man in der theosophischen Literatur gewöhnlich von sieben Gliedern. Geistselbst ist gleichbedeutend mit dem Heiligen Geist, der im Sinne der Christen die leitende Wesenheit auf dem astralen Plan ist. Der Lebensgeist wird von den Christen das «Wort» oder der «Sohn» genannt. Geistesmensch ist der «Vatergeist» oder der «Vater».

Diejenigen, welche in sich das Geistselbst geboren hatten, wurden «Gottes Kinder» genannt; bei ihnen «schien das Licht in die Finsternis» und «sie nahmen das Licht auf». Äußerlich waren sie Menschen von Fleisch und Blut, aber in sich trugen sie einen höheren Menschen. In ihrem Inneren war aus der Bewußtseinsseele das Geistselbst geboren worden. Die «Mutter» eines solchen vergeistigten Menschen ist nicht eine leibliche Mutter; sie liegt in seinem Inneren; es ist die geläuterte und vergeistigte Bewußtseinsseele. Sie ist das Prinzip, aus dem der höhere Mensch geboren wird. Diese geistige Geburt, eine Geburt im höchsten Sinne, wird im Johannes-Evangelium dargestellt. In die geläuterte Bewußtseinsseele ergießt sich das Geistselbst oder der Heilige Geist. Hierauf hat auch der Ausdruck Bezug: «Ich sah, daß der Geist herabfuhr wie eine Taube vom Himmel und blieb auf ihm.»

Da die Bewußtseinsseele dasjenige Prinzip ist, in welchem sich das Geistselbst entwickelt hat, nennt man dasselbe die «Mutter Christi» oder in den Geheimschulen die «Jungfrau Sophia». Durch die Befruchtung der Jungfrau Sophia konnte der Christus in Jesus von Nazareth geboren werden. Verstandesseele und Empfindungsseele wurden in den Geheimschulen des Dionysius «Maria» und «Maria Magdalena» genannt.

Der physische Mensch wird aus der Gemeinschaft zweier Menschen geboren. Der höhere Mensch kann nur geboren werden aus einer Bewußtseinsseele, die das ganze Volk umfaßt. Bei allen Völkern war die Methode der Einweihung in ihren wesentlichen Phasen dieselbe. Jede Einweihung hat sieben Stufen. Bei der persischen Einweihung hießen dieselben: Erstens der Rabe. Der auf dieser Stufe Stehende hatte die Nachrichten der Außenwelt hereinzubringen in den Tempel. Der Rabe wird überall der Geisterbote genannt, zum Beispiel auch in den deutschen Sagen von Odin und seinen zwei Raben. Zweitens der Okkulte. Drittens der Streiter. Ihm war es von den Geheimschulen bereits erlaubt, hinauszutreten und die Lehren zu verkünden. Viertens der Löwe, der in sich Festgegründete, der nicht nur das Wort hatte, sondern auch die magischen Kräfte, der die Probe bestanden hatte und daher eine Garantie bot, die ihm anvertrauten Kräfte nicht zu mißbrauchen. Fünftens der Perser. Sechstens der Sonnenheld und siebentens der Vater. Uns interessiert hier die Bezeichnung des fünften Grades, der Perser. Den Eingeweihten des fünften Grades nannte man in allen Geheimschulen mit dem Namen des Volkes, dem er angehörte, denn sein Bewußtsein hatte sich so erweitert, daß es das ganze Volk umfaßte. Er empfand alles Leid des Volkes als sein eigenes. Sein Bewußtsein war geläutert und erweitert zum allgemeinen Volksbewußtsein. Bei den Juden nannte man den Eingeweihten dieser Stufe einen Israeliten. Erst wenn wir diese Tatsache kennen, verstehen wir das Gespräch des Christus mit Nathanael (Kap. 1, 47–49). Dieser war ein Eingeweihter der fünften Stufe. Die auffallende Antwort des Christus, er habe den Nathanael unter dem Feigenbaum gesehen, deutet auf einen besonderen Vorgang der Initiation hin, nämlich auf das Empfangen der Bewußtseinsseele.

Zum Verständnis der inneren Vorgänge der Initiation werden folgende Ausführungen behilflich sein. Das individuelle Ich-Bewußtsein des Menschen ist in der physischen Welt. Die Menschen wandern mit ihrem Ich herum. Das Ich der Tiere dagegen ist auf dem astralen Plan. Jede Gruppe von Tieren hat daselbst ein gemeinschaftliches Ich-Bewußtsein. Aber nicht nur das Ich der Tiere ist in der Astralwelt vorhanden, sondern auch das Ich des Leibes, den der Mensch mit dem Tiere gemeinschaftlich hat, also das Ich des menschlichen Astralleibes. In der Devachanwelt finden wir die Iche der Pflanzen, wie auch das Ich desjenigen Körpers, den wir mit der Pflanze gemeinsam haben, das Ich des Ätherkörpers. Steigen wir noch höher hinauf in das höhere Devachan, so finden wir dort das Ich der Mineralien und das Ich desjenigen Teiles, den der Mensch mit den Mineralien gemeinsam hat: also das Ich des physischen Leibes. Wir stehen also durch den physischen Leib mit dem höheren Devachan in Verbindung. Mit dem individuellen Ich sind wir hier in der physischen Welt. Wenn bei einem Eingeweihten das Ich des Astralleibes von seinem Individual-Ich durchdrungen und umgearbeitet wird, so wird er in der Astralwelt bewußt. Er kann dann darin wahrnehmen und sich betätigen. Er begegnet den Wesenheiten, welche in den Astralkörpern inkarniert sind, auch den Gruppenseelen der Tiere und denjenigen höheren Wesenheiten, welche im Christentum Engel genannt werden. Bei noch höherer Einweihung wird auch das Ich des Ätherkörpers vom Individual-Ich durchdrungen. Das Menschenbewußtsein dehnt sich dadurch bis in die Devachanwelt hinauf aus. Dort begegnet man den Pflanzen-Ichen und dem Planetengeist. Eine noch höhere Einweihung findet statt, wenn das Individual-Ich das Ich des physischen Leibes durchdringt. Dann wird der Mensch auch in der übergeistigen Welt zum persönlichen Bewußtsein kommen. Er begegnet dort dem Ich der Mineralien und noch höheren Geistern. So ist die Einweihung ein Hinaufwandern in höhere Welten, in denen immer höhere Wesenheiten angetroffen werden.

Höhere Devachanwelt Ich der Mineralien	Ich des physischen Körpers	Überdevachan- bewußtsein
Devachan Ich der Pflanzen	Ich des Ätherkörpers	Devachanbewußtsein
Astralwelt Ich der Tiere, auch Engel	Ich des Astralleibes	Astralbewußtsein
Physische Welt	Individual-Ich	Tagesbewußtsein

Man könnte folgendes Bild gebrauchen:

Das Ich des Ätherleibes kann verglichen werden mit dem Ingenieur
Das Ich des Astralleibes kann verglichen werden mit dem Lenker eines Autos
Das Ich des Individual-Ich, physischer Leib, kann verglichen werden mit dem Besitzer eines Autos.

Wenn das individuelle Ich die volle Herrschaft über die drei Körper erlangt hat, so hat es die innere Harmonie ausgebildet. Eine Wesenheit, welche diese Harmonie vollständig besaß, ist Christus. Er ist auf der Erde erschienen, damit der Mensch jene Kraft der inneren Harmonie entwickeln kann. Man sieht in diesem Menschensohn die ganze Menschheitsentwickelung dargestellt bis hinauf in die höchste geistige Stufe. Vorher gab es diese innere Harmonie nicht; an ihrer Stelle wirkten die äußeren Gesetze. Die innere Harmonie ist der neue Impuls, den die Menschheit durch Christus empfangen hat. Die Christus-Fähigkeit soll der Mensch erwerben, das heißt, er soll den inneren Christus entwikkeln. Aber so wie nach *Goethes* Ausspruch «das Auge am Licht für das Licht gebildet ist», so ist diese innere Harmonie, dieser innere Christus nur durch das Vorhandensein des äußeren, historischen Christus entzündet, vor dessen Erscheinung es den Menschen nicht möglich war, diese Stufe geistiger Entwickelung zu erreichen.

Diejenigen Menschen, die vor des Christus historischem Leben gelebt haben, sind nicht etwa von dem durch sein Erscheinen über die Menschheit gekommenen Segen ausgeschlossen. Denn man darf nicht vergessen, daß sie nach dem Gesetze der Wiederverkörperung wiederkommen müssen und folglich Gelegenheit haben werden, den inneren Christus zu entwickeln. Nur wenn man die Reinkarnationslehre vergißt, kann man von Ungerechtigkeit sprechen. Das Johannes-Evangelium zeigt den Weg zum historischen Christus, zu jener Sonne, welche das innere Licht im Menschen entzündet, wie die physische Sonne unser Augenlicht entzündet hat.

SECHSTER VORTRAG

Basel, 21. November 1907

Zu den wichtigsten Geheimnissen aller Geheimschulen, auch der dionysischen, gehört das sogenannte Zahlengeheimnis. Niemand vermag eine Geheimschrift zu lesen, der nicht imstande ist, das Zahlengeheimnis zu entziffern. Wo in Religionsurkunden Zahlen vorkommen, liegt immer ein tiefer Sinn zugrunde. Auch die Schule des *Pythagoras* ist auf das Zahlengeheimnis gegründet. Wenn es auch wahr ist, daß der Buchstabe tötet, so muß man beim Auslegen von Geheimschriften dem Buchstaben doch einen ganz gewissen Wert beimessen, sonst läuft man Gefahr, daß man in diese Schrift den Geist hineindeutet, den man darin haben will. Im Johannes-Evangelium finden wir mannigfaltige Zahlen von geheimer Bedeutung. Im fünften Vortrag war die Rede von den drei Frauen, die am Kreuz standen, von der Jungfraumutter Sophia, der Maria und der Magdalena. Im heutigen Vortrag wollen wir zunächst eine andere Zahlenbetrachtung zugrunde legen.

Erinnern wir uns zunächst an das Gespräch des Christus Jesus mit der Samariterin (Kap. 4, 7 ff.). Christus spricht die bedeutungsvollen Worte: «Fünf Männer hast du gehabt, und den du nun hast, der ist nicht dein Mann.» Und noch einmal kommt die Zahl Fünf vor, bei der Heilung des achtunddreißig Jahre lang Kranken (Kap. 5, 5). Der Teich Bethesda hat fünf Hallen. Wir wollen etwas näher auf die Bedeutung dieser mystischen Fünfzahl eingehen. Betrachten wir die menschliche Wesenheit im Zusammenhang mit der Entwickelung der Menschheit. Wie wir gesehen haben, ist der Mensch zusammengesetzt aus neun Teilen, die sich aber auf sieben zurückführen lassen. In der Entwickelung des Menschen kommen nach und nach diese sieben Leiber zur Entfaltung. Beim heutigen Menschen sind noch nicht alle sieben Glieder entwickelt. Der Durchschnittsmensch ist bis zur Bewußtseinsseele entwickelt, das Geistselbst steht erst im Beginne seiner Entfaltung. Gehen wir zurück bis zu dem Zeitpunkt der Menschheitsevolution, wo der Mensch gelernt hat, bewußt zu sich «Ich» zu sagen. Diesem Zeitpunkt ging die alte atlantische Epoche voran, in welcher die Menschen noch mit dämmerhaften hellseherischen Kräften ausgestattet waren. In der Gegend von Atlantis, die dem heutigen Irland entspricht, wohnte ein atlantisches Volk, welches in der Entwickelung so weit fortgeschritten war, daß sich bei ihm die Deckung des Äther- und des physischen Kopfes herausbildete.

Dies war das zu jener Zeit am weitesten fortgeschrittene Volk, und es war bestimmt, der Träger der zukünftigen Entwickelung zu werden. Ein sehr fortgeschrittener Geist, Manu, leitete diese Gruppe gegen Osten durch das heutige Rußland nach Mittelasien in die Gegend der heutigen Wüste Gobi. Dort wurde eine Kolonie gegründet, von der aus Gruppen nach den verschiedensten Richtungen ausgesandt wurden und die Kultur dieser Gruppe verbreiteten. Dies geschah zu der Zeit, wo der atlantische Erdteil allmählich unterging. Das heutige Afrika und Europa kamen allmählich aus den Fluten empor. Eine andere Atlantiergruppe zog von ihren Wohnsitzen aus nach Westen und bildete die Urbevölkerung des heutigen Amerika, bei dessen Wiederentdeckung durch die Europäer sie aufgefunden wurde. Auch nach dem Norden Europas zog eine Gruppe. Alle diese Gruppen haben ihre hellseherischen Erinnerungen in alten Sagen und Mythen bewahrt. Wenn wir diese Sagen und Mythen einmal richtig verstehen, wird manches Dunkel, das jetzt noch auf der Menschheitsgeschichte lastet, erhellt werden; dann werden wir manches jetzt noch Unverständliche verstehenlernen. Nur dürfen wir bei der Erklärung dieser Sagen und Mythen nicht pedantisch zu Werke gehen. Wir müssen wissen, in welch komplizierter Weise die hellseherischen Erfahrungen und die Phantasie bei Schaffung dieser alten Sagen mitgespielt haben. In dieser Zeit des ersten Aufleuchtens des Ich in der Persönlichkeit hat der Mensch in höherem Maße in seiner Umgebung gelebt als später. Er nahm auch weniger die äußeren Umrisse der ihn umgebenden Gegenstände wahr als vielmehr die inneren Eigenschaften und das Verhältnis, das sie zu ihm einnahmen, ob sie ihm nützlich oder schädlich, freundlich oder feindlich waren. Je mehr das Ich in der menschlichen Persönlichkeit eingeschlossen wurde, desto mehr nahmen die hellseherischen Fähigkeiten ab, während die Formen der Außenwelt mehr und mehr vor dem physischen Auge aufleuchteten. Wenn wir uns diese Tatsache vorstellen, können wir leicht begreifen, daß der Eintritt des Ich eine gewaltige Änderung hervorrief. Vorher sah der Mensch seinen eigenen Leib nicht, nun fing er an, ihn als sein Ich zu bezeichnen.

Atlantis war in der letzten Zeit ein Nebelland, mit dichtem Nebel bedeckt; es gab nicht die Abwechslung von Regen und Sonnenschein, auch nicht die Erscheinung des Regenbogens. Dieser konnte erst in der nachatlantischen Zeit entstehen, als die Nebelmassen sich verteilten. Dieses Ereignis ist im Volksbewußtsein lebendig geblieben als die Sage von Heimdall und in der Erzählung von Noah und der Arche. Die Erinnerung an das Nebelland hat sich erhalten in der nordischen Bezeichnung Niflheim, Nebelheim. Auch den Einschlag des Ich in die menschliche Persönlichkeit haben sich die nordischen Völker bewahrt in der Nibelungensage. Und zwar ist das Ich dort unter dem Symbolum des Goldes dargestellt. Das Gold war aufgelöst im Wasser, es hat sich aber zusammengezogen in den Ring, den Schatz der Nibelungen: das bisher in der ganzen Welt verteilt gewesene Ich hat sich zusammengezogen in die feste Menschenform. An der Bearbeitung dieser Sage durch *Wagner* kann man recht das unbewußte Empfinden des schaffenden Künstlers wahrnehmen. Wagner hatte nicht das ganze Bewußtsein dessen, was er in seinem Werke schuf, aber ein unterbewußtes Wissen leitete ihn. So dürfte zum Beispiel Wagner das zum Bewußtsein gekommene Ich im Orgelpunkt, der sich durch die ganze Ouvertüre der Oper «Rheingold» durchzieht, charakterisiert haben.

Drüben im Fernen Osten war unter der Führung einer hochentwikkelten Individualität die erste Kultur entstanden, von der die alten Veden noch Zeugnis ablegen. Der erste Einschlag dieser Kultur wurde gegeben nach Süden in der alten indischen Kultur. In den alten indischen Mythen und Sagen, den religiösen Urkunden, sind die Berichte dieser Tatsachen aufbewahrt, sie können von den Hellsehern gelesen werden. Manches scheinbar Widersprechende enthüllt sich da als tiefste Wahrheit. Diese Kultur hatte noch deutliche Erinnerungen an das frühere alte Hellsehen bewahrt und hatte noch tiefe Sehnsucht nach ihm empfunden als nach einem kostbaren, leider verlorengegangenen Gut. Die Menschen waren noch so sehr von der Wirklichkeit der geistigen Welt durchdrungen, daß sie die physische als Maja, Täuschung bezeichneten. Daher versuchten sie auch dieses verlorene Gut dadurch wiederzuerlangen, daß sie den Blick vom Irdischen weg und ständig nach dem Geistigen richteten. Dies ist der Ursprung der Jogaübungen, die durch ein Herabdämpfen des Bewußtseins in die geistige Welt hineinzuführen suchen. Sie wollten ein Zurückkehren in den alten Dämmerzustand; sie suchten den Weg, der in das verlorene Paradies zurückführt. In der ganzen atlantischen Zeit war die äußere Welt den Menschen nur in verschwommenen Umrissen wahrnehmbar gewesen. Die Atlantier lebten noch vorwiegend in der geistigen Welt. Die ganze nachatlantische Zeit bedeutet für den Geistesforscher nur eine nach und nach erfolgende Eroberung des physischen Planes. Die erste nachatlantische Kulturepoche, die indische, hatte noch wenig Sinn für das, was draußen in der physischen Natur ist, die den Eingeweihten als eine absolute Illusion galt, aus der sie in die einzige Realität, die geistige Realität, zu gelangen suchten.

Der zweite Einschlag war die altpersische Kultur. Der Perser steht der Außenwelt schon näher als der Inder; er kennt die Erscheinung des Guten und des Bösen, dargestellt durch die Götter Ormuzd und Ahriman. Er sucht sich mit dem ersteren zu verbinden, um letzteren zu bekämpfen. Die Erde ist ihm ein Arbeitsfeld, um den Geist einzugliedern in das physische Dasein. Die dritte Kulturepoche ist die ägyptisch-assyrisch-chaldäisch-babylonische Kultur. Der Mensch hat einen weiteren Schritt vorwärts getan in der Eroberung des physischen Planes. Für den Perser war die Welt physisch noch ein undifferenziertes Arbeitsfeld. Jetzt wendet der Mensch schon sein Wissen an, um die Kräfte des Bodens sich dienstbar zu machen. Er kennt die Geometrie, um sein Land einzuteilen; sein Blick geht auch über die Erde hinaus zu den Sternen, und so entsteht die Astronomie.

Die vierte ist die griechisch-lateinische Kulturepoche. Während der Mensch sich bisher in der Wissenschaft mit der äußeren Kultur beschäftigt hat, legt er nun sein eigenes Innere, das spezifisch Menschliche in die Materie hinein. Wir sehen in den von ihm gefertigten Kunstwerken seine eigene Gestalt wiedererscheinen; in dem von ihm verfaßten Epos und Drama schildert er seine eigenen seelischen Eigenschaften. Der Römer ist der Bürger, der seine eigene Gesetzmäßigkeit hinausprojiziert und so den Staat und die Jurisprudenz herausbildet.

Im fünften Zeitalter, in dem wir bis jetzt leben, hat der Mensch es in der Beherrschung der Außenwelt noch weiter gebracht. Unsere Epoche bedeutet den tiefsten Abstieg des Geistes in die Materie seit der atlantischen Zeit. Dieser Abstieg mußte kommen, wenn die Menschheit vorwärtsschreiten sollte. Nur nachdem der Geist vollständig in die Materie hinuntergestiegen ist, kann sein Aufstieg wieder beginnen. Unser Zeitalter hat eine große Wissenschaftlichkeit entwickelt, mit deren Hilfe wir die verschiedensten Naturkräfte beherrschen können. In Urzeiten, wo der Mensch seine Getreidekörner in primitiver Weise zwischen zwei Steinen zermalmte, bedurfte es keines großen Aufwandes an geistiger Kraft, um seine geringen Lebensbedürfnisse zu befriedigen. Ganz anders ist es in unserer Zeit. Denken wir nur an den ungeheuren Aufwand von geistiger Kraft, welcher notwendig ist, um die materiellen Bedürfnisse des modernen Menschen zu befriedigen. Wir haben Lokomotiven, Dampfschiffe, Telephon, elektrisches Licht. Eine Unsumme von geistiger Kraft ist hier in die Materie hineingelegt worden. Die geistigen Interessen des Menschen treten dabei aber gänzlich in den Hintergrund. Wir sehen also, daß die ganze geistige Entwickelung der Menschheit in der nachatlantischen Zeit einen Abstieg des menschlichen Geistes in die Materie bedeutet. Der Zweck dieses Abstieges ist aber die Überwindung der Materie, dieses großen Gegners des Geistes. Denn nach dem tiefsten Abstieg muß nun ein Aufsteigen zum bewußten spirituellen Leben beginnen.

Wir können den Gang der Menschheitsgeschichte in der nachatlantischen Zeit durch nebenstehende Kurve darstellen.

Dasjenige, was den Aufstieg bewirken soll, ist die Kraft des Christentums. In der Mitte der vierten Kulturepoche, noch lange bevor der tiefste Punkt der absteigenden Linie erreicht ist, geht der Stern des Christentums auf. Es erscheint der Christus Jesus als die hohe Persönlichkeit, die der Menschheit die Kraft bringt für den späteren Aufstieg in den Geist. Alle vorhergehenden Kulturepochen können auch als Vorbereitung des Christentums betrachtet werden. In der fünften Kulturepoche hat das Christentum die stärkste Belastungsprobe auszuhalten, da das materialistische Denken die spirituellen Wahrheiten des Christentums verdunkelt. Im sechsten Zeitalter wird das Christentum die

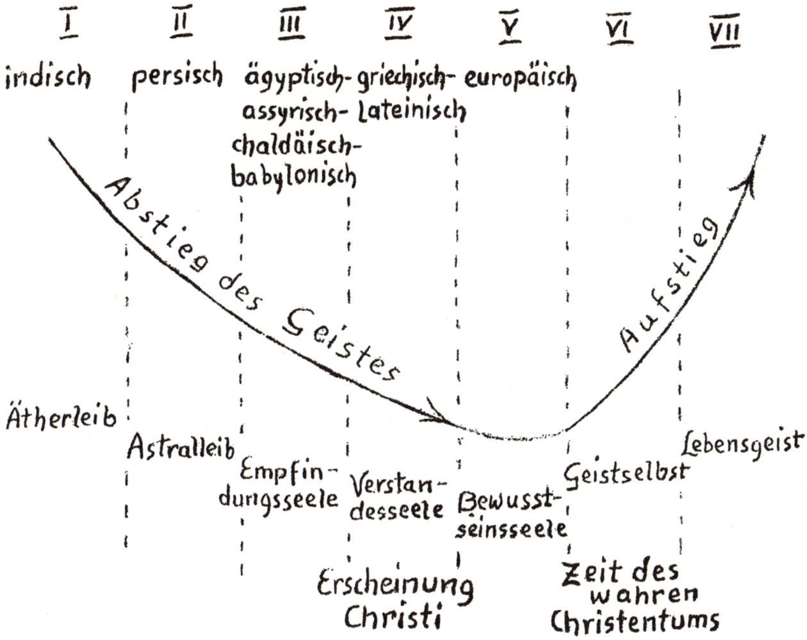

Menschheit zum großen Bruderbunde vereinigen, und als Vorbote, als Verkünder dieser kommenden Zeit ist die Theosophie zu betrachten, welche die Spiritualisierung der Menschheit vorbereitet. Die im Christentum der Menschheit gegebenen Lehren sind so tief, so weisheitsvoll, daß keine kommende Religion imstande sein wird, das Christentum zu ersetzen oder zu verdrängen. Das Christentum hat die Fähigkeit in sich, sich allen Kulturformen der Zukunft anzupassen.

Es soll noch eine andere Seite der Menschheitsentwickelung betrachtet werden. In der atlantischen Zeit wurde der physische Körper ausgebildet, und der Mensch besaß, als der atlantische Erdteil überflutet wurde, ungefähr dieselbe Gestalt, die er heute hat. Nun begann die Ausbildung der geistigen Glieder. In der indischen Kulturepoche wurde der Ätherleib entwickelt. Das indische Volk als erster Kulturzweig der nachatlantischen Zeit war für das geistige Leben sehr empfänglich. Dies hängt mit der besonderen Ausbildung des Ätherleibes zusammen.

Als Zwischenbemerkung könnte folgendes eingeschaltet werden. Unsere heutige europäische Kultur ist sowohl von der altindischen als auch von der jetzigen indischen sehr verschieden, und so ist es begreiflich, daß die Mittel und Wege, welche einen Inder und einen Europäer zum spirituellen Leben führen, verschieden sein müssen. Die Jogaübungen, welche für den Inder fördernd sind, sind für den Europäer unzweckmäßig. Die Wege der Einweihung werden von den Meistern, die sie geben, ganz den jeweiligen Entwickelungsstufen der Menschheit angepaßt. Was für eine Stufe eine vortreffliche Methode ist, kann für eine andere Stufe geradezu nachteilig sein. Auch die Religionen haben nicht umsonst einander abgelöst. Wenn auch in allen ein gemeinsamer Wahrheitskern enthalten ist, so sind doch die verschiedenen Äußerungen dieser Wahrheit durch die Verschiedenheiten der Kulturepochen bedingt. Ein Baum ist von der Wurzel bis zur Blüte ein abgeschlossenes Ganzes, und doch ist für die Wurzel eine andere Nahrung notwendig als für die Blätter und Blüten. So ist auch für die Menschheit der verschiedenen Kulturepochen eine verschiedenartige Religions- und Einweihungsmethode erforderlich.

In der persischen Kultur kommt der Astralleib zur Entwickelung. In der ägyptisch-assyrisch-chaldäisch-babylonischen Kultur kommt im Astralleib die Empfindungsseele zur Entwickelung. In der griechisch-lateinischen Kultur wird die Verstandesseele zur Entwickelung gebracht. Unsere eigene Kultur bringt die Bewußtseinsseele zur Entwickelung. Im sechsten Zeitraum wird das Geistselbst sich entwickeln, das heute erst in der Keimanlage vorhanden ist. Es braucht die gewaltige Antriebskraft des Christus-Geistes, um diese Keimanlage zur Entwikkelung zu bringen. Das wahre Christentum wird erst dann erblühen, wenn das Geistselbst entwickelt ist. Dann bereitet sich die Menschheit vor, die Buddhi, den Lebensgeist in sich aufzunehmen. Anfänglich wird nur eine kleine Schar von Menschen diese Kraft in sich entfalten, sie wird aber zu einem wunderbaren spirituellen Leben gelangen. Das Christentum steht heute erst am Anfange seiner Entwickelung. Die, welche sich heute vorbereiten auf die Ausbildung des Geistselbstes in ihrem Inneren, werden im nächsten Zeitraum dieses tiefere, geistige Christentum der Menschheit immer mehr zugänglich machen.

Wir sehen, wie im dritten Zeitalter eine kleine Schar, das jüdische Volk, die Bedingungen vorbereitet, welche die Erscheinung des Christentums möglich machen; wie im vierten Zeitalter die Kraft des Christus eindringt in die physische Welt; wie im fünften Zeitalter der stärkste Herabstieg der Menschheit in die physische Welt stattfindet; wie, nachdem die Menschheit die Herrschaft über diese physische Welt errungen hat, die Menschheit im sechsten Zeitraum eine desto größere Kraft und Fähigkeit erlangt, das spirituelle Leben, das der Christus-Geist gebracht hat, in sich aufzunehmen. Christus erscheint als der Erstgeborene, der seiner Zeit weit vorausgegangene Mensch, der die Stufe bereits erreicht hat, welche die übrige Menschheit erst im sechsten Zeitraum erreichen wird. Der fünfte Zeitraum ist der materiellste der Menschheitsentwickelung.

Die geistigen Empfindungen bilden die Grundlage der körperlichen Zustände und jede Krankheit des Körpers ist der Ausdruck irgendeiner geistigen Verirrung. So ist der Aussatz, die gräßliche Krankheit des Mittelalters, ein Ausdruck im Physischen gewesen für die Furcht, welche die europäischen Völker vor den Hunnen gehabt haben. Die Hunnen waren im Verfall begriffene Nachkömmlinge der atlantischen Rasse. Ihr physischer Körper war wohl noch gesund, ihre Astralleiber dagegen waren bereits mit Fäulnisstoffen durchsetzt. Furcht und Schrecken sind ein ausgezeichneter Nährboden für die faulenden Stoffe des Astralplanes. So konnten diese faulenden Stoffe der atlantischen Volksstämme sich im Astralleib der europäischen Völker festsetzen und bewirkten von dort aus in späteren Generationen den Aussatz im physischen Körper.

Alles lebt zuerst auf geistige Art, um sich später im physischen Körper auszudrücken. Auch die heutige Nervosität ist nur eine Folge der materialistischen Gesinnung unserer Zeit. Die weisen Lenker der Menschheit wissen, daß, wenn die Hochflut des Materialismus noch weiter anhalten würde, große Nervenkrankheitsseuchen bei uns auftauchen würden; Kinder würden bereits mit zitternden Gliedern geboren werden. Deshalb wurde die theosophische Bewegung in die Welt gebracht, um die Menschheit vor den Gefahren des Materialismus zu retten. Wer also materialistisches Denken und Fühlen verbreitet, der leistet diesen verheerenden Krankheiten Vorschub; wer den Materialismus bekämpft, der kämpft für die Gesundheit und Entwickelungsfähigkeit unseres Volkes. Der einzelne vermag zu seiner Gesundheit nichts beizutragen; er ist ein Glied der ganzen Menschheit und schöpft die Stoffe zu seiner Erhaltung aus der allen Menschen gemeinsamen Quelle. Wer tiefer hineinschaut in die Gesetze der Menschheitsentwikkelung, muß blutenden Herzens zusehen, wie der einzelne leidet und wie sein Leiden nur der Ausdruck der geistigen Verirrung der ganzen Menschheit ist. Die Theosophie ist weniger berufen, dem einzelnen Menschen zu helfen, als vielmehr der ganzen Menschheit einen Aufschwung in das Geistige zu geben und dadurch für die körperliche Gesundung der Menschheit zu wirken.

Im sechsten und siebenten Zeitalter wird durch die Kraft des Christus sich das Geistselbst und der Lebensgeist in denjenigen entwickeln, die sich an Christus anlehnen. Diese werden zugleich gesundes Denken und gesundes Fühlen erlangen. Das Christentum bringt die große Gesundheit und die große Heilung. Die Lebenskraft Christi überwindet alles Siechtum und den Tod. Der menschliche Leib hat sich entwickelt als fester Körper aus dem Flüssigen heraus und daher wird in der Geisteswissenschaft das flüssige Element als das leibliche Element betrachtet. Die fünf Hallen, welche den Teich Bethesda umgeben, bedeuten die fünf Zeitalter, welche der Mensch dazu verwendet, immer tiefer und tiefer in die Körperlichkeit einzudringen, und an deren Ende er gänzlich der Materie verfallen ist. Erst wenn diese fünf Zeiträume durchschritten sind, kann der Mensch gesund werden. Wer diesen fünf Hallen verfallen ist, kann nicht geheilt werden, wenn nicht der große Heiler, der Christus, an ihn herantritt. Dann geschieht das, was im fünften Kapitel des Johannes-Evangeliums beschrieben ist. So ist die Schilderung des achtunddreißig Jahre lang Kranken eine prophetische Vorausverkündigung dessen, was sich ereignet in der sechsten Epoche, wo der Mensch keine Heilmittel mehr braucht, weil er sein eigener Heiler sein wird.

Im Beginn der nachatlantischen Zeit finden wir noch Überreste der Blutsverwandtschaft. Die Worte Christi: «Wer nicht verläßt Vater und Mutter ..., der kann nicht mein Jünger sein», deuten auf die

Menschheitsstufe im sechsten Zeitalter hin. Dann wird an Stelle der Volksgeister, der Stammes- und Rassengeister der eine allgemeine Menschheitsgeist herrschen. Dann wird der Mensch nicht mehr Sohn seines Stammes oder Volkes sein, sondern Sohn der Menschheit, Menschensohn. Auch hier ist tatsächlich Christus der erste, der diesen Namen mit Recht führt (Joh. Kap. 3,13,14). Er verhielt sich zu jener Zeit schon so, wie sich die Menschen verhalten werden, wenn sie Menschensöhne sein werden.

Dies ist dadurch ausgedrückt, daß Christus zu der Samariterin geht – Samariter hatten ja keine Gemeinschaft mit den Juden. Was der Mensch in sich hat, was seine Entwickelung möglich macht, ist etwas Weibliches, Passives, gegenüber dem Geiste, der das Befruchtende, das männliche, aktive Prinzip darstellt. Die Folge dieser ständigen Einwirkung des männlichen auf das weibliche Prinzip ist zunächst die Entfaltung des Ätherleibes, dann des Astralleibes, der Empfindungsseele, der Verstandesseele und der Bewußtseinsseele. In der letzteren gestaltet sich dann das Geistselbst. Dies ist im Gespräch des Christus mit der Samariterin (Kap. 4,18) angedeutet mit den Worten: «Fünf Männer hast du gehabt, und den du jetzt hast, der ist nicht dein Mann.» Die fünf Männer, die das Weib gehabt hat, sind die fünf geistigen Leiber, die auf den physischen einwirkten, und der sechste, das Geistselbst, ist nicht mehr im alten Sinne der Mann. Die fünf andern sind niedere, vergängliche Stufen der Entwickelung, während der sechste, das Geistselbst, das Göttliche, Ewige darstellt. So sehen wir auch im Gespräch mit der Samariterin eine Verkündigung der kommenden Zeit durch den Christus Jesus.

Während die fünf Leiber der Läuterung von außen bedürfen, wird das Geistselbst den Menschen selbst reinhalten. Der Leib Christi ist bereits erfüllt von Reinheit. Er will auch die Menschheit reinigen und tritt daher hin und reinigt den Tempel von Händlern und Wechslern (Kap. 2,14–22), das heißt, er reinigt den Tempel des Heiligen Geistes, den Leib des Menschen von den ihm anhängenden niederen Prinzipien und macht ihn fähig, den Geist aufzunehmen.

Diese Ausführungen dürfen jedoch nicht die Vorstellung erwecken, daß die Schilderungen im Johannes-Evangelium nur als Symbole aufzufassen seien. Im Altertum war die Namengebung nicht etwas Willkürliches, sondern streng dem Charakter der Persönlichkeit angepaßt. So wahr es zum Beispiel ist, daß die drei Frauen, die am Kreuze Jesu standen, die drei Eigenschaften Bewußtseins-, Verstandes-, Empfindungsseele bezeichneten, ebenso wahr ist es, daß diese drei Personen leiblich unter dem Kreuze gestanden haben. Wenn wir das Johannes-Evangelium lesen, blicken wir also sowohl auf symbolische Bilder dessen, was sich im nächsten Zeitalter auf dieser Erde verwirklichen wird, als auch auf etwas, was zu Beginn unserer Zeitrechnung wirklich eingetreten ist. Die historischen Tatsachen sind alle von den weisen, die Menschheit leitenden Mächten hingestellt als Symbole der künftigen Menschheitsentwickelung.

SIEBENTER VORTRAG

Basel, 22. November 1907

In einer Urkunde wie dem Johannes-Evangelium ist alles von Bedeutung und Wichtigkeit, und nichts könnte anders gesagt werden, als es dort steht. Warum erscheint zum Beispiel der Heilige Geist in Gestalt einer Taube? Es brauchte, um dies zu erklären, eine Reihe von Vorträgen. Aber man kann wenigstens eine Ahnung davon bekommen, wenn man die Menschheitsentwickelung von einem andern Gesichtspunkt aus betrachtet, als dies bis jetzt geschehen ist. Es wurde bereits in den früheren Vorträgen die für einen naturwissenschaftlich Denkenden ungeheuerliche Behauptung aufgestellt, daß der Mensch zu Anfang der Entwickelung bereits da war und daß er die Erdenentwickelung als seine eigene Entwickelung mitgemacht hat. Es darf aber selbstredend nicht vergessen werden, daß die früheren Menschen ganz anders organisiert und beschaffen waren als die heutigen. Schon der atlantische Mensch ist in seinem Aussehen von dem heutigen sehr verschieden. Dieser Unterschied ist noch viel größer beim Menschen der lemurischen Zeit und noch größer beim Menschen derjenigen Zeit, in welcher noch Mond und Sonne mit unserem Planeten verbunden waren.

Um uns hineinzuarbeiten in die Art und Weise, wie die Geisteswissenschaft über die Evolution denkt, müssen wir vom Nächstliegenden ausgehen. Nicht alle heute auf der Erde lebenden Menschen stehen auf derselben Stufe der Entwickelung. Neben den Völkern, die auf einer hohen Kulturstufe stehen, gibt es Naturvölker, welche in der Kultur weit zurückgeblieben sind. Es hat sich in der heutigen Naturwissenschaft die Anschauung herausgebildet – und sie wird mit großer Zähigkeit festgehalten, obschon neuere Tatsachen dagegen sprechen –, daß die höherentwickelten Völker von den in der Entwickelung zurückgebliebenen Völkern abstammen. Diese Anschauung ist den Ergebnissen der Geistesforschung nicht entsprechend. Erwähnen wir hier beispielsweise die Völker, die durch die Entdeckung Amerikas bekannt wurden, und schildern wir in Kürze eine Episode, die uns einen Einblick in das Geistesleben dieser Völker gewährt. Bekanntlich hatten die

Weißen die Indianerbevölkerung immer weiter in das Innere des Landes zurückgedrängt und das Versprechen, ihnen Ländereien zu geben, nicht gehalten. Ein Häuptling dieser Indianer sagte einmal zu dem Anführer eines europäischen Eroberungszuges: Ihr Bleichgesichter habt uns unsere Länder genommen und habt uns versprochen, uns andere zu geben. Aber der weiße Mann hat dem braunen Mann das Wort nicht gehalten, und wir wissen auch warum. Der bleiche Mann hat kleine Zeichen, in denen Zauberwesen stecken und aus denen erforscht er die Wahrheit. Was er aber erfährt, ist nicht die Wahrheit, denn es ist nicht gut. Der braune Mann sucht nicht in solchen kleinen Zauberzeichen die Wahrheit. Er hört den «Großen Geist» im Rauschen des Waldes, im Rieseln des Baches. Im Blitz und Donner gibt ihm der «Große Geist» kund, was recht und unrecht ist.

Wir haben in der amerikanischen Rasse eine primitive Urbevölkerung vor uns, die weit, weit zurückgeblieben ist, auch in bezug auf religiöse Weltanschauung. Aber sie hat sich bewahrt den Glauben an einen monotheistischen Geist, der aus allen Lauten der Natur zu ihr spricht. Der Indianer steht mit der Natur in so innigem Verhältnis, daß er noch in allen ihren Äußerungen die Stimme des hohen schöpferischen Geistes hört, während der Europäer so in der materialistischen Kultur steckt, daß er die Stimme der Natur nicht mehr wahrnehmen kann. Beide Völker haben denselben Ursprung, beide stammen von der Bevölkerung der Atlantis ab, die einen monotheistischen Glauben besaß, entsprungen aus einem geistigen Hellsehen. Aber die Europäer sind hinaufgestiegen zu einer höheren Kulturstufe, während die Indianer stehengeblieben und dadurch in Dekadenz gekommen sind. Diesen Entwickelungsvorgang muß man immer beachten. Er läßt sich darstellen wie folgt. Im Laufe der Jahrtausende verändert sich unser Planet, und diese Veränderung bedingt auch eine Entwickelung der Menschheit. Die Seitenzweige, die nicht mehr in die Verhältnisse hineinpassen, werden dekadent. Wir haben also einen geraden Entwickelungsstamm und abgehende Seitenzweige, die verfallen (siehe Zeichnung).

Von dem Punkte der atlantischen Zeit, wo Europäer und Indianer noch miteinander vereint waren, weiter zurückgehend, kommen wir in eine Zeit, wo der Körper des Menschen noch verhältnismäßig weich, von gallertartiger Dichtigkeit war. Da sehen wir wieder Wesen sich abzweigen und zurückbleiben. Diese Wesen entwickeln sich weiter, aber in absteigender Linie, und aus ihnen entsteht das Affengeschlecht.

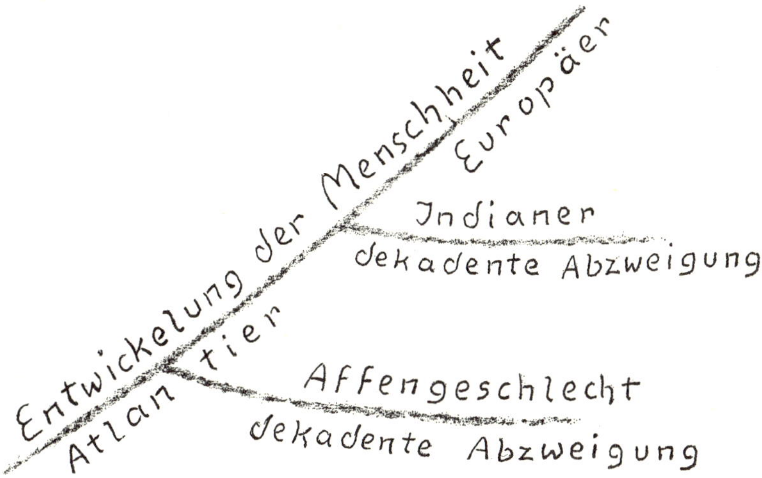

Wir dürfen nicht sagen, der Mensch stamme vom Affen ab, sondern beide, Menschen und Affen, stammen von einer Form ab, die aber eine ganz andere Gestalt hatte als die Affen und die heutigen Menschen. Die Abzweigung erfolgte von einem Punkte, wo diese Urform die Möglichkeit hatte, einerseits aufzusteigen zum Menschen und andrerseits hinunterzufallen, zum Zerrbilde des Menschen zu werden. Wir wollen die Abstammungslehre nur so weit verfolgen, als nötig ist, um den Zusammenhang zu finden mit dem, was in früheren Vorträgen gesagt worden ist. Bei den alten atlantischen Menschen war der Ätherleib noch außerhalb des physischen Körpers. Heute ist nur noch der Astralleib des Menschen, und zwar im Schlafe, außerhalb des physischen Körpers. Heute ist daher der Mensch nur im Schlafe imstande, die Müdigkeit des physischen Körpers zu überwinden, weil da sein Astralleib außerhalb des physischen Körpers ist und so die Möglichkeit hat, sich an demselben zu betätigen. Weitere Einflüsse auf den physischen Körper sind jetzt nicht mehr möglich. Nur die Überreste solcher Einwirkung sind noch geblieben in den Erscheinungen, wie Erröten bei Scham, Erblassen bei Angst und Schreck und so weiter. Je mehr wir aber zurückgehen in der atlantischen Zeit und je mehr der Ätherleib außerhalb des physischen Leibes war, desto mehr war er imstande, umgestaltend zu wirken auf den physischen Leib. Die Herrschaft des Ätherleibes über den physischen Leib war in früherer Zeit deshalb so groß, weil der physische Leib noch viel biegsamer und geschmeidiger war als jetzt. Zu einer Zeit der menschlichen Entwickelung, wo der physische Leib erst eine feingliedrige Anlage zum Knochengerüst hatte, war die Macht des Ätherkörpers über den physischen Leib so groß, daß der Mensch die Fähigkeit hatte, einen Arm, eine Hand beliebig zu verlängern, auch beliebig Finger daraus hervorzustrecken und so weiter. Solches erscheint dem heutigen Menschen als etwas Absurdes. Es wäre ganz unrichtig, sich den lemurischen Menschen so zu denken wie den heutigen. Der lemurische Mensch ging nicht etwa wie ein Mensch von heute auf seinen Gliedern; er war mehr oder weniger ein Luftwesen. Alle Organe des heutigen Menschen waren nur andeutungsweise vorhanden; er konnte sich metamorphosieren. Es ist gänzlich unrichtig, sich vorzustellen, die lemurischen Menschen wären den heutigen, wenn auch grotesk, so doch ähnlich gewesen. Auch in der atlantischen Zeit war der menschliche Körper noch formbar und konnte durch den Willen von innen heraus umgestaltet werden. Dies hatte seine Begründung darin, daß der Ätherleib, wie oben gesagt, teilweise noch außerhalb des physischen Körpers war. So hat der Ätherleib gearbeitet an der äußeren Gestalt, und die Wesen, welche nicht in der richtigen Art an ihrem Leib arbeiteten, haben sich zu dem entwickelt, was wir heute Affen nennen. So sind diese Karikaturen der heutigen Menschen entstanden. Sie stammen von uns ab, nicht wir von ihnen. Man kann hier die Frage aufwerfen: Warum spalteten sich gerade die Affen ab, warum blieb ein Teil auf einer niedrigeren Stufe zurück als seelenlose Wesen – hier ist die höhere Seele gemeint, nicht der Astralleib? Es kamen eben andere Verhältnisse. Der Mensch paßte sich denselben an, sie aber vermochten dies nicht. Ihr physischer Leib verhärtete, während der Mensch seinen physischen Körper weich und bildsam erhalten konnte.

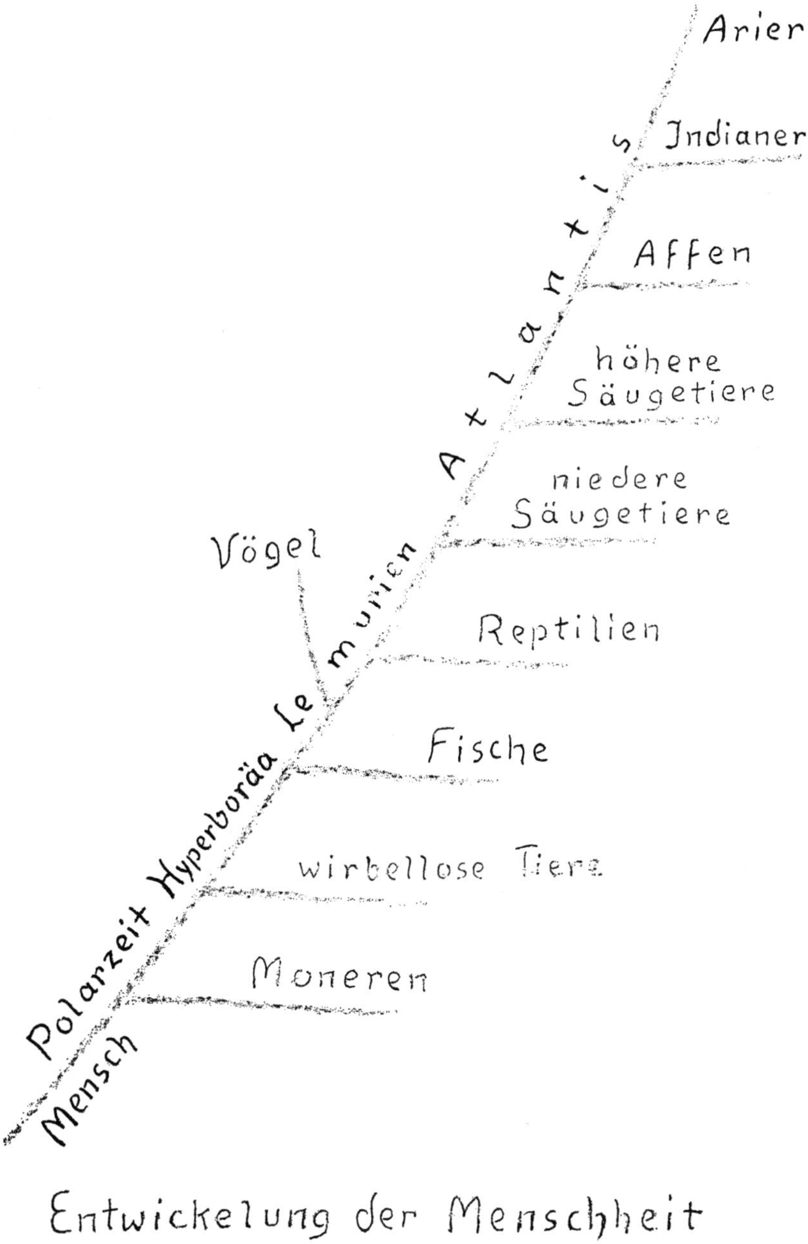
Arier
Indianer
Affen
höhere Säugetiere
niedere Säugetiere
Vögel
Reptilien
Fische
wirbellose Tiere
Moneren
Mensch
Polarzeit Hyperboräa Lemurien Atlantis
Entwickelung der Menschheit

Im Beginn der Erdenentwickelung haben wir uns den Menschen vorzustellen mit einem feinen ätherischen Körper. Diesen hat er immer mehr umgebildet. Ein Hellseher hätte damals den Menschen in Form einer Kugel wahrgenommen. Die Zeichnung auf Seite 243 soll den Stammbaum der Entwickelung erläutern.

Ziemlich spät in der atlantischen Zeit zweigte die Art ab, die sich dann später zu den heutigen Affen gestaltete. Früher in der atlantischen Zeit haben sich gewisse höhere Säugetiere abgezweigt; gewisse niedere Säugetiere zweigten sich in der ältesten atlantischen Zeit ab. Der physische Mensch war damals vom Entwickelungswert eines Säugetiers; nur sind die Säugetiere auf dieser Stufe stehengeblieben, während der Mensch sich weiterentwickelt hat. In noch früherer Zeit stand der Mensch im Entwickelungswert eines Reptils. Der Leib war ganz anders als der eines heutigen Reptils, aber das Reptil hat sich herausgebildet, indem seine leibliche Entwickelung in Dekadenz gefallen ist. Der Mensch hat seine inneren Glieder zur Entwickelung gebracht, das Reptil dagegen blieb zurück. Es ist ein zurückgebliebener Bruder des Menschen. Noch früher zweigte sich das ab, was die Vogelart wurde. Und noch weiter zurück stand der Mensch auf der Stufe, die im heutigen Fischgeschlecht bewahrt ist. Auf der Erde war damals nichts Höheres vorhanden als komplizierte Fischformen. In urferner Zeit stand der Mensch auf der Stufe eines wirbellosen Tieres. Und in der ältesten Zeit abgezweigt, und so auf unsere Zeit gekommen, ist das einzellige Wesen, das *Haeckel* Monere nennt, das einen in der ältesten Zeit abgezweigten Bruder des Menschen darstellt. Wenn wir aus dieser Entwickelungsreihe den Stammbaum des Menschen bilden, so wird dieser genau übereinstimmen mit dem Stammbaum, den Haeckel in seinen Schriften aufgestellt hat:

1. Moneren	8. Kiemendarmwürmer
2. Einzellige	9. Urchordatiere
3. Vielzellige	10. Schädellose
4. Hohlkugeln	11. Rundmäuler
5. Urdarmtiere	12. Urfische
6. Plattentiere	13. Schmelzfische
7. Schnurwürmer	14. Lurchfische

15. Kiemenlurche	20. Beuteltiere
16. Schuppenlurche	21. Halbaffen
17. Proreptilien	22. Hundsaffen
18. Säugereptilien	23. Menschenaffen
19. Ursäuger	24. Affenmenschen

25. Sprechende Menschen

Wir könnten auch ohne weiteres Haeckels Stammbaum übernehmen, der Unterschied ist nur der, daß Haeckel erst die Tierformen entstehen und diese sich dann bis zum Menschen hinaufentwickeln läßt, während wir in der Urform bereits den Menschen sehen und die Tierwelt nur als Abzweigung, als entartete Menschen betrachten. Tatsächlich ist der Mensch der Erstgeborene der Erde; er hat sich in gerader Linie weiterentwickelt, hat die andern Wesen an den verschiedenen Etappen zurückgelassen.

Wenn wir den Zeitpunkt betrachten, wo die Vögel und Reptilien sich abgezweigt haben, so sehen wir, daß damals tatsächlich physische Menschenformen vorhanden waren, die den späteren Vogelarten, und solche, die den späteren Reptilien ähnlich waren. Der Seher sieht zurück in jene ferne Zeit, in welcher die geistige Wesenheit des Menschen noch nicht von seinem Körper Besitz ergriffen hatte. Er sieht die Gattungsseele des Menschen, die den vogelartigen Körper umschwebt. Hier blieben jene geistigen Wesenheiten zurück, die nicht nötig hatten, hinunterzusteigen in den physischen Plan. Nachdem sie bis zu dieser Stufe der physischen Welt heruntergekommen waren, entwickelten sie sich wieder zum Geistigen hinauf. Es sind dies Wesenheiten des astralischen Planes, der Welt des Heiligen Geistes, die sich den Luftkreis als ihr Reich bewahrt haben, gleich wie der Mensch die physische Erde, den Erdkreis als sein Reich in Besitz nimmt. Diese Wesen muß man sich auch in der Vogelgestalt vorstellen, wenn sie sich uns physisch sichtbar machen sollen. Daher muß der Schreiber des Johannes-Evangeliums den Heiligen Geist, der in die Bewußtseinsseele des Jesus hinuntersteigt und sie erfüllt als Geistselbst, unter dem Symbolum einer Taube darstellen. Von wunderbarer Tiefe erscheint uns dieses Symbolum, wenn wir es im Zusammenhang mit der Menschheitsentwickelung betrachten.

Wir wollen das, was im Johannes-Evangelium geschrieben steht, noch von einem andern Gesichtspunkte aus in Zusammenhang bringen mit der Menschheits-Erdenentwickelung. Wir wollen dabei eine Vorstellung der Rosenkreuzerschule in aller Kürze wiederholen. Dem Schüler wird auf einer gewissen Stufe der Entwickelung etwa folgendes gesagt: Betrachten wir die Pflanze in ihrem Verhältnis zum Menschen. Die Pflanze richtet die Wurzel nach unten, nach dem Mittelpunkt der Erde, dem Sitze ihres Ich. Ihre Befruchtungsorgane wendet sie keusch der Sonne, dem Lichte zu. Im Lichte der Sonne erschließt sie ihre Blüte und läßt sie die Frucht reifen. Diese befruchtende Wirkung des Lichtes nennt man geheimwissenschaftlich die Berührung durch die heilige Liebeslanze der Sonne. Sie lockt hervor die Blüte und bewirkt die Fruchtbarkeit der Erde. Was die Pflanze in die Erde versenkt, die Wurzel, das entspricht dem Haupt des Menschen. Der Mensch richtet sein Haupt der Sonne, dem Lichte entgegen. Und was die Pflanze dem Lichte zuwendet, die Befruchtungsorgane, die neigt er schamhaft der Erde zu. Der Mensch ist das umgedrehte Bild der Pflanze. Das Tier steht mitten zwischen beiden. Die Pflanze zeichnet man vertikal der Erde zugerichtet, den Menschen ebenso vertikal von der Erde abgewendet, das Tier horizontal. So erhält man die Form des Kreuzes. Plato drückt dies aus, indem er sagt: Die Weltenseele ist gekreuzigt am uralten Weltenkreuz. – Das Kreuz ist ein kosmisches Symbolum, hingestellt in die Weltenentwickelung. Tiefe Schauer durchwogten die Brust des Schülers, wenn er so hineinschauen konnte in das Werden der Weltenentwickelung. So sehen wir auch in der Pflanze ein Bruderwesen aus urferner Vergangenheit. Ursprünglich war auch der Mensch ein ätherisches Wesen von pflanzlicher Substanz. Damals hatte der Mensch diejenige stoffliche Natur, welche heute die Pflanze noch besitzt. Hätte der Mensch nicht die pflanzliche Substanz zum Fleisch umgewandelt, so wäre er keusch und rein geblieben wie die Pflanze. Nicht kennengelernt hätte er Begierde und Leidenschaft. Aber dieser Zustand konnte nicht erhalten werden, denn der Mensch wäre dann auch nicht zum Selbstbewußtsein erwacht. Er wäre immer in dem Traumleben geblieben, in dem die Pflanze sich heute noch befindet. Der Mensch mußte durchdrungen werden von Begierden und Leidenschaften, mußte zum

Fleischesdasein gebracht werden. Nicht alle Organe wurden zur gleichen Zeit aus Pflanzen- in Fleischessubstanz umgewandelt. Die Organe, welche die niedrigsten Triebe ausdrücken, die sind am spätesten einbezogen worden in die fleischliche Entwickelung. Und sie befinden sich auch bereits in Dekadenz. Die Fortpflanzungsorgane haben am längsten ihren pflanzlichen Charakter bewahrt. Alte Sagen und Mythen berichten uns noch von Hermaphroditen; das waren solche Wesen, die keine Geschlechtsorgane von Fleisch und Blut, sondern solche von pflanzlicher Substanz besaßen. Manche glauben, das Feigenblatt, das die ersten Menschen im Paradies gehabt haben, sei ein Ausdruck der Scham. Nein, in dieser Erzählung hat sich die Erinnerung daran bewahrt, daß die Menschen an Stelle der fleischlichen Fortpflanzungsorgane solche pflanzlicher Natur gehabt haben. Und nun einen Blick in die Zukunft: Was heute noch niedrige Organe im menschlichen Körper sind, was am spätesten einbezogen wurde in die Fleischlichkeit, das wird auch am ersten wieder abfallen, verschwinden, verdorren am menschlichen Körper. Der Mensch wird nicht auf seiner jetzigen Stufe stehenbleiben. Wie er von der reinen Keuschheit der Pflanze in die Sinnlichkeit der Begierdenwelt hinabgestiegen ist, so wird er aus dieser wieder heraufsteigen mit reiner, geläuterter Substanz zum keuschen Zustande.

Gewisse Organe des menschlichen Körpers sind im Zerfall, andere sind auf der Höhe ihrer Entwickelungsfähigkeit angelangt; wieder andere sind erst im Beginne ihrer Entwickelung. Zu den ersteren gehören die Fortpflanzungsorgane, zu den zweiten gehört das Gehirn; zu jenen, welche erst in der Keimanlage sich befinden, gehören das Herz und der Kehlkopf und alles, was mit der Bildung des Wortes zusammenhängt. Aus ihnen werden Organe herausgebildet, welche die Fortpflanzungsorgane in ihren Funktionen ersetzen und weit überragen werden. Sie werden im höchsten Sinne willkürliche Organe werden. Wenn der Mensch in der Luft durch das Sprechen Formen erzeugt und in der Zukunft das Wort schöpferisch wirken wird, dann wird der Mensch zu jener Keuschheit zurückgekehrt sein, welche die Pflanze bewahrt hat; aber es wird eine bewußte Keuschheit sein. Auch das Herz ist für den Geheimforscher erst im Beginne seiner Entwickelung. Es ist nicht jene

Pumpe, als welche es seitens der materialistisch Denkenden hingestellt wird. Der Glaube, das Herz sei die Ursache der Blutzirkulation, ist ein irrtümlicher. So horribel es auch klingen mag: die Bewegung des Herzens ist die Folge der Blutzirkulation. In der Zukunft, wenn der Mensch eine höhere Entwickelungsstufe erreicht haben wird, wird auch das Herz seinem bewußten Willen unterworfen sein. Die Anlage dazu ist schon vorhanden, nämlich die Querstreifung, die das Herz wie alle willkürlichen Muskeln aufweist. Dann wird der Mensch bewußt seinesgleichen durch das Wort schaffen, dann wird die menschliche Substanz keusch und geläutert sein. Was auf niederer Stufe als Pflanzenkelch der Sonne entgegengestreckt wurde, was den Sonnenstrahl als Liebespfeil aufnahm, das wird auf der höheren Stufe der zukünftigen Menschheit dem Kosmos wieder zugewendet werden als Kelch, der befruchtet wird vom Geistigen aus. Dies ist dargestellt im Heiligen Gral, dem leuchtenden Kelch, dessen Erreichung dem Ritter des Mittelalters als erhabenes Ziel vorschwebte.

Betrachten wir nun die Pflanze und ihr Verhältnis zur Erde. Die Pflanze hat nur einen physischen und einen Ätherleib, daher ist bei der Pflanze nur ein solches Bewußtsein möglich, wie es der Mensch im Schlaf hat. Während das Tier ein Gruppenbewußtsein hat, ist das Bewußtsein der Pflanze im Mittelpunkt der Erde konzentriert. Die Pflanzen sind mit der Erde so verbunden, daß sie als Glieder derselben anzusehen sind. Nicht die einzelnen Pflanzen haben einen Astralleib, sondern sie sind eingebettet in den Astralleib der Erde. Der Astralleib der Erde steht in Wechselbeziehung zu demjenigen der Sonne. Einen ähnlichen Vorgang wie den Wechsel von Schlaf- und Wachbewußtsein beim Menschen finden wir auch im höheren Organismus der Erde. Als Folge davon sprießen im Sommer die Pflanzen; sie keimen, wachsen, blühen der Sonne entgegen. Zur Winterszeit zieht sich der Astralleib der Sonne zurück von der Erde. Der Astralleib der Erde ist auf sich angewiesen; er zieht sich in den Mittelpunkt der Erde zurück; die Vegetation auf der Erde ruht. Der Seher kann dieses Verhältnis der beiden Astralleiber ganz genau beobachten. Weil dieses Zurückziehen des Astralleibes einen Stillstand in der Vegetation und in der Lebensbetätigung und damit auch eine Unterbrechung des Bewußtseins zur

Folge hat, deshalb mußte der Mensch im Laufe seiner Entwickelung einen eigenen Astralleib erhalten, denn nur dadurch konnte er ein kontinuierliches Bewußtsein erlangen.

Während wir bisher die Bedeutung des Christus für die Menschheitsentwickelung betrachtet haben, wollen wir nun zur Betrachtung der Bedeutung dieses Geistes für die kosmische Entwickelung übergehen. Die Wesen, die im Urbeginn der Erdenentwickelung bereits jenen Zustand der Vollkommenheit erlangt hatten, den die Menschheit erst am Ende der Erdenentwickelung erreichen wird, haben ihren Sitz auf der Sonne. Zu diesen Wesenheiten gehört der Christus als kosmische Kraft. Also sein Astralleib war zu Beginn unserer jetzigen Erdenentwickelung mit dem Astralleib der Sonne verbunden. Er hatte seinen Sitz in der Sonne. Mit der Erscheinung des Christus auf der Erde senkte sich gleichzeitig der Astralleib dieser kosmischen Kraft des Christus-Geistes auf die Erde herab und seitdem ist sein Astralleib in ständiger Verbindung mit dem Astralleib der Erde geblieben. Durch die Erscheinung des Christus auf Erden hat der Astralleib der Erde von dem der Sonne eine ganz neue Substanz erhalten. Wer zur Zeit Christi von einem andern Planeten heruntergeblickt hätte auf die Erde, der würde das Hinzutreten dieser neuen Substanz zum Astralleibe der Erde ersehen haben an der Änderung der Farbenstrahlung dieses Astralleibes. Durch die Verbindung seines Astralleibes mit demjenigen der Erde ist der Sonnengeist Christus zugleich Erdgeist geworden. Der Christus-Geist ist Sonnengeist und zugleich Erdgeist. Von dem Moment an, da Christus auf Erden gewandelt ist, bleibt er in ständiger Verbindung mit der Erde. Er ist der Planetengeist der Erde geworden; die Erde ist sein Leib, er leitet die Erdenentwickelung. Diese Verbindung hat sich auf Golgatha vollzogen und das Mysterium von Golgatha ist das Symbolum dessen, was für die Erdenentwickelung damals geschehen ist.

Vier Hauptrassen teilen sich in den Besitz der Erdoberfläche: die weiße, gelbe, rote und schwarze Rasse. Der Luftkreis aber, der die Erde auf allen Seiten umgibt, ist ein einheitlicher. Darauf ist hingedeutet im Kapitel 19, 23: «Die Kriegsknechte aber, da sie Jesum gekreuzigt hatten, nahmen sie seine Kleider und machten vier Teile, einem jeglichen Kriegsknecht einen Teil, dazu auch den Rock. Der Rock aber war ungenäht, von oben an gewirkt durch und durch.» Die Kleider des Christus sind das Symbolum für die Erdoberfläche, der aus einem Stück gewebte Rock dagegen symbolisiert den Luftkreis, der ungeteilt und unteilbar auf allen Seiten die Erde umspannt. Es muß aber nochmals betont werden, daß auch dieses Symbolum gleichzeitig eine historische Tatsache ist. Nach dieser ist auch der folgende Ausspruch des Meisters verständlich. Er sagt: «Der mein Brot isset, der tritt mich mit Füßen» (13, 18). Wenn der Christus der Planetengeist ist, wenn die Erde sein Leib ist, ist es da nicht berechtigt, zu sagen, die Menschen essen sein Fleisch und trinken sein Blut und treten ihn mit Füßen? Wenn dieser Geist hindeutet auf die Früchte, die von der Erde gewonnen werden, kann er da nicht sagen: «Dies ist mein Leib», und auf die reinen Pflanzensäfte weisend: «Dies ist mein Blut»? (6, 56.) Und wandeln nicht die Menschen auf dem Leibe dieses Planetengeistes herum, indem sie ihn mit Füßen treten? Nicht im bösen Sinne hat er dies gesagt, sondern um auf die Tatsache hinzudeuten, daß die Erde der wahre Leib Christi ist. Auch diese Stelle des Evangeliums ist wörtlich zu nehmen. Und die Erinnerung an diese große Wahrheit soll durch das Mysterium des Abendmahles in der Nachwelt wachgehalten werden. Nur der weiß den tiefen Sinn des Abendmahles zu würdigen, der den Wert dieses gewaltigen Ereignisses für die ganze kosmische Entwickelung zu empfinden vermag. Er sieht aufsprießen die Kraft des Christus in den Pflanzen, welche die Erde im Frühjahr dem Lichte der Sonne entgegensendet; er weiß, die Menschwerdung Christi ist nicht nur ein menschliches Ereignis, sie ist ein kosmisches Ereignis.

ACHTER VORTRAG

Basel, 25. November 1907

Der Schreiber des Johannes-Evangeliums sagt zum Schlusse, daß Christus noch viele andere Dinge getan hat, die nicht in dem Buche enthalten sind: «Es sind auch viele andere Dinge, die Jesus getan hat; so sie aber sollten eins nach dem andern geschrieben werden, achte ich, die Welt würde die Bücher nicht fassen, die zu schreiben wären» (Joh. 21, 25). So müssen auch wir sagen, daß selbst eine längere Reihe von Vorträgen nicht ausreichen würde, um alles, was im Evangelium geschrieben steht, zu erklären. Wir wollen heute die Zweiheit der Begriffe des «Vaters» und des «Ich» einer genaueren Betrachtung unterziehen. Diese zwei Begriffe werden uns eine Erklärung derjenigen Menschheitsevolution geben, von der in den vorhergehenden Vorträgen die Rede war. Die Menschheit ist von einem ganz andern Ich-Bewußtsein ausgegangen als dem uns bekannten. Unter «Adam» hat man nicht einen einzelnen Menschen, sondern ein mehrere Generationen umfassendes Ich-Bewußtsein zu verstehen. Derjenige, der eine solche Generation beginnt, ist der «Vater». Im alttestamentlichen Judentum empfand man tatsächlich den Abraham als Vater, und jeder Jude der damaligen Zeit sagte sich: Ich bin kein selbständiges Ich, sondern *ein* Ich fließt von Abraham herunter und verzweigt sich in alle Stammesgenossen, und auch in mich. – Wie in einem großen Baume die Lebenssäfte von der Wurzel aus bis in die einzelnen Zweige strömen, so fließt auch durch das ganze jüdische Volk der Lebenssaft des Abraham, das gemeinsame Ich des jüdischen Volkes. Wenn der Jude des Alten Testamentes den Vaternamen aussprach, wies er hinauf auf die ganze Blutlinie, und dieses alle Generationen umfassende Ich-Bewußtsein nannte er das göttliche Bewußtsein. Wenn er das Ich als Gott anrief, nannte er es Jahve. Wenn der Name Jahve erklang, wurde dem Volk ins Bewußtsein gerufen, daß ein gemeinsames Ich, das beim Stammvater Abraham beginnt, durch das ganze Volk hindurchfließt.

Durch die Blutsvermischung ist dieses Verhältnis mit der Zeit ein anderes geworden. Das Bewußtsein des «Ich bin» hat sich individualisiert, und Christus ist diejenige Macht, welche der Menschheit diese Veränderung zum Bewußtsein bringen sollte. Der Mensch der alten Zeit meinte mit dem «Ich bin» etwas, was durch Generationen hindurchfließt. Der Mensch der späteren Zeit versteht darunter etwas, was durch sein eigenes Inneres fließt. Der erstere meinte den Gott, der die ganze Gemeinschaft als das göttliche Ich-Bewußtsein durchfließt, der andere empfindet in sich einen Funken, einen Tropfen der göttlichen Substanz. Denken wir uns eine Macht auf die Erde versetzt, die der Menschheit recht ins Bewußtsein bringt, daß dieses «Ich bin» in jedem einzelnen Menschen leben kann, eine Macht, die dem Menschen klarmacht, daß der Gott in jeden Menschen einen Tropfen seiner Substanz hineinversenkt hat. Diese Macht würde sagen: Dieses «Ich bin» ist etwas, was in jedem von euch darinnen ist, es ist ein Teil der *einen* göttlichen Kraft. Dasjenige, was ihr als euer individuelles «Ich bin» empfindet, ist eins mit dem «Ich bin» des Vaters. Wer von euch in sich das Bewußtsein dieser Tatsache entwickelt hat, der kann sagen: «Ich und der Vater sind eins.» Seht hinauf bis zu Adam: Ihr seht das Ich-Bewußtsein durch Generationen fließen, jahrhunderte-, jahrtausendlang. Aber es gibt noch ein höheres Menschenbewußtsein, das dem Menschen in seiner uralten Eigenschaft als Mensch mitgegeben wurde. Dies ist das Menschheitsbewußtsein, welches nicht einzelne Generationen, sondern die ganze Menschheit umfaßt. Dann kam das Bewußtsein, das Generationen angehört, durch Generationen anhält, und das endlich vom Menschen zum «Ich bin» individualisiert worden ist. – Also die Anlage zu dem «Ich bin» hatte der Mensch schon früher. Daher konnte Christus sagen: «Ehe denn Abraham war, war das ‹Ich bin›.» Dies ist die richtige Lehre der Geheimschule.

Zur weiteren Erläuterung der Lehre von dem «Ich bin» soll die in allen christlichen Schulen bekannte «Goldene Legende» herangezogen werden. In derselben ist gesagt: Als Seth, den Jehova als Ersatz für Abel gegeben hatte, eines Tages an die Pforte des Paradieses kam, gewährte ihm der Cherub mit dem flammenden Schwerte Einlaß in die Stätte, aus der die Menschen vertrieben worden waren. Seth gewahrte daselbst zwei ineinander verschlungene Bäume, den Baum des Lebens und den der Erkenntnis. Und es bedeutete der Cherub dem Seth, daß er drei Samenkörner von den zwei verschlungenen Bäumen nehmen solle. Seth legte diese drei Samenkörner seinem Vater Adam, als dieser gestorben war, in den Mund. Aus dem Grabe wuchs ein dreiteiliger Baum, der sich manchem im Feuer strahlend zeigte, und seine Gluten bildeten sich dann zu den Worten: «Ich bin, der da war, der da ist und der da sein wird.» Das Holz dieses Baumes, der da herausgewachsen war aus dem Grabe des Adam, fand vielseitige Verwendung: aus ihm wurde gebildet jener Zauberstab, mit dem Moses seine Wunder vollbrachte. Das Holz wurde auch verwendet am Tore des salomonischen Tempels. Aus ihm war auch die Brücke gebaut, über welche Jesus ging, als er zum Tode geführt wurde. Zuletzt ist aus diesem Holz das Kreuz gefertigt worden, an welches Jesus auf Golgatha geschlagen wurde. – Zu dieser Legende wurde in den Geheimschulen folgende Erklärung gegeben: Im Inneren des Menschen seht ihr zwei Bäume, den roten Blutbaum und den blauroten Blutbaum. Der rote Blutbaum ist der Ausdruck für die Erkenntnis, der blaurote Blutbaum für das Leben. – Beide Bäume waren voneinander getrennt, so lehrt die uralte Geheimlehre. Es gab eine Zeit, da erzeugte sich im Menschen noch kein rotes Blut. Erst als das Ich sich heruntersenkte in den Körper des Menschen, da entstand das rote Blut. Was im blauroten Blut zum Ausdruck kommt, das Leben, war längst da. Es ist entstanden durch Höherbildung aus den Lebenssäften. Und die christliche Anschauung versetzt den Zeitpunkt, wo es den Menschen gegeben worden ist, eben in die Zeit des Paradieses, als der erste Dämmerschein des Ich in der Menschenseele sich festsetzte, wo die Gottheit heruntergestiegen ist und der Mensch zwar nur mit der Gruppenseele begabt war, aber in dieser den ersten Keim besaß, aus dem das individuelle Ich entstehen konnte.

Die Paradiesesmythe sagt: Dadurch, daß die Menschen das rote Blut erhalten hatten, wurden sie erkennende Wesen, lernten sie hinaufschauen: die Augen wurden ihnen aufgetan, sie lernten den Unterschied kennen zwischen Mann und Weib. – Diese Erkenntnis mußte aber erkauft werden. Das Ich-Bewußtsein kann nur dadurch entstehen, daß das Blut stirbt. Im menschlichen Leibe findet fortwährend Lebensverbrauch und Lebenserneuerung statt. Das blaue Blut hat seine Aufgabe erfüllt, wenn es aufgebraucht ist, und aus der Vernichtung des blauen

Blutes entsteht das Ich-Bewußtsein. In der Seele des Menschen werden sich die Kräfte bilden, durch welche er die beiden Bäume beherrschen und verbinden kann. Der Mensch empfindet das Ich nur, indem er fortwährend den Mord, das Sterben in sich trägt. Der Mensch ist, so wie er die Welt betreten hat, auf die Pflanze angewiesen, die ihm allein die Möglichkeit des Lebens gibt. Denken Sie zum Beispiel nur daran, daß der Mensch fortwährend Sauerstoff enthaltende Luft einatmet und verbrauchte, Kohlensäure enthaltende Luft wieder ausatmet. Er verbraucht den Sauerstoff und wandelt ihn in Kohlensäure um. Den Sauerstoff, ohne den er nicht leben kann, erlangt er nur durch die Pflanze, welche die vom Menschen erzeugte Kohlensäure wieder in Sauerstoff zurückverwandelt und so die Luft für den Menschen wiederum brauchbar macht. Die Pflanze hält den Kohlenstoff, den sie aus der Kohlensäure abspaltet, zurück und gibt ihn nach Jahrtausenden als Steinkohle den Menschen wieder. Die Erde ist ein einheitlicher Organismus, und wenn nur ein Teil derselben fehlen würde, so wäre das Leben, wie es jetzt vorhanden ist, unmöglich. Wir können Pflanze, Tier und Mensch als *ein* Wesen ansehen, und tatsächlich: nehmen Sie die Pflanze weg und den übrigen Gliedern ist ein Leben nicht mehr möglich. In einer sehr fernen Zukunft wird dieses Verhältnis geändert. Der heutige Mensch weiß noch nichts davon, aber der Seher kann in die Zeit blicken, wo der Strom der Kohlensäure nicht mehr mit Hilfe der Pflanze, sondern durch den Menschen selber umgebildet wird in brauchbaren Sauerstoff. Dies ist das große Zukunftsideal der Geheimschulen, daß der Mensch in bewußter Weise in seinem Inneren das selbst vollbringt, was heute die Pflanze für ihn macht, daß der Mensch die Pflanzentätigkeit in seine eigene Tätigkeit aufnehmen lernt. Ausgebildet werden in seinem Inneren jene Organe, die ihn selbst die Kohlensäure umwandeln lassen. Der Eingeweihte sieht voraus, wie die zwei Bäume, der Baum der Kohlensäure und der des Sauerstoffes, ihre Krone miteinander verschmelzen werden. Dann wird dasjenige, von dem es heißt: «Ich bin, der da war, der da ist und der da sein wird» als etwas Ewiges in jedem Menschen leben. In Adam lebte bereits das Ich, aber es mußte zuerst befruchtet werden. Im Anfang mußte der Baum des Lebens zum Baum des Todes gemacht werden. Er konnte nicht zugleich mit dem Baum der

Erkenntnis gegeben werden, daher waren die beiden Bäume voneinander getrennt: die Pflanze wurde dazwischengesetzt. Das Ewigkeitsbewußtsein mußte erst errungen werden. Der Christus Jesus trug es in sich und er verpflanzte es in die Erde. Die drei Samenkörner sind die drei göttlichen Teile Manas, Buddhi und Atma. Das, was ewig in allen ist, wurde dem Adam mit ins Grab gelegt. Aus dem Grabe wird das Ewigkeitsbewußtsein verkündigt, aus dem Grabe wuchs der Baum, der die Flammeninschrift aufwies: «Ich bin, der da war, der da ist und der da sein wird.» Christus lehrt die Menschen, dieses «Ich bin ein individueller Mensch» in der Menschennatur zu entzünden, indem er sagt: Versucht euch mehr und mehr anzulehnen an die Wesenheit des «Ich bin», dann habt ihr das, was eure Gemeinschaft mit mir ausmacht. Nur durch dieses «Ich bin» gelangt ihr zum göttlichen Vater, denn der Vater und ich sind eins. – Nur einem Seher war es möglich, dies zu erfassen, und ein Seher war ja der Schreiber des Johannes-Evangeliums. Er wollte gar nicht irgend etwas aufzeichnen, was nur historische Bedeutung hatte, sondern das, was man erkennt, wenn man in die geistige Welt hineinschaut.

Wenn ein sehender Zeitgenosse des Christus wissen wollte, was in der geistigen Welt vorging, mußte er in den Schlafzustand geraten. Dies finden wir angedeutet im dritten Kapitel. Nikodemus, ein Ältester der Juden, kam zu Christus in der Nacht. Er kam deshalb zu ihm, weil er Seher werden wollte, weil bei ihm der Zustand eingetreten war, in welchem er zum Seher werden konnte, und «er kam in der Nacht», weil sein Tagesbewußtsein ausgelöscht war. Im fünften Vers dieses Kapitels finden wir auch die wichtige Lehre verzeichnet, daß der Mensch «aus dem Geiste» geboren werden kann.

Christus sagt (Kap. 14, 6): «Ich bin der Weg, die Wahrheit und das Leben.» Wo ist dieser Weg, der zur höchsten Gottheit führt durch Christus? Das «Ich bin» arbeitet am Astralleib und bildet daraus das Geistselbst, es arbeitet am Ätherleib und bildet daraus den Lebensgeist, es arbeitet am physischen Leib und bildet daraus den Geistesmenschen. Wenn das Menschen-Ich an ihm arbeitet, so wird also das Geistselbst herausgearbeitet, und in ihm entsteht dann der Lebensgeist. So kommt der Mensch zum wahren Leben. In dem «Ich bin» liegt der Weg zur

Wahrheit und zum wahren Leben, weil das «Ich bin» die niederen Leiber durcharbeitet und das wahre Leben in ihnen entstehen läßt. Wir können dies so darstellen:

Ich bin	der Weg,	die Wahrheit	und	das Leben
Richtung	Geistselbst	Lebensgeist		Geistesmensch

Das «Ich bin» zeigt die Richtung, die der Mensch einschlagen muß, um Geistselbst, Lebensgeist und Geistesmensch zur Entfaltung zu bringen.

Im Johannes-Evangelium lassen sich auch direkte theosophische Lehren nachweisen. Die Tatsache, daß in jedem Menschen ein individuelles Ich lebt, daß sich in diesem Ich ein Funke göttlicher Substanz findet, daß dieser Funke sich zum «Gott in uns» entwickeln muß, dies hat der Schreiber des Johannes-Evangeliums erwähnt (Kap. 9). In den meisten Übersetzungen der Bibel wird die Antwort des Christus auf die Frage, wer gesündigt habe, dieser, der Blindgeborene, oder seine Eltern, so wiedergegeben: «Es hat weder dieser gesündigt noch seine Eltern, sondern damit die Werke Gottes offenbar würden an ihm.» Ist dies aber eine für einen Christen würdige Auffassung, daß Gott einen Menschen blind geboren werden läßt, damit Gott seine Herrlichkeit an ihm offenbaren kann? Ein Gottesbegriff, der imstande ist, zu solchen Konsequenzen zu kommen, ist unmöglich. Viel einfacher und klarer liest sich diese Stelle, wenn wir die theosophische Auffassung zugrunde legen. Christus antwortete: «Weder er noch seine Eltern haben gesündigt, er erfüllt sein Karma, damit der Gottesfunke in ihm sichtbar werde, damit die Werke des ‹Gottes in ihm› sichtbar werden.» So ist die Antwort des Christus (9, 3) zu übersetzen: «Er ist blind geboren worden, damit die Werke des Gottes in ihm im Leibe sichtbar werden.» Jeder Mensch macht wiederholte Erdenleben durch. Wir sehen einen Blindgeborenen. Er muß nicht in diesem Leben gesündigt haben, er kann sich auch die Schuld, die zu dieser Geburt geführt hat, aus einem früheren Leben mitgebracht haben. Es ist die Karmalehre ganz im theosophischen Sinn, die durch die Verkörperungen hindurch wirkt, welche durch dieses Vorkommnis geschildert wird. Daß Christus durch seine Lehre mit der landläufigen jüdischen Auffassung in Widerspruch geraten mußte, ist offenkundig, und daraus erklärt sich auch der Zwiespalt, in welchen er mit den Juden kommt (Kap. 9, 22).

Wir finden noch eine weitere Stelle im Evangelium, die an die Karmalehre erinnert. Da ist im achten Kapitel eine merkwürdige Stelle: Als die Pharisäer Jesus um seine Meinung über die Ehebrecherin fragten, bückte er sich (Vers 6 und 8), ohne ein Wort zu sprechen, nieder und schrieb mit dem Finger auf die Erde. Die Erde aber ist, wie wir gesehen haben, sein eigener Leib. Er verurteilt die Ehebrecherin nicht, aber er schreibt ihre Tat in seinen eigenen Organismus ein. Er deutet damit an, daß, wie ein in die Erde gelegtes Samenkorn aufgeht und Früchte trägt, die ihm entsprechen, so auch jede Tat des Menschen in einem späteren Erdenleben aufgehen und die ihr entsprechenden Früchte tragen wird, und daß keine Macht der Erde imstande ist, die Folgen einer Tat wegzunehmen. Die Theologie allerdings glaubt an den Sühnetod, glaubt, daß Christus für uns gestorben ist, und glaubt, keine Karmalehre annehmen zu dürfen, da eine solche der Auffassung widerstreite, daß Christus durch seinen Tod die Sünden der ganzen Welt auf sich genommen habe. Diese Disharmonie zwischen theosophischer und theologischer Auffassung löst sich aber, richtig erfaßt, in Harmonie auf.

Die Karmalehre bedeutet für das Leben das gleiche, was für den Kaufmann das Kontobuch. Nach dem Karmagesetz müssen wir annehmen, daß das, was wir in früheren Leben verursacht haben, im jetzigen Leben als Wirkung an uns herantritt, und daß das, was wir jetzt tun, im späteren Leben wieder zum Ausdruck kommt. Wir haben so eine vollständige Lebensbilanz: Auf der einen Seite kommen die guten Handlungen, auf der andern Seite die schlimmen Handlungen zur Aufschreibung. Wenn nun jemand glaubt, er könne unter der Herrschaft des Karmagesetzes keine freiwillige Tat ausführen, da ja seine Handlungsweise stets die Folge seiner früheren Taten sei, so gleicht er dem Kaufmann, der sagen würde, ich habe nun meine Geschäftsbilanz abgeschlossen, ich darf jetzt kein Geschäft mehr machen, da sonst meine Bilanz unrichtig würde. Wie eine solche Denkweise für einen Kaufmann unrichtig ist, so ist auch die vorgeschilderte Meinung über die Wirkung des Karma unrichtig. Die richtig verstandene Karmalehre schließt also keinen Fatalismus in sich. Willensfreiheit und Karma lassen sich in schönster Weise miteinander vereinbaren, und niemals ist Karma, richtig aufgefaßt, etwas Unabänderliches. Und wenn ein Mensch einem andern im Unglück nicht beistehen wollte, unter dem Vorwande, er dürfe in sein Karma nicht eingreifen, so würde ein solcher Mensch ebensowenig richtig handeln, als wenn er einem Kaufmann, der in Not ist und durch einen Zuschuß vor dem Bankrott gerettet werden kann, diesen Zuschuß verweigert. Gleich wie der Kaufmann einen solchen Zuschuß in seinen Büchern als Schuld bucht, die er wieder abzutragen hat, während der Geber sie in seinen Büchern als ein Darlehen einschreibt, so wird auch jede gute Tat demjenigen, der sie tut, als ein Posten in seinem Konto gutgeschrieben, während sie demjenigen, dem sie erwiesen wird, als Schuld angeschrieben wird. So wird durch das Karmagesetz keine Hilfeleistung ausgeschlossen, und es erscheint durchaus angebracht, das Karma des Nächsten durch Taten gegenseitiger Hilfe zu erleichtern. Der Mensch kann durch eine gute Tat einem einzelnen seiner Mitmenschen Gutes erweisen, es gibt aber auch Taten, die vielen Menschen zugute kommen, das heißt ihnen ihr Karma erleichtern, und die dann in das Konto von vielen Menschen eingeschrieben werden. Und ist eine Tat gar so mächtig, wie diejenige des Christus, dann gräbt sie sich in das Karma aller Menschen, weil diese Tat für das Karma aller jener Menschen eine Erleichterung schafft, die sie in sich wirken lassen. Wir sehen also, daß das Karmagesetz auch im Johannes-Evangelium erwähnt wird und daß sein Bestehen die Handlungsfreiheit durchaus nicht beeinträchtigt. Durch die eine Tat der Selbstaufopferung hat sich der Christus Jesus in eine Beziehung zur ganzen Menschheit gebracht. Nach dem Karmagesetz wird jede Tat eingeschrieben in das Schuldbuch des Lebens. Sie wird in Zusammenhang gebracht mit dem Leib des Christus, mit der Erde. Daher richtet er die Ehebrecherin nicht im Augenblick, aber er schreibt die Tat in seinen eigenen Leib ein. In seinen eigenen Leib nimmt er alles auf, was von Mensch zu Mensch geschehen kann, wie sich ja Karma stets in der irdischen Welt wieder ausleben muß. Diese Erzählung weist in tief bedeutungsvoller Weise hin auf die Tatsache, daß Christus sich durch seine Tat mit der karmischen Entwickelung der ganzen Menschheit in

Zusammenhang gebracht hat. Er leitet die zukünftige Entwickelung der Menschheit.

Wenn wir uns noch einmal die fünf Kulturepochen ins Gedächtnis zurückrufen, die indische, persische, ägyptische, griechisch-lateinische und die europäische, so sehen wir, daß im dritten Zeitraum der Grund gelegt wurde zu der Christus-Kraft, die für die ganze Menschheit fruchtbar werden wird. Was da hereingelegt wurde in die Menschheitsentwickelung, wird erst im sechsten Zeitraum zum Leben herauskommen. Im sechsten Zeitraum wird sich das aus der Bewußtseinsseele herausentwickelte Geistselbst mit dem Lebensgeist verbinden. Vom dritten bis vierten Zeitraum leuchtet prophetisch die Christus-Kraft auf. Im sechsten Zeitraum wird dann die große Vermählung der Menschheit gefeiert werden, wo sich das Geistselbst mit dem Lebensgeist verbindet. Dann wird die Menschheit im großen Bruderbunde vereinigt werden und Ich neben Ich, Bruder neben Bruder stehen, in jenem Bruderbunde, den man vorausverkündigt findet in der Schilderung der Hochzeit zu Kana in Galiläa, die nicht nur eine historische Tatsache ist, sondern die symbolisch darstellt, wie Menschensöhne sich im sechsten Zeitraum zu einem großen, die ganze Menschheit umfassenden Bruderbunde vermählen werden. Vom dritten Zeitraum sind noch drei Zeiträume zu durchmessen, bis dieses Ereignis kommen wird, der dritte, vierte und fünfte. In der Esoterik nennt man einen Zeitraum einen Tag, daher heißt es im Beginn des zweiten Kapitels: «Und am dritten Tag war eine Hochzeit zu Kana.» Hiermit ist angedeutet, daß in der kommenden Schilderung der Hochzeit auf etwas in der Zukunft Eintretendes hingewiesen wird. Bei der Hochzeit ist die Mutter Jesu, die Bewußtseinsseele, anwesend. Christus sagt zu ihr: «Was geht da von mir zu dir? Meine Stunde ist noch nicht gekommen.» Da ist deutlich gesagt, daß in der Hochzeit zu Kana auf etwas hingewiesen wird, das erst in der Zukunft sich ereignen soll. Was tut Jesus, weil seine Stunde noch nicht gekommen war? Er verwandelt das Wasser in Wein! Man kann immer wieder die Erklärung finden, daß diese Handlung andeuten soll, daß dem in Dekadenz gekommenen Judentum neues Feuer, neue Lebenskraft zugefügt werden soll, indem das «fade» Wasser in feurigen Wein verwandelt wird. Man könnte sagen, die Weintrinker haben jene

Erklärung ausgesonnen, um damit die Berechtigung ihres Tuns zu beweisen. Wenn wir aber die Bedeutung dieser Tat erfassen, erhalten wir einen tiefen Einblick in die große Weltenevolution.

Der Alkohol war nicht immer mit der Menschheit verknüpft. Alles Geistige, das sich entwickelt, hat im Stoff seinen entsprechenden Ausdruck, und umgekehrt hat auch alles Stoffliche im Geistigen sein ihm entsprechendes Gegenstück. Der Wein, der Alkohol ist erst in einer bestimmten Zeit der Welt- und Menschheitsgeschichte aufgetreten. Und er wird wieder aus derselben verschwinden. Wir sehen hier die tiefe Wahrheit der okkulten Forschung. Der Alkohol war die Brücke, die vom Gattungs-, vom Gruppen-Ich zum selbständigen, individuellen Ich hinüberführt. Niemals hätte der Mensch den Übergang vom Gruppen- zum Einzel-Ich gefunden ohne die stoffliche Wirkung des Alkohols. Dieser erzeugte das individuelle, persönliche Bewußtsein im Menschen. Wenn die Menschheit dieses Ziel erreicht haben wird, braucht sie den Alkohol nicht mehr, und dieser wird wieder aus der physischen Welt verschwinden. Sie sehen, alles, was geschieht, hat seine Bedeutung in der weisen Lenkung der Menschheitsentwickelung. Deshalb soll heute niemandem widersprochen werden, wenn er Alkohol trinkt, während andrerseits jene Menschen, die der übrigen Menschheit vorausgeeilt sind und ihre Entwickelung so weit gefördert haben, daß sie des Alkohols nicht mehr bedürfen, denselben auch meiden sollen. Christus erscheint, um der Menschheit Kräfte zu geben, damit im sechsten Zeitraum das höchste Ich-Bewußtsein erlangt werden kann. Er will die Menschen vorbereiten auf jene «Zeit, die noch nicht gekommen ist». Würde er es beim Wasseropfer gelassen haben, so würde es die Menschheit niemals zum individuellen Ich gebracht haben. Die Verwandlung des Wassers bedeutet die Erhebung des Menschen zum individuellen Wesen. Die Menschheit war in ihrem Entwickelungsgange an einem Punkt angelangt, wo sie des Weins bedurfte, daher verwandelt Christus das Wasser in Wein. Wenn die Zeit da sein wird, wo der Mensch keinen Wein mehr braucht, dann wird Christus den Wein wieder in Wasser zurückverwandeln. Wie konnte in Christus eine solche Kraft auftreten, daß er Wasser in Wein verwandeln konnte? Weil Christi Leib die Erde selbst ist, konnte er die Kräfte der Erde in sich selbst wirksam machen.

In der Erde verwandelt sich das Wasser, indem es den Weinstock durchströmt, zu Wein. Was in der Erde geschieht, das konnte Christus als Persönlichkeit ebenfalls ausführen, weil alle Kräfte der Erde ja auch in ihm vorhanden sein müssen, sobald die Erde sein Leib ist und von seinem Astralleib beseelt wird.

Was tut die Erde mit ihren Kräften? Legt man ein Samenkorn in die Erde, so geht es auf und trägt Früchte. Es vermehrt sich, aus einem werden viele. Ebenso werden aus einem Tiere durch Fortpflanzung viele. Dieselbe Kraft der Vermehrung, der Vervielfältigung wirkt auch in Christus, und sie wird angedeutet in der Speisung der Fünftausend. Christus hat die der Erde innewohnende Kraft der Vervielfältigung der Samen. Wenn wir den Gedanken «Christi Leib ist die Erde mit ihren Kräften» uns vor Augen halten und auf das anwenden, was im Johannes-Evangelium berichtet wird, so werden uns viele Einzelheiten verständlich.

Was sind Evangelien überhaupt? Im Johannes-Evangelium haben wir eine Darstellung der Einweihungsprinzipien zu sehen, wie sie durch das ganze Altertum verbreitet waren. Was der Einzuweihende äußerlich tat, das war nicht maßgebend für die Schule, der er angehörte, sondern was er erlebt hat von Stufe zu Stufe, von Einweihungsgrad zu Einweihungsgrad, das war das Maßgebende. Die moderne Gelehrtenwelt ist sehr erstaunt, in der Entwickelungsgeschichte des Buddha ähnliche Züge entdeckt zu haben wie in der Entwickelungsgeschichte des Christus Jesus. Dies wird aber dadurch erklärt, daß die Schreiber solcher Lebensgeschichten nicht die äußeren Lebensumstände, sondern die inneren, die geistigen Tatsachen aufgezeichnet haben. Diese stimmen bei allen wahren Eingeweihten überein, da alle denselben Weg zurückgelegt haben und auf diesem die gleichen Erfahrungen machten. Was der Eingeweihte auf dem Einweihungspfade erleben mußte, das war in den Einweihungsvorschriften angegeben, und alle Eingeweihten des gleichen Grades hatten dieselben Erlebnisse durchzumachen. Die Biographen schrieben also nur eine Biographie der verschiedenen Einweihungsstadien. Die Evangelien sind nichts weiter als alte Einweihungsvorschriften von verschiedener Tiefe. Was sich in früherer Zeit bei herabgestimmtem Bewußtsein vollzogen hat, das geschah im Mysterium von Golgatha öffentlich. Der Tod, der bisher bei der Einweihung im Ätherleib überwunden wurde, der wurde jetzt im physischen Leibe überwunden. Das Ereignis auf Golgatha ist die Initiation eines höchsten Eingeweihten, der von keinem andern eingeweiht wurde.

So konnte der Schreiber des Johannes-Evangeliums das Leben Christi nur schildern, wie der Initiationskodex es schildert. Wer das Johannes-Evangelium durchlebt, der wird in sich die Kraft des Schauens erwecken. Es ist ein Seherbuch, geschrieben zur Schulung des Sehertums. Wer es Satz für Satz durchlebt, für den geht aus ihm das große, gewaltige Resultat hervor, daß er geistig Auge in Auge dem Christus gegenübertritt. Den Menschen ist die Überzeugung nicht so leicht gemacht, sie müssen sich durcharbeiten zu dem Ziele, wo ihnen die Erkenntnis aufgeht, daß der Christus eine Realität ist. Das Johannes-Evangelium ist der Weg, der zu Christus führt. Der Schreiber hat allen Gelegenheit geben wollen, ihn zu verstehen. Wer in sich aus dem Astralleib das Geistselbst entwickelt, dem geht im Geiste jene Weisheit auf, durch welche er verstehen kann, was Christus ist. Christus selbst hat dies angedeutet: Er hängt am Kreuze, ihm zu Füßen stehen seine Mutter und sein eingeweihter Schüler, den er lieb hat. Der Schüler soll den Menschen die Weisheit, die Erkenntnis der Bedeutung des Christus bringen. Daher wird hingewiesen auf die Mutter Sophia mit den Worten: «Das ist deine Mutter, du hast sie zu lieben.» Die vergeistigte Mutter Jesu ist das Evangelium selber, sie ist die Weisheit, die die Menschen hinaufführt zu den höchsten Erkenntnissen. Der Jünger hat uns die Mutter Sophia gegeben, das heißt, er hat uns das Evangelium geschrieben, das für denjenigen, der darin forscht, die Möglichkeit enthält, das Christentum kennenzulernen, den Ursprung und das Ziel dieser großen Bewegung zu erfassen.

Das Johannes-Evangelium enthält die Weisheit vom «Gott im Menschen», die Theosophie, und je mehr die Menschheit sich dem Studium dieser Urkunde widmet, desto mehr Weisheit und Erleuchtung wird ihr daraus aufgehen.

HINWEISE

Die hier in Buchform erscheinenden Vorträge «Theosophie und Rosenkreuzertum» sind von Frau Marie Steiner im Nachrichtenblatt für die Mitglieder der Anthroposophischen Gesellschaft vom 22. Februar bis 18. Oktober 1942 nach den stark gekürzten Nachschriften bearbeitet und erstmalig herausgegeben worden. – Diese Herausgabe folgt im wesentlichen dem von Frau Marie Steiner gegebenen Text.

Die Aufzeichnungen von vier Teilnehmern an dem Zyklus «Das Johannes-Evangelium» erfolgen im wesentlichen wörtlich, nach dem Manuskript. Frau Marie Steiner ließ sie im Nachrichtenblatt für die Mitglieder der Anthroposophischen Gesellschaft vom 1. Dezember 1946 bis 20. April 1947 erscheinen. Die vier Teilnehmer setzten im Januar 1908 ihren Aufzeichnungen folgende Worte voraus:

«Frei bearbeitet nach Aufzeichnungen aus dem Gedächtnis von vier Teilnehmern.

An den Leser!

Vorliegende Bearbeitung ist vor allem bestimmt für diejenigen, welche an dem Vortragszyklus in Basel teilgenommen haben. Im Interesse der theosophischen Sache wollen und wünschen wir nicht, daß diese Arbeit zur Weiterverbreitung der darin enthaltenen Gedanken benützt wird, zumal wir den Inhalt der Vorträge nicht wörtlich, sondern frei wiedergeben und schon aus diesem Grunde vieles an der Arbeit auszusetzen sein wird. Übrigens wird Herr Dr. Steiner die Vorträge über das Johannes-Evangelium selbst im Drucke erscheinen lassen.

Nichts anderes wollen wir durch unsere Arbeit erreichen, als für einige Freunde, die dem Zyklus selbst beigewohnt haben, eine Erinnerung an die schönen Novembertage in Basel zu verschaffen. L. S. H. H. E.»

Werke Rudolf Steiners, welche in der Gesamtausgabe (GA) erschienen sind, werden in den Hinweisen mit der Bibliographie-Nummern angegeben. Siehe auch die Übersicht am Schluß des Bandes.

zu Seite

17 *Richard Wagner,* 1813–1883. Schuf das Musikdrama als Gesamtkunstwerk. Siehe den Vortrag vom 28. März 1907, «Richard Wagner und die Mystik», im Bande «Die Erkenntnis des Übersinnlichen in unserer Zeit» (13 öff. Vorträge Berlin und Köln 1906/07), GA Bibl.-Nr. 55.

21 *«... so herrlich weit gebracht!»:* Goethe, Faust I, Nacht. Gotisches Zimmer.

Christian Rosenkreutz, 1378–1484. Siehe «Das esoterische Christentum und die geistige Führung der Menschheit» (23 Vorträge in versch. Städten 1911/12), GA Bibl.-Nr. 130, und «Die chymische Hochzeit des Christian Rosenkreutz», Aufsatz in der Zeitschrift «Das Reich», wieder abgedruckt auf Seiten 332–390, im Bande «Philosophie und Anthroposophie. Gesammelte Aufsätze 1904–1918», GA Bibl.-Nr. 35, 1965.

Paulus, um 33 vor Damaskus durch Christus bekehrt. Begründer des außerpalästinensischen Christentums. Um 67 in Rom enthauptet.

22 *Dionysius Areopagita,* erster Bischof Athens.

23 *Die Antwort auf diesen Einwand hat schon Fichte gegeben:* Johann Gottlieb Fichte, 1762–1814, in «Einleitungsvorlesungen in die Wissenschaftslehre», vorgetragen im Herbst 1813 in Berlin.

24 *... von «Grenzen der Erkenntnis» zu reden:* Emil Du Bois-Reymond, 1818–1896, Berliner Physiologe, in seinem Vortrag auf der 45. Versammlung deutscher Naturforscher und Ärzte am 14. August 1872 in Leipzig, veröffentlicht unter dem Titel: «Über die Grenzen der Naturerkenntnis». Leipzig 1872.

Das Wort Christi: «Suchet nicht nach dem Reich Gottes...»: Lukas 17, 21.

27 *Theophrastus Paracelsus von Hohenheim,* 1493–1541, Arzt und Naturforscher. Siehe den Vortrag vom 16. November 1911, «Von Paracelsus zu Goethe», im Bande «Menschengeschichte im Lichte der Geistesforschung» (16 öff. Vorträge, Berlin 1911/12), GA Bibl.-Nr. 61. Beide Zitate konnten nicht festgestellt werden.

41 *Johann Wolfgang Goethe,* 1749–1832.

Friedrich Schiller, 1759–1805. Siehe Rudolf Steiner, «Grundlinien einer Erkenntnistheorie der Goetheschen Weltanschauung, mit besonderer Rücksicht auf Schiller» (1886), GA Bibl-Nr. 2, und «Goethes Weltanschauung» (1897), GA Bibl.-Nr. 6.

Franz von Assisi, 1182–1226. Begründer des Franziskaner-Ordens.

51 *«So ihr nicht werdet wie die Kindlein...»:* Matthäus 18,3.

56 *Wolfgang Amadeus Mozart,* 1756–1791.

57 *Francesco Redi,* 1626–1698, italienischer Naturforscher.

59 *«Das Auge ist an dem Lichte für das Licht gebildet»:* in Goethe, «Entwurf einer Farbenlehre», Einleitung.

63 *Das versucht auch das Kind:* Siehe den Vortrag vom 1. Dezember 1906, «Die Erziehung des Kindes vom Gesichtspunkte der Geisteswissenschaft», im Bande «Die Erkenntnis des Übersinnlichen in unserer Zeit und deren Bedeutung für das heutige Leben» (13 öff. Vorträge, Berlin und Köln 1906/07), GA Bibl.-Nr. 55.

64 *In einer Abhandlung: «Mimik des Denkens»:* Sancte de Sanctis, «Die Mimik des Denkens», 1907.

67 *Adalbert von Chamisso,* 1781–1838. Deutscher Dichter. «Peter Schlemihl», 1814.

71 *Fritz Mauthner,* 1849–1923, philosophischer Schriftsteller. «Beiträge zu einer Kritik der Sprache». 1901 ff.

72 *Bach:* Der Bedeutendste der Familie ist Johann Sebastian Bach, 1685–1750; als Musiker bekannt auch seine Söhne Friedemann Bach 1710–1784, Philipp Emanuel Bach 1714–1788, Johann Christian Bach 1735–1782.

Bernoulli, Mathematikerfamilie in Basel. Jakob Bernoulli, 1654–1705, Johann Bernoulli, 1667–1748, Nikolaus Bernoulli, 1687–1759, Daniel Bernoulli, 1700–1782.

75 *Im Vaterunser:* Siehe den Vortrag vom 28. Januar 1907, im Bande «Die Mysterien des Geistes, des Sohnes und des Vaters» (3 Vorträge, Berlin und München 1907) Dornach 1962.

81 *wie... diejenige aus der Septuaginta:* die sogenannten Vulgata.

88 *Ludwig Büchner,* 1824–1899, materialistischer Philosoph.

89 *über den wahren Sinn dieser alten Urkunde:* Siehe «Die Geheimnisse der biblischen Schöpfungsgeschichte» (11 Vorträge München 1910), GA Bibl.-Nr. 122.

vor nun etwa drei Jahrzehnten: Die Theosophische Gesellschaft wurde 1875 in New York gegründet.

92 *Antoine Fabre d'Olivet,* 1768–1825. Verfasser von «La Langue hébraique restituée», Paris 1816, und «Histoire philosophique du genre humaine», 1822.

96 *In Heft 30, 32, 34 der Zeitschrift «Lucifer-Gnosis»:* Siehe «Lucifer-Gnosis. Gesammelte Aufsätze 1903–1908», GA Bibl.-Nr. 34, als Sonderdruck «Geisteswissenschaft und soziale Frage», Dornach 1977.

110 *in meinem Buche:* «Haeckel, die Welträtsel und die Theosophie»: im Bande «Lucifer-Gnosis. Gesammelte Aufsätze 1903–1908», GA Bibl.Nr. 34.

116 *«Ich bin das Licht der Welt»:* Johannes 8, 12.

124 *Thomas Henry Huxley,* 1825–1895, britischer Zoologe und Philosoph; Darwinist. Siehe seine «Physiographie», Leipzig 1884, 13. Kap., S. 265/273/74.

Sie finden ... im «Kosmos», Heft 10: Theodor Arldt, «Das Atlantisproblem», «Kosmos» (Stuttgart) 1905, Heft 10, S. 295–302.

die alte Atlantis, von der sogar Plato noch berichtet: Platon, 427–347 v. Chr. im «Kritias».

131 *waren damals die Wesen ganz anders:* Ein Manuskript hat «Tiere» statt «Wesen».

137 *«Und der Geist der Gottheit brütete über den Wassern»:* Moses I, 1, 2.

138 *Das hat Paracelsus so wunderschön ausgedrückt:* Siehe Hinweis zu Seite 23. Das Zitat konnte bis jetzt nicht aufgefunden werden.

151 *Peter Rosegger,* 1843–1918, steirischer Erzähler.

Ludwig Anzengruber, 1839–1889, Wiener Dramatiker und Schriftsteller. Nun gingen einmal Rosegger und Anzengruber miteinander spazieren: «Ein anderesmal mit Anzengruber auf einem Spaziergang... Wir plauderten über dichterisches Schaffen und über dichterische Stoffe. Da äußerte ich, daß er in Oberbayern gelebt oder doch viel mit oberbayrischen Bauern verkehrt haben müsse. Seine Bauerngestalten erinnerten sehr an diesen Schlag. Er setzte auf die scharfgebogene Nase seinen Zwicker und sagte: «Oberbayern? Nein. Ich habe eigentlich mit Bauern überhaupt nie verkehrt. Wenigstens nicht näher.» Als er darüber meine Verwunderung merkte: «Ich brauche das nicht. Brauch' so einen nur von weitem zu sehen, ein paar gewöhnliche Worte zu hören, irgend eine Geste von ihm zu beobachten: und kenne den ganzen Kerl aus und inwendig.» – «Sonderbar!» – «Lieber Freund», sagte er, «Sie wissen es ja selbst. Alle äußeren Gelegenheiten und Anlässe sind nur Hebammen. Gebären muß der Dichter aus sich heraus. Was Bauern! Ich bin Großstadtmensch! Aber wenn ich, wie Sie sagen, besser Bauern dichten als Stadtleut' dichten kann, so mag das wohl im Blut stecken. Oder in irgendeinem Knochen, wie eine vererbte Gicht. Meine Vorfahren von der Vaterseite sind oberösterreichische Bauern gewesen. Na, und so was rumort halt nach.» Gesammelte Werke von Peter Rosegger, Leipzig 1914–16, 36. Band, «Gute Kameraden – Persönliche Erinnerungen an berühmte und eigenartige Zeitgenossen», Seite 145f.

153 *«Und Gott blies dem Menschen den Odem ein...»:* 1. Moses 2, 7.

154 *Was man heute christliche Religion nennt»:* Aurelius Augustinus, 354–430, Kirchenvater, in «Retractationes» I, 13 und «De civitate Dei» VIII, 9.

157 *«Wer nicht verläßt Vater und Mutter...»:* Lukas 14, 26.

158 *«Wir haben die Worte selbst gehört...»:* Siehe den ersten Brief des Johannes, 1,1.

Charles Darwin, 1809–1882, englischer Naturforscher.

David Friedrich Strauß, 1808–1874, Philosoph und protestantischer Theologe.

Arthur Drews, 1865–1935, Philosoph.

163 *«Wer mein Brot isset, der tritt mich mit Füßen»:* Johannes 13, 18.

164 *«Wär' nicht das Auge sonnenhaft»:* Goethe, «Entwurf einer Farbenlehre». Einleitung.

166 *Jakob Böhme,* 1575–1624, protestantischer Mystiker.

172 *«Alles Vergängliche ist nur ein Gleichnis»:* Goethe, Faust, II. Teil, Schlußchor.

179 *seitdem der bekannte Begründer der Rosenkreuzerei...:* Siehe Hinweise zu S. 17.

Damals erschien sogar in dem damaligen «Reichs-Anzeiger»: vom 8. Oktober 1796. Siehe Ludwig Kleeberg: «Wege und Worte», 2. Auflage Stuttgart 1961, Anmerkung Seite 131.

192 *... wie es... Eduard von Hartmann... ergangen ist:* Eduard von Hartmann, 1842–1906. Philosoph. «Die Philosophie des Unbewußten», Berlin 1869. Seine eigene Gegnerschrift erschien als: Anonymus, «Das Unbewußte vom Standpunkt der Physiologie und Descendenztheorie», Berlin 1872, die zweite Auflage unter seinem Namen mit «Allgemeinen Bemerkungen» und «Zusätzen» erweitert, in denen er nun wieder seine eigene Gegnerschrift widerlegte, im Jahre 1877.

193 *Eduard Oscar Schmidt,* 1823–1886, Zoologe.

Ernst Haeckel, 1834–1919, Zoologe und Popularphilosoph.

Rowland Hill, 1795–1879, englischer Maler und Photograph.

199 *Ludwig Büchner,* 1824–1899, Arzt und Schriftsteller.

Jakob Moleschott, 1822–1893, Physiologe und materialistischer Philosoph.

Karl Vogt, 1817–1895, Geologe und Zoologe.

Rudolf Wagner, 1805–1864, Zoologe und Physiologe.

200 *Dionysius Areopagita,* «Die himmlische und die kirchliche Hierarchie», geschrieben zwischen 485 und 515. Übersetzt von J. Stiglmayr, Kempten 1911, und: Dionysius Areopagita «Die Hierarchie der Engel und der Kirche», übersetzt von Walter Fritsch, Otto Wilhelm Barth Verlag, München-Planegg 1955.

211 *«kristallisiertes Menschenvolk», wie Goethe im Faust II sagt:* Wort des Mephistopheles in der Laboratoriumszene.

232 *Pythagoras,* etwa 582–497 v. Chr., griechischer Philosoph.

248 *den Haeckel in seinen Schriften aufgestellt hat:* Siehe Ernst Haeckel, «Natürliche Schöpfungsgeschichte», zweiter Teil. Allgemeine Stammesgeschichte. Vorfahrenreihe des Menschen (1868).

250 *Plato drückt dies aus, indem er sagt:* im «Timaios».

ÜBER DIE VORTRAGSNACHSCHRIFTEN

Aus Rudolf Steiners Autobiographie «Mein Lebensgang» (35. Kap., 1925)

Es liegen nun aus meinem anthroposophischen Wirken zwei Ergebnisse vor; erstens meine vor aller Welt veröffentlichten Bücher, zweitens eine große Reihe von Kursen, die zunächst als Privatdruck gedacht und verkäuflich nur an Mitglieder der Theosophischen (später Anthroposophischen) Gesellschaft sein sollten. Es waren dies Nachschriften, die bei den Vorträgen mehr oder weniger gut gemacht worden sind und die – wegen mangelnder Zeit – nicht von mir korrigiert werden konnten. Mir wäre es am liebsten gewesen, wenn mündlich gesprochenes Wort mündlich gesprochenes Wort geblieben wäre. Aber die Mitglieder wollten den Privatdruck der Kurse. Und so kam er zustande. Hätte ich Zeit gehabt, die Dinge zu korrigieren, so hätte vom Anfange an die Einschränkung «Nur für Mitglieder» nicht zu bestehen gebraucht. Jetzt ist sie seit mehr als einem Jahre ja fallen gelassen.

Hier in meinem «Lebensgang» ist notwendig, vor allem zu sagen, wie sich die beiden: meine veröffentlichten Bücher und diese Privatdrucke in das einfügen, was ich als Anthroposophie ausarbeitete.

Wer mein eigenes inneres Ringen und Arbeiten für das Hinstellen der Anthroposophie vor das Bewußtsein der gegenwärtigen Zeit verfolgen will, der muß das an Hand der allgemein veröffentlichten Schriften tun. In ihnen setzte ich mich auch mit alle dem auseinander, was an Erkenntnisstreben in der Zeit vorhanden ist. Da ist gegeben, was sich mir in «geistigem Schauen» immer mehr gestaltete, was zum Gebäude der Anthroposophie – allerdings in vieler Hinsicht in unvollkommener Art – wurde.

Neben diese Forderung, die «Anthroposophie» aufzubauen und dabei nur dem zu dienen, was sich ergab, wenn man Mitteilungen aus der Geist-Welt der allgemeinen Bildungswelt von heute zu übergeben hat, trat nun aber die andere, auch dem voll entgegenzukommen, was aus der Mitgliedschaft heraus als Seelenbedürfnis, als Geistessehnsucht sich offenbarte.

Da war vor allem eine starke Neigung vorhanden, die Evangelien und den Schrift-Inhalt der Bibel überhaupt in dem Lichte dargestellt zu hören, das sich als das anthroposophische ergeben hatte. Man wollte in Kursen über diese der Menschheit gegebenen Offenbarungen hören.

Indem interne Vortragskurse im Sinne dieser Forderung gehalten wurden, kam dazu noch ein anderes. Bei diesen Vorträgen waren nur Mitglieder. Sie waren mit den Anfangs-Mitteilungen aus Anthroposophie bekannt. Man konnte zu ihnen eben so sprechen, wie zu Vorgeschrittenen auf dem Gebiete der Anthroposophie. Die Haltung dieser internen Vorträge war eine solche, wie sie eben in Schriften nicht sein konnte, die ganz für die Öffentlichkeit bestimmt waren.

Ich durfte in internen Kreisen in einer Art über Dinge sprechen, die ich für die öffentliche Darstellung, wenn sie für sie von Anfang an bestimmt gewesen wären, hätte anders gestalten *müssen*.

So liegt in der Zweiheit, den öffentlichen und den privaten Schriften, in der Tat etwas vor, das aus zwei verschiedenen Untergründen stammt. Die ganz öffentlichen Schriften sind das Ergebnis dessen, was in mir rang und arbeitete; in den Privatdrucken ringt und arbeitet die Gesellschaft mit. Ich höre auf die Schwingungen im Seelenleben der Mitgliedschaft, und in meinem lebendigen Drinnenleben in dem, was ich da höre, entsteht die Haltung der Vorträge.

Es ist nirgends auch nur in geringstem Maße etwas gesagt, was nicht reinstes Ergebnis der sich aufbauenden Anthroposophie wäre. Von irgend einer Konzession an Vorurteile oder Vorempfindungen der Mitgliedschaft kann nicht die Rede sein. Wer diese Privatdrucke liest, kann sie im vollsten Sinne eben als das nehmen, was Anthroposophie zu sagen hat. Deshalb konnte ja auch ohne Bedenken, als die Anklagen nach dieser Richtung zu drängend wurden, von der Einrichtung abgegangen werden, diese Drucke nur im Kreise der Mitgliedschaft zu verbreiten. Es wird eben nur hingenommen werden müssen, daß in den von mir nicht nachgesehenen Vorlagen sich Fehlerhaftes findet.

Ein Urteil über den Inhalt eines solchen Privatdruckes wird ja allerdings nur demjenigen zugestanden werden können, der kennt, was als Urteils-Voraussetzung angenommen wird. Und das ist für die allermeisten dieser Drucke *mindestens* die anthroposophische Erkenntnis des Menschen, des Kosmos, insofern sein Wesen in der Anthroposophie dargestellt wird, und dessen, was als «anthroposophische Geschichte» in den Mitteilungen aus der Geist-Welt sich findet.

RUDOLF STEINER GESAMTAUSGABE

Gliederung nach: Rudolf Steiner – Das literarische und künstlerische Werk. Eine bibliographische Übersicht (Bibliographie-Nrn. *kursiv* in Klammern)

A. SCHRIFTEN

I. Werke

Goethes Naturwissenschaftliche Schriften, eingeleitet und kommentiert von R. Steiner, 5 Bände, 1883/97, Neuausgabe 1975, *(1a-e)*; separate Ausgabe der Einleitungen, 1925 *(1)*

Grundlinien einer Erkenntnistheorie der Goetheschen Weltanschauung, 1886 *(2)*

Wahrheit und Wissenschaft. Vorspiel einer ‹Philosophie der Freiheit›, 1892 *(3)*

Die Philosophie der Freiheit. Grundzüge einer modernen Weltanschauung, 1894 *(4)*

Friedrich Nietzsche, ein Kämpfer gegen seine Zeit, 1895 *(5)*

Goethes Weltanschauung, 1897 *(6)*

Die Mystik im Aufgange des neuzeitlichen Geisteslebens und ihr Verhältnis zur modernen Weltanschauung, 1901 *(7)*

Das Christentum als mystische Tatsache und die Mysterien des Altertums, 1902 *(8)*

Theosophie. Einführung in übersinnliche Welterkenntnis und Menschenbestimmung, 1904 *(9)*

Wie erlangt man Erkenntnisse der höheren Welten? 1904/05 *(10)*

Aus der Akasha-Chronik, 1904/08 *(11)*

Die Stufen der höheren Erkenntnis, 1905/08 *(12)*

Die Geheimwissenschaft im Umriß, 1910 *(13)*

Vier Mysteriendramen: Die Pforte der Einweihung – Die Prüfung der Seele Der Hüter der Schwelle – Der Seelen Erwachen, 1910/13 *(14)*

Die geistige Führung des Menschen und der Menschheit, 1911 *(15)*

Anthroposophischer Seelenkalender, 1912 *(in 40)*

Ein Weg zur Selbsterkenntnis des Menschen, 1912 *(16)*

Die Schwelle der geistigen Welt, 1913 *(17)*

Die Rätsel der Philosophie in ihrer Geschichte als Umriß dargestellt, 1914 *(18)*

Vom Menschenrätsel, 1916 *(20)*

Von Seelenrätseln, 1917 *(21)*

Goethes Geistesart in ihrer Offenbarung durch seinen Faust und durch das Märchen von der Schlange und der Lilie, 1918 *(22)*

Die Kernpunkte der sozialen Frage in den Lebensnotwendigkeiten der Gegenwart und Zukunft, 1919 *(23)*

Aufsätze über die Dreigliederung des sozialen Organismus und zur Zeitlage 1915-1921 *(24)*

Kosmologie, Religion und Philosophie, 1922 *(25)*

Anthroposophische Leitsätze, 1924/25 *(26)*

Grundlegendes für eine Erweiterung der Heilkunst nach geisteswissenschaftlichen Erkenntnissen, 1925. Von Dr. R. Steiner und Dr. I. Wegman *(27)*

Mein Lebensgang, 1923/25 *(28)*

II. Gesammelte Aufsätze

Aufsätze zur Dramaturgie 1889-1901 *(29)* – Methodische Grundlagen der Anthroposophie 1884-1901 *(30)* – Aufsätze zur Kultur- und Zeitgeschichte 1887-1901 *(31)* – Aufsätze zur Literatur 1886-1902 *(32)* – Biographien und biographische Skizzen 1894-1905 *(33)* – Aufsätze aus «Lucifer-Gnosis» 1903-1908 *(34)* – Philosophie und Anthroposophie 1904-1918 *(35)* – Aufsätze aus «Das Goetheanum» 1921-1925 *(36)*

III. Veröffentlichungen aus dem Nachlaß

Briefe – Wahrspruchworte – Bühnenbearbeitungen – Entwürfe zu den Vier Mysteriendramen 1910-1913 – Anthroposophie. Ein Fragment aus dem Jahre 1910 – Gesammelte Skizzen und Fragmente – Aus Notizbüchern und -blättern – *(38-47)*

B. DAS VORTRAGSWERK

I. Öffentliche Vorträge

Die Berliner öffentlichen Vortragsreihen, 1903/04 bis 1917/18 *(51-67)* – Öffentliche Vorträge, Vortragsreihen und Hochschulkurse an anderen Orten Europas 1906-1924 *(68-84)*

II. Vorträge vor Mitgliedern der Anthroposophischen Gesellschaft

Vorträge und Vortragszyklen allgemein-anthroposophischen Inhalts – Christologie und Evangelien-Betrachtungen – Geisteswissenschaftliche Menschenkunde – Kosmische und menschliche Geschichte – Die geistigen Hintergründe der sozialen Frage – Der Mensch in seinem Zusammenhang mit dem Kosmos – Karma-Betrachtungen – *(91-244)*
Vorträge und Schriften zur Geschichte der anthroposophischen Bewegung und der Anthroposophischen Gesellschaft *(251-263)*

III. Vorträge und Kurse zu einzelnen Lebensgebieten

Vorträge über Kunst: Allgemein-Künstlerisches – Eurythmie – Sprachgestaltung und Dramatische Kunst – Musik – Bildende Künste – Kunstgeschichte – *(271-292)* – Vorträge über Erziehung *(293-311)* – Vorträge über Medizin *(312-319)* – Vorträge über Naturwissenschaft *(320-327)* – Vorträge über das soziale Leben und die Dreigliederung des sozialen Organismus *(328-341)* – Vorträge für die Arbeiter am Goetheanumbau *(347-354)*

C. DAS KÜNSTLERISCHE WERK

Originalgetreue Wiedergaben von malerischen und graphischen Entwürfen und Skizzen Rudolf Steiners in Kunstmappen oder als Einzelblätter: Entwürfe für die Malerei des Ersten Goetheanum – Schulungsskizzen für Maler – Programmbilder für Eurythmie-Aufführungen – Eurythmieformen – Skizzen zu den Eurythmiefiguren, u.a.

Die Bände der Rudolf Steiner Gesamtausgabe
sind innerhalb einzelner Gruppen einheitlich ausgestattet
Jeder Band ist einzeln erhältlich.